Children's Art Therapy Through Pictures

그림을 통한 아동미술치료

천은영 · 김경신

신광문화사

Preface

모든 인간은 자신이 속한 사회에서 잘 적응하며 건강하고 행복한 삶을 누리고자 한다. 하지만 현대사회의 빠른 변화와 복잡함, 삭막함 등으로 잘 적응하지 못하는 경우가 많다. 이러한 적응의 어려움은 많은 사회문제를 일으키고 있는데 그 중에서도 사회구성원인 인간의 내면적 갈등과 정서적 불안, 위축의 문제가 부각되고 있다.

인간의 내면적 문제 즉, 정서적 불안과 위축의 문제는 사회구조와 가족구조의 변화를 그대로 받아들이고, 낮은 가치관 형성과 대인관계의 어려움을 겪고 있는 많은 아동들에게서 증가되는 추세이다. 또한 가정이나 학교에서 학업에 대한 스트레스로 과격한 행동을 하거나 학교 부적응 아동이 증가하고 있으며, 일선 교사들은 입학하는 아동들은 더욱 산만하고 집중력이 떨어져서 문제라고 지적하고 있다.

정서적 문제를 겪는 아동 중에는 상당수의 아동들이 낮은 자존감 문제와 불안, 위축, 공격성, 충동성 조절에 어려움을 겪고 있는 경우가 많다. 불안한 문제를 지닌 아동들은 대체로 감정조절이 어렵기 때문에 공격적인 성향을 보이는 경우가 많으며, 감정기복이 심하여 자주 화를 내기도 한다. 그리고 주변 사람들로부터 애정과 인정을 받고 싶은 욕구가 매우 강하고 마음이 여리기 때문에 상처나 스트레스를 받기 쉬울 뿐만 아니라 상처나 스트레스를 해소할 방법이 미약하기 때문에 부정적인 문제가 많이 나타난다.

일반적으로 심리에 문제가 있어 치료에 의뢰된 경우는 언어로 자신의 문제나 자신의 상황을 설명하는데 어려움을 가지고 있는 경우가 많다. 따라서 언어가 아닌 그림으로 자신의 무의식을 쉽게 나타내 보일 수 있다는 것이 투사법과 같은 그림검사의 장점이라고 생각이 된다. 이 같은 기대에 조금이나마 부응하기 위해 저자들은 미술치료를 통해 유아와 아동의 발달을 도울 수 있는 교재를 개발하고자 하였다.

본서는 제1장에서 제6장으로 이루어졌으며 제 1장은 미술치료 이론 부분으로 역사 및 개념, 이론, 장점에 대해 다루었고, 제 2장에서는 미술치료의 기법으로 가장 많이 활용되고 있는 1)난화기법 2)잉크와 끈으로 하는 난화 3) 손본뜨기 4)신체본뜨기 5)분

할 통합 회화법 6)빗속의 사람 7)나의 꽃 그리기 8)동적 학교화 9)물고기 가족화 10)동그라미 중심 가족화 11)만다라 12)꼴라쥬 기법 13)상자기법 14)풍경화 기법 15)동적 가족화 기법을 소개하였다. 또한 아동이 그린 인물이나, 집, 나무 그림을 통해서 가정에 대한 감정, 생활에 대한 자세, 그리고 자신에 대한 생각, 불안, 공격성 등 그 내담자의 심리적 상태를 알 수 있다. 다시 말하면 아동이 그린 그림은 그 자신의 마음이며 경험의 산물로 보기 때문이다. 대개는 심리적으로 어려움을 겪는 사람들은 언어로 자신을 표현하기 어려운 성격을 가진 경우가 많기 때문에 그림을 통해서는 자신의 감정, 무의식을 쉽게 드러내며 접하게 되는 경우가 많다. 따라서 제2장과 제3장에서는 인물화를 통한 심리기법, HTP를 다루었다. 제5장에서는 KHTP로 동적인 요소를 가미함으로써 내담자의 역동적 심리상태를 파악하는 방법도 소개하였다. 제6장에서는 색채로 보는 심리진단으로 구성되었다. 마지막으로 부록을 통해 본문에서 소개된 사례 외에 것을 소개하였다.

이처럼 한 장의 그림으로, 혹은 여러 미술치료 기법의 그림 속에서 내담자가 자신의 내면세계를 말해준다면 우리는 아동과 보다 쉽게 가까워질 수 있고 아동의 생각이나 행동을 예측할 수 있다. 이에 본 서는 교육현장에서 적용할 수 있는 아동미술치료에 대한 기초적인 이론과 실제를 제시하기 위해 교육현장에서 경험했던 다양한 미술치료 이론과 실제를 바탕으로 구성하였다. 부족하나마 이 책이 유·아동의 교육 및 심리치료영역에서 활동하시는 미술교육자나 미술치료사들에게 많이 활용되기를 기대하며, 아울러 부모님이 아동을 지도할 때 하나의 지침서로서의 도움을 줄 수 있기를 기대한다.

끝으로 본 서가 출판되기까지 미술활동 실제에 도움을 주신 서해대학 아동복지과 학생들과 신광문화사 전귀연 사장님, 김영호 팀장님을 비롯한 편집위원 여러분께 진심으로 감사를 드립니다.

저자 일동

CONTENTS

chapter 4 HTP(House, Tree, Person)검사

chapter 5 동적 집, 나무, 사람그림 검사(KHTP)

chapter 6 색채에 의한 성격진단

chapter

1

아동미술치료 ●●●

미술치료

1. 미술치료의 역사

미술은 인류가 처음 시작된 이래 동굴벽화를 시초로 발달해온 인류문화의 한 부분이다. 우리 조상들은 자신의 생활, 소망을 미술활동으로 표현하고 미래에 대한 두려움이나 공포로부터 자신을 보호하기 위한 목적으로 미술 작품을 창조해 왔고 이는 알타미라 동굴 벽화나 기원전 2500년경의 생산의 여신 조각상 등의 예에서 찾아 볼 수 있다. 이렇듯 미술은 태초부터 인류와 함께 해오면서 인간의 문화적, 사회적, 인격적인 발달과정을 함께 담아왔으며 비언어적인 매체로 시대와 문화를 초월하여 의미를 전달하며 내적인 경험을 나타내는 강력하고 효과적인 의사소통 양식으로 사용되어 왔다.

이러한 미술활동은 인간 개인이 처한 삶의 어려운 상황을 표출하고 받아들일 수 있는 자세, 즉 삶에 대한 용기와 의지를 키우는 데 기여하며 자기 동일화의 경험을 하게 한다. 이러한 경험은 곧 자기 치료의 효과도 가지게 하는데 이를 통해 미술을 통한 임상차원의 치료적 접근이 시도되었다.

미술치료의 기원은 나라마다 다르나, 19세기 초반, 독일의 정신병원 의사들이 미술활동을 작업치료라는 관점의 한 부분으로 환자치료에 미치는 예술적-정서적 효과를 받아들이면서부터 시작되었다고 할 수 있다(Domma, 1990).

이를 토대로 유럽에서는 프랑스와 이탈리아 등의 정신과 의사 및 법의학자인 따르디유(Tardieu, 1872), 시몽(Simon, 1876) 등은 정신병자들의 그림에 대한 글을 기고하였다. 독일의 정신과 의사였던 프린츠호온(Prinzhorn)은 3년 동안 정신병원의 환자들이 그린 5000여장의 그림과 소묘, 꼴라쥬 등을 수집해서 1922년 〈정신병자들의 그림〉이라는 책을 출판하여 미술활동이 환자의 심리에 접근하는 데 중요한 의미가 있음을 제시하였다.

또한 정신분석가인 로샤(Rorschach)나 안나 프로이드(Anna freud), 융(Jung) 등도 환자들의 그림을 분석하여 치료에 적용하였다.

1907년 이래 미국에서도, 정신과 병동의 환자들을 대상으로 미술치료를 실시하였고, 1940년 초반부터 유럽의 정신과 의사들에 의해 미술표현에 대한 정신 병리학적 작업이 활발하게 진행되었다. 대표적인 학자로 정신분석이론에 근거한 나움버그(naumburg)와 크레이머(Kramer)가 있다.

나움버그는 치료를 중시하는 입장으로 환자들이 심리치료에서 주로 하는 언어적 형태를 발전시킨 미술 표현, 즉 무의식에서 표현된 상징적 내용과 그림 과정과 그림과의 대화를 중요시하였다. 반면 크레이머는 미술치료에서 미술의 입장과 미술 교육적 관점을 중시하였고, 프로이드의 승화이론에 입각하여 미술을 방어기제를 분출하여 승화로 이끄는 지름길로 여겼다.

이외에도 미술치료를 대학과정에 도입한 레빅(Levick)과 로빈슨(Robbins), 랜드가르텐(Landgarten) 등이 50년대와 60년대를 거쳐 미술치료의 발전을 이끌어 왔다.

1970년대에는 미술치료가 정신분석적 측면, 마약 중독 청소년, 노인과 성인 교육에 적용되어 1976년에 쇼텐로어(Schottenloher)가 뮌헨의 미술아카데미에 미술치료 강좌를 개설한 이래 지금까지 미술치료에 지도적 입장에 있다.

영국에서는 미술가 힐(Hill)이 2차 세계대전 중에 군 요양소에서 환자로 있으면서 무료함과 스트레스를 극복하기 위해 그림을 그리기 시작하다가, 그의 환자들과 함께 그림을 통해 자신들의 병에 대한 고통과 불안과 죽음을 표현하기 시작했다. 그 후 힐은 미술의 치료적 역할을 사회에 알리기 시작하였고, 이러한 노력으로 1946년 영국의 국립정신과병원에서 최초로 정식 미술치료사로 인정받게 되었으며 그 이후로 미술치료사들의 배출이 이루어졌다(Waller, 1986).

우리나라에서도 오래전부터 정신병원에서 미술을 환자치료에 적용하였지만 본격적으로 소개된 것은 1990년대 이후이다. 1992년 11월에 한국미술치료학회가 창립되어, 미술치료프로그램 연구 및 학술 연구뿐 아니라 60차례 이상의 임상전문가들을 위한 연수나 세미나, 국제학술대회 등이 개최되고 있다. 그 결과 현재 사회복지기관이나, 장애인 복지관, 아동 상담소, 노인 복지관, 병원 등에서 많은 미술치료사들이 활동하고 있다.

이러한 발전에도 불구하고 미술치료에 대한 학문적 접근의 미비점과 미술치료에 대한 정보 부족, 아직 체계가 서지 않은 미술치료사 양성 등의 문제점을 내포하고 있다. 그러나 많은 임상에서 미술치료가 활발히 이루어지고 있고, 대학원에서 미술치료학과가 개설되는 등 미술치료의 학문적, 임상적 연구가 구체적이고 심층적으로 이루어질 것으로 기대된다.

2. 미술치료의 개념

미술치료는 새로운 학문이라기보다는 미술, 미술사, 인류학, 심리학, 정신의학과 같은 여러 분야의 이론들이 결합되어 형성된 것이다.

미술치료는 심신의 어려움을 겪고 있는 사람들을 대상으로 하여 그들의 미술작업, 즉 기법이나 매체를 활용한 미술활동을 통해서 심리를 진단하고 치료하는 데 목적이 있다.

최근 의학계나 심리학계 분야는 언어로써 표현하지 못하는 인간의 감정을 이해하기 위한 대체적 진단 방법으로서 시각적 심상의 역할과 중요성을 주목하고 있다. 미술치료는 비언어적 표현방법인 미술작업을 통해 인간 심리를 진단하여 개인의 문제를 해결하면서 원천적인 내적 갈등의 원인을 이해할 수 있는 중요한 표현수단으로 간주된다.

상담 과정 중에 내담자의 상태를 관찰해 가며 여러 가지 미술창작활동(그림, 조소, 디자인, 서예 등 미술 전 영역이 포함)을 제시하여 내담자의 마음을 정확하게 읽고, 내담자의 마음이 진정되게 하여 내담자 스스로 자신의 마음을 알고 문제를 느끼도록 돌보아 주는 것이다. 즉, 내담자들의 객관적이고 의식적인 서술만으로는 파악하기 어려운 무의식의 세계를 탐구해 가는 효과적인 치료기법이다.

이러한 미술치료에 대한 관심을 갖고 연구해온 많은 사람들이나 치료의 경험을 가진 사람들은 미술치료의 입장에 대해 다른 측면의 논쟁을 하는데, 이중 대표적인 학자는 나움버그(Naumburg)와 크레이머(Kramer), 울만(Ulman) 등이 있다.

1) 나움버그 : 치료에서의 미술치료(Naumburg : Art in Therapy)

나움버그는 초기에는 미술교육자로 활동하였고 후기에는 정신분석학을 공부하여 왈던(Walden)의 정신분석적 원리를 토대로 특수 미술교육기관을 설립하였다.

나움버그는 자신의 자유로운 표현(자신의 꿈이나 환상을 그림으로 그리는 작업)을 통하여 자유로움을 느끼게 되고, 창작활동을 통해서 무의식을 의식화하게 되며 상징을 발견하는 것이 치료적이라는 것을 알게 되었다. 그리고 자기가 설립한 학교의 모든 교사들에게 교육 분석을 받게 하고, 어린이들이 자유롭게 그림을 표현할 수 있게 교사들이 지도하도록 권유하였다.

나움버그는 프로이드(Freud)의 정신분석 이론뿐만 아니라 융(Jung)학파의 우주적인 상징개발의 치료성과 집단무의식의 치료적 현상 등에 관심을 가졌으며 설리반(Sullivan) 등 창작활동에 관계되는 분야의 학자들과 연대감을 가지고 자신의 성장을 위해 많은 노력을 했다.

나움버그는 치료자와 환자 사이의 치료적 관계 형성, 전이와 역전이의 해결, 자유연상, 자발적 그림의 표현과 해석 그림의 상징성 등을 중시하였다. 그리고 그림은 그린 사람 고유의 표현으로서 어떤 공식이나 원칙에 따라서 분석할 수 없다고 하였으며, 그림 해석을 프로이드의 꿈의 분석과 같은 다원적인 분석에 비유하였다.

학자들은 나움버그의 이론을 심리치료 과정에서 그림을 매체로서 이용하는 "치료에서의 미술(Art in therapy)"로 구분하였다.

나움버그는 정신분석 지향적 미술치료에 있어서 미술의 장점을 다음과 같이 주장하였다.

첫째, 말보다는 그림으로써 자신에게 일어나는 내적 욕망이나 꿈, 환상을 직접적으로 표현하도록 한다.

둘째, 무의식을 그림으로 투사하면 언어적 표현보다는 검열 기능을 약화시키기 때문에 치료과정이 촉진된다.

셋째, 그림으로 나타난 것은 영속성이 있어서 내용 자체가 망각에 의해 지워지지 않으며 그 내용을 부정하기 힘들다.

넷째, 전이 문제가 더 쉽게 해결된다. 즉 환자의 자율성은 자신의 그림을 해석할 수 있는 능력에 의해 고무된다.

2) 크레이머 : 치료로서의 미술(Kramer : Art as Therapy) – 창조와 자아성장

나움버그의 뒤를 이어 1950년대 크레이머(E. Kramer)는 'Art as Therapy'를 도입하여 '치료로서의 미술'로 자신의 억압된 충동에 접근하면서 자신이 겪고 있는 갈등을 재경험하고, 자기훈련을 통해 갈등을 해결하고 통합하는 것을 보았다.

아동미술치료에 많은 연구를 했던 크레이머는 그림의 치료적 속성은 그림에 대한 환자의 연상을 통하여 자기표현과 승화작용을 함으로써 자아가 성숙하는데 있다고 보았다. 즉 미술작업을 통하여 환자 자신의 파괴적, 반사회적 에너지를 분출함으로써 그것을 감소시키거나 전환시킨다고 보았으며 환자는 미술작업 과정에서 자신의 원시적 충동이나 환상에 접근하면서 갈등을 재 경험하고 자기 훈련과 인내를 배우는 과정 속에서 그 갈등을 해결하고 통합한다고 주장하였다. 이는 치료자의 역할을 환자가 만든 작품을 해석하는 것이 아니라 승화와 통합과정을 도와주는 것으로 미술작품을 만드는 과정 자체가 심리치료라고 표현하였다.

크레이머는 미술치료를 다음과 같이 정의하였다. "미술은 인간 경험과 동일한 것을 창조함으로써 인간경험의 영역을 확장시키는 수단이다." 이러한 등가성을 통해서 예술가는 자신이 경험하고자 하는 것을 선택, 반복할 수 있고, 긴 역사를 통해서 미술은 인간의 본능적인 충동과 사회적 요구간의 갈등을 해소하도록 도움을 주었다. 그러나 초자아와 원초아의 상반된 욕구는 영원히 해결하기 어려운 것이며 미술치료사들은 성격이 혼란된 사람들에게 유용한 창조적 경험을 가능하게 하고 치료사들은 예술적 창의성의 내적 법칙에 비교되는 방법들을 사용해야 한다고 보았다.

3) 울만 : 통합적 입장(Ulman : Therapy and Creativity) - 치료와 창조

울만(Ulman)은 크레이머와 거의 같은 시기에 미술치료 분야에 관심을 가졌다. 미술작가로 활동해 온 울만은 1950년대 초반 정신병원에서 미술교사로써 일을 시작했고 크레이머가 지은 "어린이들의 공동체에 있어서 미술치료(Art Therapy in a Children's Community)"라는 책을 읽고, 정신분석과 미술적 통찰 사이의 미묘한 관계를 실감하였다. 이는, 미술교사 혹은 미술치료사는 전혀 무관하지 않다는 그의 느낌에 이론적 지지를 받았다.

이러한 생각은 울만이 정신분석적 방법으로 환자들을 치료할 때, 많은 환자들이 그들의 그림에 내포된 상징적 내용을 말로써 전환하려 하지 않는 것에서 발견되었다. 즉, 그림에서만 제공할 수 있는 그들의 작업으로부터 무언가 가치 있는 어떤 것을 얻은 것이 아닌가 하는 생각을 하면서부터였다. 이에 울만은 1961년 "미술심리치료"와 "치료로서의 미술"이란 용어를 다 포함하는 정의를 내리는 노력을 하였다.

즉, 울만은 나움버그와 크레이머의 정신역동 지향적 미술치료를 통합하면서 쟁점 부분에 관해서는 융통성을 부여하고 있다고 볼 수 있다. 울만은 환자의 작품이 예술이냐 아니냐를 논하는 것보다는, 대상에 따라서 상동적인 표현이나 강박적 표현도 허용되어야 한다고 했다. 다시 말하면 때로는 예술적 성취감을 중시해야 하며, 미술치료는 치료적 측면과 창조적 측면을 모두 내포하고 있다는 것이다.

특히 울만은 임상사례를 통해서 미술심리치료와 치료로서의 미술 간의 경계선은 아동미술치료보다 성인미술치료에서 더 분명하지 않다고 지적했는데, 이는 성인에 대한 치료로서의 미술에 대한 무지이거나 무시 때문인 것으로 풀이하고 있다.

즉 미술치료란 다양한 미술활동을 통해 심리 내적 갈등을 해결하여 증상을 치유하고, 인격의 통합을 이루어 나가며, 더 나아가 개인적인 성장과 내적발달을 촉진하는 심리치료라고 할 수 있다.

3. 미술치료 이론

미술치료의 이론은 다양한 관점에서 출발하고 있으나 서로 영향을 주거나 보완하는 형태로 치료적 방법이나 기법 면에서 많은 공통점을 가지고 있다.

오늘날의 미술치료 이론은 크게 정신분석적 미술치료, 융학파의 미술치료, 현상학적인 미술치료, 게슈탈트 미술치료, 인간중심 미술치료, 행동적 · 인지적 · 발달적 미술치료로 나누어 볼 수 있다.

1) 정신분석적 미술치료

정신분석적 미술치료의 창시자는 프로이드(Freud)로, 자유연상법이나 꿈의 해석, 저항과 전이의 분석과 해석 등을 기법으로 사용한다. 특히 자유연상이나 꿈의 내용을 전달하는데 있어서 그림이나 창조적 매체를 통해서 표현하도록 한다. 프로이드는 꿈의 이미지가 많은 의미를 가지는 중요한 것이라고 여기며, 꿈에서 나타난 상징은 의식세계에서 거부되고 억제된 본능현실로서 꿈을 꾼 사람의 성(性)적 욕구를 상징적으로 표현한다고 보았다.

프로이드에 의하면 환자의 꿈에 나타나는 상징들은 환자의 억제된 무의식적 본능을 대리적으로 표출한 것이다. 프로이드와 그의 딸 안나 프로이드는 이러한 상징의 이면에 환자가 자신에게 새롭게 집중화하려는 시도가 있다고 보았다. 하지만 프로이드 자신은 정신분석에서 환자에게 그림을 그리도록 시도하지 않았으나, 안나 프로이드는 환자들의 그림 작업을 정신분석에 적용하여 사용하였다.

정신분석학적 입장인 미술치료사들은 환자들의 꿈이나 무의식의 내용을 내포하는 백일몽, 판타지, 갈등과 유년의 기억들을 그림으로 표현하게 하며, 그림에 나타난 상징성에 대한 해석을 하며 이러한 해석은 프로이드의 상징해석에 의거한다.

하지만 그의 해석이 모든 문화에서 반드시 동일하고 보편적인 것은 아니기 때문에 다른 해석이 있을 수 있다는 것을 기억해야 한다. 무엇보다 미술치료사들은 미술 활동 과정과 미술을 통한 의사소통을 통해 환자가 보이는 방어기제를 완화시켜주고, 미술 작업을 통해 퇴행을 다양하게 표출하도록 도와주어야 한다.

아동의 경우는 성인에 비해 자유연상의 준비성이 부족하고, 그림을 사용하는 것이 언어로 표현하는 것보다 의사소통을 쉽게 해주며, 성인의 경우에도 난화나 핑거페인팅 등을 그려 자유연상을 하게 하거나 연상되는 것을 그리게 하는 방법을 적용하기도 한다.

정신분석적 미술치료는 내담자가 표현한 작품의 소재를 분석하여 미술을 상징적 언어의 형태로 보고 자유롭게 자신을 표현케 한다. 즉 상징과 전이를 매우 중시하여 융의 집단 무의식개념과 대상관계이론도 치료이론에 통합하고 있다.

이들의 이론적 모형은 인간의 마음을 지층에 비유한 지형학적 이론과 인간의 마음을 움직이는 힘의 종류와 특성을 나눈 구조적 이론, 인식의 수준(무의식, 전의식, 의식)에서 마음을 움직이는 힘의 요소들(원초아, 자아, 초자아) 간의 역학관계를 설명하는 역동적 이론으로 나누어 설명하고 있다.

주로 사용하는 치료 기법으로는 꿈의 분석, 자유연상, 해석, 저항의 분석과 해석, 전이의 분석과 해석 등이 있다.

방어기제

자아가 위협받는 상황에서, 무의식적으로 자신을 속이거나 상황을 다르게 해석하여, 감정적 상처로부터 자신을 보호하는 심리 의식이나 행위를 가리킨다.

거부(denial)
가장 일반적인 방어기제 중의 하나로 고통스럽거나 위협적인 상황을 부인해 버리는 것을 말한다. 예를 들면, 죽을병에 걸린 사람이 불안, 초조한 태도를 보이다 돌변하여 평온하게 일상생활을 하는 것 등을 말한다.

억압(reperssion)
고통스런 감정이나 경험을 봉쇄하기 위해 사용하며, 망각은 그 한 형태로 표현된다. 가장 대표적인 예는 기억상실증으로, 많은 심리학자들이 이러한 억압을 일반적인 의식수준에서는 도저히 표현하기가 어려운 충동과 싸움을 하고 있는 신호로 해석한다.

(계속)

방어기제 (계속)

주지화(intellectualization)
어떤 문제로부터 위협을 받고 있다는 사실을 알고 있을 때, 그러한 문제들에 대해 분석하고 지성적으로 다루는 척 하면서, 사실은 그 문제에서 벗어나려는 거부(denial)기제를 말한다. 예를 들면 지하철 걸인들은 자신의 처지 문제를 논하기 보다는 국가정책이나 국제정세에 대해서 논하는 경우가 이에 해당한다.

반동형성(reaction formation)
자기가 실제로 가지고 있는 감정과 정 반대되는 감정을 나타내는 것으로 거부(denial)기제가 행동으로 나타나는 것을 말한다. 예로는 유별나게 자신의 경쟁자를 칭찬하는 사람은, 실은 상대방의 성공에 대한 적개심을 숨기기 위한 과장된 행동일 수 있다. 자신의 본심과 다르게 과장된 행동을 하는 것을 말한다.

전위(displacement)
어떤 대상에 대한 만족되지 않은 욕구를, 대상을 바꿈으로써 만족하려는 방어기제로 자신을 직접적으로 방어할 수 없는 상황에서 사용하게 된다. 예를 들면 아이를 갖고 싶으나 갖지 못하는 사람이 개나 고양이를 지나치게 좋아하는 경우이다.

승화(sublimination)
원래의 욕구나 충동을 보다 사회적으로 용납될 수 있는 형태로 전환시킴으로써 만족을 얻고자 하는 방어기제이다. 예를 들면, 아버지에 대한 적개심이 강한 사람이 그 욕구를 권투선수가 됨으로써 승화 방어기제를 표현한다.

투사(projection)
자신이 원하지 않는 감정이나 갈등을, 다른 사람이나 대상에게 귀인시킴으로써 주변의 갈등 원인을 없애려 하는 방어기제이다. 예를 들면 '일이 잘못된 건 다 당신 때문이야' 라고 하면서, 문제를 성격적 결함이나 다른 사람의 책임으로 돌리는 경우이다. 투사는 감정의 주체가 바뀌게 되어 문제의 핵심을 벗어나려는 방법이다.

동일시(identification)
투사는 자신의 바람직하지 못한 특성을 다른 사람에게 전가시키는데 반해 동일시는 무능력에 대한 감정을 피하기 위해 다른 사람이 갖고 있는 바람직한 점을 자신에게 끌어들이는 것을 말한다. 예로는 자식이 승진하면 마치 부모 자신이 승진한 것처럼 느끼는 것이다. 이 동일시기제는 정상적인 성장과정의 일부이며 특히 청소년이나, 지식의 성장을 위해서는 전략적으로 이용하는 것이 자신의 성장에 도움이 될 수 있다.

퇴행(regression)
심한 스트레스 상황에 처해 있는 사람들이 어렸을 때의 유치한 행동이나 원시적인 방어행동으로 돌아가는 것을 말한다. 성인들은 무력감을 감내할 수 없을 때 퇴행적인 행동을 취한다. 즉, 좀 더 어린아이처럼 행동하면 무력감이나 의존성을 쉽게 참을 수 있다.

2) 융학파 미술치료

융(Jung)은 자신의 개인적 경험을 통해, 그림이 주는 치유력을 스스로 체험하였고, 인간에게는 자신의 내면적 심상인 상징과 꿈을 통하여, 일상적 의식의 세계가 아닌 다른 깊은 곳에 성장의 의지가 존재한다는 것을 증명하려 하였다(Jung, 1964). 그는 무의식으로부터 나온 심상을 그려내고 채색하는데 중요한 역할을 했던 능동적 심상화(active imagination) 기법에 대해서 많이 논의하였으며, 내담자의 그림은 종합적으로 해석되어야 한다고 지적하고 그림을 지적, 감정적으로 이해해야 한다고 했다.

융의 분석적 미술치료는 프로이드와 달리 인간의 심상을 임상적 자료로 사용하기보다는 내담자의 개인적 요소와 원형적 요소를 종합하는 방식으로 내담자와 치료자간의 상호통찰과 이해의 자료로서 사용하였다.

융의 분석심리학을 이론적 근거로 삼은 미술치료사들은 모든 그림의 표현에 나타나는 원형적 형상을 재구성하는 것, 즉 "원형"과 "근원적 상징"을 재구성하는 것을 중요한 것으로 보고, 즉흥적인 판타지, 능동적 상상 및 꿈이나 꿈의 시리즈를 그림으로 그리는 과정을 중요시한다. 또한 융은 자신의 체험을 통해 만다라 그리기의 치유적 의미를 발전시켜 만다라의 상징의미를 심리분석에 적용하였다(정여주, 2001).

따라서 미술치료의 목표는 미술을 증진시키는 데 있는 것이 아니라 미술이라는 매체를 통해서 숨겨진 자원(근원)을 찾고 이해와 성장과 변형을 증진하고자 하는데 있다.

☆ 원형

집단무의식의 소인으로 인간들이 삶을 영위해 가면서 형성해 온 수없이 많은 원초적 이미지를 일컫는다.

페르조나(persona)

페르조나는 인간이 사회의 인습과 전통의 요청과 그 자신의 내적 원형의 요구에 부응해서 채택한 가면으로, 이것은 사회가 그에게 부과하는 역할이며 사회가 인간에게 생활에서 담당하기를 기대하는 배역이다. 가면의 목적은 남에게 뚜렷한 인상을 주려는 것이며 그리고 반드시 그렇지는 않지만 이따금 그 사람의 본성을 감추기도 한다.

아니마와 아니무스(Anima & Animus)

남성속의 여성적 원형은 아니마이고 여성속의 남성적 원형은 아니무스로 오랫동안 여성과 함께 생활함으로서 남성이 여성화되고, 남성과 함께 생활함으로서 여성이 남성화되어 온 것이다. 이러한 원형은 각 성에게 이성의 특징을 나타내게 할 뿐 아니라 또한 남성에게 반응하고 이성을 이해하도록 동기화 시키는 집단적 심상으로서 작용한다.

(계속)

원형 (계속)

그림자(Shadow)

그림자의 원형은 인간이 하등형태의 생명체로부터 진화하면서 지녀온 동물적 본능들로 이루어지며 원형에서의 그림자는 인간의 원죄란 개념이 생겨난 근원이 된다. 이것이 외부로 투사될 때 그것은 악마 혹은 적이 된다. 그림자의 원형은 또한 의식과 행동에 불쾌하고 사회적으로 비난받는 생각, 감정, 그리고 행동을 일으키는 원인이 된다. 활기 있고 열정적인 동물적 본능을 가진 그림자는 성격에 이차원적 특성을 부여한다.

자기(The Self)

자기는 성격의 중심으로서 그 주위에 다른 모든 체계가 무리지어 있다. 이것은 이들 요소를 함께 장악하여 성격의 통일성과, 평형과, 안정성을 제공한다.

만약 무의식과 반대되는 것으로 자아를 그 중심에 놓고 의식적인 마음을 그려본다면, 그리고 만약, 이러한 정신적 영상에 무의식을 동화하는 과정을 더한다면, 우리는 아동화를 의식과 무의식의 일종의 접근으로 생각 할 수 있으며 이 때 전 성격의 중심은 이미 자아에 있지 않고 의식과 무의식의 중간점에 있는 것이다.

자기는 사람들이 계속 그것을 위해 노력하지만 드물게 도달될 수 있는 생의 목표이다. 모든 원형과 마찬가지로 자기는 인간의 행동을 수반하며 인간으로 하여금 특히 종교가 제공하는 길을 통해서 완성을 추구케 한다.

3) 현상학적 미술치료

현상학은 어떤 것 그 자체, 그리고 어떤 것들에 대한 선입관이나 추론적인 이론과는 달리 충분히 주관적인 경험을 강조하는 철학으로서 미술치료에 적합한 이론이다.

현상학의 기본개념은 의도성으로, 내가 보고 있는 것에 열중하는 것이며, 우리들의 의식은 어떤 대상과 항상 관계하고 있다는 것을 의미한다. 그래서 내담자들은 의도성을 통해서 새로운 세계를 분석하고 생활 속에서 자기와 관계하는 대상들을 찾으려 한다. 내담자가 자유롭게 선택한 미술매체를 가지고 자유롭게 표현하는 과정이나 자신의 미술작품을 감상하고 고찰하는 과정을 통해서 현상학적 목표를 달성할 수 있다.

또한 의식의 현상학은 존재의 숨겨진 차원(무의식의 현상학)을 밝혀낸다는 점에서 미술치료와 가장 가까울지도 모른다. 내담자가 자유롭게 선택한 미술매체를 가지고 자유롭게 표현하는 과정이나 자신의 미술작품을 감상하고 고찰하는 과정을 통해서 현상학적 목표를 달성할 수 있을 것이기 때문이다.

현상학적 미술치료의 방법

현상학적 묘사단계
내담자가 미술재료를 선택 → 미술작업을 통해 현상을 창조 → 직관단계로서 인지를 촉진 → 현상학적 묘사 → 전시된 자기의 완성된 작품을 거리를 조정하여 의도적으로 관찰하는 과정이다.

현상학적 논의단계
치료자가 '당신은 무엇을 봅니까?' 라는 질문에 내담자는 자신이 보는 것을 정확하게 묘사하여 답을 하게 된다. 이때 치료자가 내담자의 마음을 열도록 도와주고 미술작품에 나타 난 요소와 대상들을 설명하면서 토론점을 지적해 주게 된다.

현상학적 통합단계
내담자가 만든 작품의 결과를 놓고 원래 의도와 실제 표현간의 관계를 파악하여 자기를 발견하게 된다. 그리고 나서 내담자가 만든 동일한 미술작품을 통해서 유사점과 차이점을 찾는다. 즉 이전의 작품과 치료의 작품을 비교해서 내담자는 자신의 작품 속에서 되풀이되는 요소와 주제를 발견할 수 있다.
이로써 내담자의 행동양식을 인식하도록 도와주어 내담자의 노력과 실제 생활경험에 대처하기 위한 그의 노력 사이의 유사점을 찾게 함으로써 미래의 대처능력과 설계의 능력을 기른다.

4) 게슈탈트 미술치료

실존주의 철학이 현상학적 방법에 기초를 두고 있다고 한다면 게슈탈트 치료는 현상학-실존주의 영향과 정신분석, 게슈탈트 심리학의 영향을 받아 정립된 것이다. 게슈탈트 치료의 인간관은 실존적인 삶을 통한 성숙한 인간에 두고 치료의 목적은 분석이 아니라 자아의 통합에 있다.

특히 「지금-여기」를 강조하며 미해결과제를 완성하게 하고 순수자아의 표출과 의식 훈련의 기법을 사용한다. 즉 여러 가지 연습에 의한 도형과 배경을 자연스럽게 변화시킬 수 있도록 돕는다. 때문에 치료자와 내담자의 실존적인 만남이 중시되며 주로 워크샵 형태의 치료법을 사용하는데 이때 치료자는 연출가의 역할을 하게 된다. 결국 게슈탈트 치료는 개인의 생활과정에 대한 개인적 책임을 강조한다.

게슈탈트 기법을 보면 꿈 작업 기법(dream work)은 미술치료기법과 유사하며 그들의 시각적 심상에서 자발적으로 표현된 의미에 대한 내담자의 의식을 불러일으킨다. 즉 꿈의 형태를 그들 자신이 만들어 냈다는 것을 인식하게 한다. 꿈을 현실화하고 재연시켜서 지금 일어나고 있는 것처럼 재생시키는 것이 목적이므로 미술매체를 통해 생생하게 끌어낼 수 있다.

또한 점토작업 게임이나 느낌에 대한 그림 그리기 기법, 선 게임(Line game) 등의 미술치료 방법과 역할놀이, 연주 등과 함께 사용하기도 한다.

구조화된 미술치료에서는 내담자에게 정서적으로 괴로움을 겪고 있는 일련의 단어에 대한 추상화를 그리게 하고(예 : 분노, 공포, 슬픔, 놀람 등), 그린 그림을 동시에 볼 수 있게 정리하여 토의한다.

치료사는 선과 형에 포함된 방향성에 유의하여 주목을 끄는 형태를 확인하고 시각적 도형이 내담자의 실제 생활에서의 현재 관심과 어떻게 관련되는지를 질문하여 내담자가 설명하게 한다.

게슈탈트 미술치료는 내담자와 치료자 사이에 책임 있고, 정직하며, 직접적인 의사소통을 이끌어 나가고자 한다. 시각적으로 묘사된 진술을 상호간에 탐구하면서 두 사람이 접촉하게 되며 상호작용하는 것이다.

내담자 자신들이 시각적 메시지로 그들의 욕구와 자원을 인지하기 위해 최대의 잠재력을 활성화시키는 방향으로 노력해 나가야 한다.

5) 인간중심 미술치료

인간중심 치료모형은 한 개인은 총체적으로 연구되어야 하고 적응과 편안함보다는 의미와 주체성을 제공하는 자기실현과 성취가 인간존재의 기본목표이다.

인간중심 미술치료는 정신의 깊은 곳까지 탐색할 수 있는 의지와 힘을 길러주며 상반되는 양극성(선과 악)의 태도보다는 인간이 사랑할 수도 미워할 수도 있는 존재라는 신념을 확신케 한다.

여기서 강조하는 전인격적 통합은 몸과 마음, 영의 조화로운 협력을 말한다. 그래서 내담자가 두려움이나 불행, 불안에서 탈피하려는 것보다는 진정한 표현의 성취로부터 나오는 기쁨, 유쾌한 흥분을 얻기 위하여 이들 느낌들은 어떤 창조적 양상으로서의 정직한 표현으로 변화시키는 것이다. 미술치료 과정에서 융의 이론과 같이 꿈을 깊은 무의식에서 나온 상징적 메시지로 간주하는 경향처럼 심상의 중요성을 인식하고 통합적 치료에 활용하고 있다. 즉 꿈의 기억이나 대인관계 개선, 통증의 치료 등에서 소조활동이나 크레용 등으로 그림을 그리게 하는 기법을 사용할 수 있다.

통증을 상상하고 통증을 그림으로 그리고, 통증이 몸에서 떠나가는 것을 상상하고 그것을 다시 그림으로 그리게 하는 방법을 응용하고 있다.

자신의 전체성을 경험한 사람은 자신은 물론 타인의 통합성, 주체성, 개성, 이상주의를 인정하고 그러한 통합 철학은 관심, 돌봄, 동정의 삶의 방식을 이끌어 낸다.

6) 행동적 · 인지적 · 발달적 미술치료

미술치료에서 행동주의적 접근은 행동치료기법을 미술치료에 실제로 적용시킨다는 것을 의미한다.

심리치료와 행동치료는 상호 공유하는 점이 많은데 두 치료가 강화를 이용하는 점이나 전이현상의 의존, 통찰의 적용 등 유사한 점이 많이 있다.

행동치료적 미술치료는 발달장애아동(정신지체, 정서장애 등)이나 행동문제를 지닌 성인에게 유용하다. 이 모형에서 실제로 유용한 기법은 '실체적 행동형성법' 이다.

이 기법은 미술치료기법과 행동치료 원리를 결합한 것이며 교육적 조치도 포함되어 치료교육의 의미가 크다.

그 외에도 촉구, 정적강화, 모델링 등도 유용하다. 미술치료에서 인지적 접근은 인지가 외부세계의 자극을 조절하는 수단이며 인지는 언어와 관련이 있고 인지와 언어는 미술의 상징성과 관련이 있다는 기본적인 이론을 바탕으로 하고 있다. 언어를 통해 발달된 개념들은 미술형태를 통해 비언어적으로 발달될 수 있을 것이며 이들 개념에 대한 이해는 스케치나 채색화, 조소와 같은 미술작품의 형태에서 추론되어 질 수 있다.

실버(Silver, 1983)의 연구에 의하면 그림을 통해서 공간개념이나 계열적 순서, 분류 등의 개념을 산정할 수 있으며, 특히 신경학적 손상(학습장애 등)의 진단은 매우 유용하다고 할 수 있다.

색채의 농담(유채색+흰색)을 혼합해 가면서 계열성 개념을 개발하거나 관찰화를 통한 공간개념의 개발, 찰흙으로 모양 꾸미기를 통한 공간, 순서, 분류의 개념을 발달시킨다면 이것을 인지적 미술치료 기법이라 할 수 있다.

미술치료의 발달적 접근은 프로이드와 에릭슨, 피아제 등의 발달이론을 기초하고 있다. 발달적 미술치료라는 용어를 처음 사용한 윌리암과 우드스(Williams & Woods, 1977)는 인지와 운동능력은 정상이나 정서장애가 있는 아동에게 그들의 기법을 적용하여 효과를 거두었다. 발달적 미술치료 방법은 내담자의 특성에 따라 다르게 적용된다.

① 정형의 매체와 비정형 매체(모래, 물, 밀가루 등)를 활용한 비지시적 미술활동 : 매체의 선택, 활동, 주제, 내용을 내담자에게 허용
② 정형의 매체를 이용한 구조적 · 지시적 미술활동 : HTP검사 등
③ 비정형의 매체를 이용한 구조적 미술활동 : 내담자의 성향, 조작, 조직의 관점에서 관찰

발달적 미술치료는 아동의 발달과업에 맞추어 각 발달단계에 따라 미술활동내용이 달라질 수 있다.

예를 들면 생활연령은 6세이나 0~2세에(감각 운동기)의 수준에 머물고 있을 경우에는 미술매체에 있어서 비정형 매체들이 중심을 이루게 될 것이다. 자기와 타인, 사물의 애착과 분화를 촉진시키기(점토활동 등) 긍정적인 감각 성향과 단순한 운동도식을 습득하기(때리기, 흔들기 등), 인과관계를 발견하기(색 조합 활동 등) 등을 치료의 목표로 할 수 있다.

전조작기(2~7세)의 경우는 폭넓은 미술매체가 요구되며 자율성증진, 감정표현과 분화의 촉진, 감각분화의 발달, 상징화 능력발달에 중점을 둔다.

4. 미술치료의 장점

미술치료를 왜하며, 무엇을 제공해야 할 것인가에 대해 많은 논의가 있어 왔다. 또한 나름대로의 제한점도 있고, 아직도 연구되어야 할 부분이 많지만, 심리치료의 한 방법으로서 독특한 잇점도 가지고 있다.

미술치료의 장점을 살펴보면 다음과 같다.

1) 미술은 심상의 표현이다.

우리는 심상(image)으로 생각한다고 볼 수 있다. 말이라는 형태를 취하기 전에 심상으로 사고한다.

즉, 어머니라는 말을 하기 전에 〈어머니〉의 심상을 떠올릴 것이다. 삶의 초기의 경험이 중요한 심상의 요소가 되며, 그 심상이 성격 형성에 중요한 역할을 하게 된다. 미술치료에서는 꿈이나 환상, 경험이 순수한 언어적 치료법에서처럼 말로 해

석되기보다는 심상으로 그려진다. 예술매체는 종종 심상의 표출을 자극하는, 즉 일차적 과정의 매체를 자극하여 창조적 과정으로 나아가게 된다.

2) 미술은 방어가 감소된다.

심상과 밀접한 관련이 있는 것이 방어이다.

우리는 어떤 다른 의사소통 양식보다 언어화시키는 작업에 숙달되어 있다. 미술은 비언어적 수단이므로 통제를 적게 받는다. 예상치 않았던 작품이 그림이나 조소에서 제작될 수 있는데, 가끔 창작자의 의도와는 완전히 반대가 되기도 한다.

이러한 것은 미술치료의 가장 흥미로운 잠재성 중의 하나이다. 예상치 않았던 인식은 가끔 환자의 통찰, 학습, 성장으로 유도되기도 한다.

3) 미술은 어떤 유형의 대상을 즉시 얻을 수 있다.

미술치료의 또 다른 장점은 즉시에 구체적인 유형의 자료를 얻을 수 있다는 점이다.

즉, 눈으로 볼 수 있고, 만져볼 수 있는 자료가 환자로부터 생산되는 것이다. 미술의 바로 이러한 측면이 많은 의미를 가지는데, 예컨대, 환자가 만든 어떤 유형의 대상화를 통해서 치료자와 환자 사이에 하나의 다리가 놓여진다.

저항적인 환자들의 경우에는 환자의 감정이나 사고 등이 그림이나 조소와 같은 하나의 사물로 구체화되기 때문에 언젠가는 자신도 모르게 자신이 만든 작품을 보고 각 개인의 실존을 깨닫게 된다. 어떤 환자는 단 한번의 작품에서도 자신의 감정을 느끼기도 하지만, 저항이 강한 사람은 더 오랜 시간이 걸리기도 한다.

4) 미술은 자료의 영속성이 있어 자신을 회상할 수 있다.

미술작품의 보관이 가능하기 때문에 환자가 만든 작품을 주요한 시기에 재검토하여 치료 효과를 높일 수 있다. 때로는 새로운 통찰이 일어나기도 하며, 환자 자신도 이전에 만든 작품을 다시 보면서 당시 자신의 감정을 회상하기도 한다. 즉 그림이나 조소가 주관적인 기억의 왜곡을 방지할 수 있다는 것이다.

또한 환자의 작품 변화를 통해서 치료의 과정을 한 눈으로 이해할 수 있으며, 치료팀의 회의에서도 작품을 통해 그 환자의 생생한 목소리를 들을 수 있다.

5) 미술은 공간성을 지닌다.

언어는 일차원적인 의사소통 방식인 반면 미술표현은 문법, 통사론, 논법 등의 언어규칙을 따를 필요가 없다.

즉 본질적으로 공간적인 것이며, 시간적인 요소도 없다. 미술에서는 공간 속에서의 연관성들이 발생한다.

이를테면, 우리가 가족을 소개할 때도 먼저 아버지, 어머니를 소개하면서 두 분의 관계를 얘기하고 그리고 형제들과 그들의 관계, 그리고 나서 이 모든 식구들과 나와의 관계를 말할 것이다.

그러나 분명한 것은, 우리는 이 모든 것을 동시에 경험하고 있다. 미술의 공간성은 바로 경험을 복제한 것이다. 우리는 나의 가족을 말로 소개하고 그림으로는 그것을 동시에 나타낼 수 있다. 가깝고 먼 것이나 결합과 분리, 유사점과 차이점, 감정, 특정한 속성, 가족의 생활환경 등을 표현하게 되므로 개인과 집단의 성격을 이해하기가 쉽다.

6) 미술은 창조성과 신체적 에너지를 유발한다.

미술작업을 시작하기 전의 개인의 신체적 에너지는 다소 떨어져 있지만, 미술작업을 진행하고, 토론하며, 감상하고, 정리하는 시간에는 대체로 활기찬 모습을 띈다.

체내의 에너지 정도가 변화한다는 것을 느끼는 사람이 많다. 그것은 단순히 신체적인 운동이라기보다는 〈창조적 에너지〉의 발산이라고 해석된다.

연극이나 영화에서 역할을 맡은 배우처럼, 미술치료는 하나의 작업이라기보다는 놀이와 레크레이션이며 음악과 열정이 있는 창조적 에너지를 발산하는 것이라 할 수 있다.

5. 미술치료에서의 매체사용

미술치료에서는 다양한 매체가 다 쓰여 질 수 있다. 미술과제는 자유연상이나 가족, 혹은 집단간의 의사소통의 매개체이며, 파스텔이나 크레용, 붓 등의 비교적 간편한 매체가 적절하다.

매체를 선택할 때는 촉진과 통제를 고려해야 한다.

이중 내담자의 자발성을 촉진하기 위해서는 충분한 작업 공간과 아울러 다양한 색상과 충분한 크기의 종이와 점토 등이 제공되어야 한다. 이때, 너무 많은 양의 도구는 내담자에게 적합하지 않으므로 치료자는 내담자의 개인적인 욕구에 민감하게 반응하여 접근을 달리해야 할 것이다.

이를 살펴보면 다음과 같다.

① 쉽게 찢어지는 신문지나 잘 부서지는 분필 : 잘 부서져 좌절을 유발시킬 수 있으므로 이러한 재료들은 사용하지 않는 것이 좋다.
② 연필과 점토 : 연필은 조작하기에 보다 쉽지만 물감이나 점토는 조작에 있어서 기술적인 문제가 있으므로 개인마다 다르게 활용해야 한다.
③ 물감 : 물감으로 마구 칠하는 것과 같은 행동은 심하게 억압되어 있는 내담자에게 활기를 불어넣어 줄 수도 있으나 반면 아주 두려움을 갖게 할 수도 있다.

예를 들어 지극히 산만한 아동에게 차분한 활동으로 선을 따라 건빵을 붙이는 활동을 제공하여 마음을 진정시켜보고자 하였으나 도리어 자신이 원하는 모양대로 잘 붙여지지 않자 좌절하고 실망하게 되는 사례도 있을 수 있다.

chapter

2

아동미술치료 ●●●

미술치료의 심리검사 기법

1. 난화 기법

난화란 '긁적거리기(scribble)'라는 단어로, 번역하면 '미분화' 상태를 의미한다. 유아의 운동신경 조절에 대한 욕구의 표출로 초기의 난화형식은 목적없이 아무렇게나 그린 선의 덩어리를 종이나 방바닥, 유리창, 책상, 책 겉장 등 닥치는 대로 그림으로써 무엇을 그리려하는 대상을 그린 것이 아니라 그리고 싶은 욕구, 그 자체가 목적이고 즐거운 활동인 것이다.

이후, 아무렇게나 그어놓은 선을 보고 유아는 '엄마예요', '아빠예요' 하는 어떤 의미를 붙이게 되며 이를 '명명기'라고도 하는데, 이는 언어와 부합된 심상이 하나의 단서가 되어 표현활동의 세계로 전개되는 것이다.

본능은 유아가 성장함에 따라 창작 표현의 기제로 이행되며 이를 통해 예술성이나 인격형성에 수반될 승화, 조절, 투사, 상징화, 퇴행, 도피 따위의 작용에 의해 마침내 완전으로 향할 수 있는 기조를 이루게 된다.

인간은 어릴 때부터 난화를 그리기 시작했기 때문에, 난화는 미술치료에서 특히 미술 경험이 많지 않거나 어디서부터 시작해야 할지 모르는 사람들에게 자연스러운 출발점이다.

난화를 시작하기 이전에, 마음을 가라앉히고 긴장을 풀기 위한 시간이 필요할 수도 있다. 이 활동을 시작하기에 좋은 방법은 눈을 감거나 긴장을 풀어주는 음악을 듣거나 명상을 하는 것이다.

주제나 방법을 내담자 스스로 결정하여 그리게 하기 때문에, 친밀감과 즐거움을 갖는데 도움을 주며, 그림 그리기를 싫어하거나 거부감을 느끼는 사람에게 아주 좋은 방법이다. 난화는 다양하게 활용이 가능한데 주로 사용되는 몇 가지를 나열해 보면 다음과 같다.

① 긁적거리기
② 빙빙돌리며 그리기
③ 긁적거리면서 빙빙돌리기
④ 자극(동기화)을 주어 그림 그리기
⑤ 이름 또는 사인(Sign), 한글, 한자, 영어 등으로 표현하기
⑥ 집단으로 그리기
⑦ 꼴라쥬를 이용하여 그리기

⑧ 분할법을 이용하기

⑨ 여러 가지 통합하여 만들거나 그리기

⑩ 이야기 만들기

⑪ 이미지 찾기

1) 눈뜨고 낙서하기

(1) 검사도구

- 준비물 : A4용지나 도화지, 색연필
- 소요시간 : 1~5분 정도

(2) 실시방법

낯선 환경에 대한 불안을 감소시키기 위해 부모와 아동이 나란히 앉거나 아동들끼리 모여 앉도록 한다. 종이는 가로로 제시한 후 색연필을 제공한다.

▶ 검사의 지시

검사도구를 아동이 앉아 있는 책상 위에 두고 다음과 같이 지시를 한다.
"여기에 마음껏 그리세요", "그리고 싶은 것을 그려 보세요." 등의 말과 함께 아동을 향해 손으로 그리는 시연을 해 보여도 좋다.

▶ 검사자의 태도

- 아동은 성인과 달리 집중력이 짧으며 한번에 그리는 특성이 있다. 그러므로 검사자는 절대 자리를 이탈하거나 그리기 행동에 대한 방해요인을 철저히 차단하여야 한다.
- 한 장의 종이에 오랜 시간이 걸린다면 알아볼 수 없을 정도의 그림이 되기 때문에 아동의 표정과 행동을 관찰한 후 그리기를 중지시켜야 한다.

▶ 유의사항

- 어떤 형태가 나타나는가를 단어로 표현해 보고, 그 단어가 갖는 의미가 자신이 그린 그림과 관계가 있는지에 대해 이야기를 해보게 한다. 여기에서 관계는 어떤 관계인가? 어떤 경험이 있었는가의 문제이다. 아무 의미가 없다고 해도 그것은 무의식의 상징이 될 수 있다.

- 필압에 따른 표현을 보기 위함이기에 크레파스, 사인펜, 볼펜, 연필 등은 사용하지 않도록 한다.
- 색연필선의 필압이나 스트로크를 통해서 그린 사람의 정서를 알 수 있고 또한 그린 사람의 성격 등을 파악할 수 있다.
  ① 나타난 형상은 나와 어떤 관계가 있는가? (여기서는 관계나 경험에 대하여 알아본다.)
  ② 나타난 형상은 나와 무슨 의미인가? (여기서는 상징성을 살펴본다.)
  ③ 욕구나 바램과 관계가 있는가? (희망하는 것이나 욕구를 알아본다.)

2) 눈 감고 낙서하기

(1) 검사도구

- 4절지 흰 종이, 파스텔
- 소요시간 : 1~5분 정도

(2) 실시방법

① 탁자나 벽에 종이를 준비한다. 난화를 하는 동안 움직이지 않도록 벽이나 탁자에 종이를 붙여 놓아도 된다.

② 사용할 파스텔을 한 가지만 고른다. 색은 상관이 없지만, 선이 잘 보이도록 노란색은 피하는 것이 좋다. 종이의 중앙에 선택한 파스텔을 올려놓고, 눈은 감고 종이에 난화를 시작한다. 종이의 바깥으로 나가도 걱정할 필요가 없다. 30초 동안 선만을 긋는다(종이에 그리기 전에 공중에 파스텔로 난화를 연습해 볼 수도 있을 것이다).

③ 다 그렸다고 느꼈을 때, 눈을 뜨고 그림을 본다. 특별한 모양이나 형태, 물건 같은 것들의 이미지를 찾을 수 있는지 선과 형태들을 잘 살펴본다. 종이를 돌려보면서 살펴본다. 만약에 탁자에서 난화를 그렸다면, 종이를 벽에 붙이고 뒤로 물러나서 살펴본다.

④ 어떤 색이든 마음대로 사용해서 이미지에 색칠을 한다. 필요하다거나 만족스럽다고 생각하는 이미지에 세부묘사를 더 할 수 있다. 선, 색, 세부묘사를 더해서 이미지에서 보다 분명한 초점을 찾아본다.

⑤ 끝났을 때, 그림을 벽에 걸고 마음속에 떠오르는 제목을 생각해 본다.

3) 난화 상호 이야기법

(1) 검사도구

연필, 크레파스(좋아하는 색 한 가지 선택), 볼펜, 사인펜, 용지(내담자의 상태에 따라 크기조절)

(2) 실시방법

① 두 장의 그림을 가지고 실시하는 법

- 검정색 사인펜으로 종이에 테두리선을 그어 서로 교환한다.
- 상대방과 서로 다른 사인펜이나 색연필을 선택한다.
- 상대방이 자신에게 준 종이 위에 난화를 그린 후 다시 상대방에게 돌려준다.
- 상대방에게 받은 난화에 부가해서 형상을 그린다.
- 그려진 형상이 무엇처럼 보이는지 서로 이야기 해 본다.
- 한 사람씩 번갈아 가며 두 장의 그림으로 이야기를 꾸며 본다.

② 종이를 4등분하여 실시하는 법

- 먼저 치료자가 종이에 테두리를 설정(내담자가 그림을 그리게 쉽게 하며, 저항을 제거)하고 용지를 4등분 한다.
- 내담자가 난화를 그리고 치료자가 이미지화하여 그림을 그린다.
- 반복하여 지면의 네 곳을 모두 그린다.
- 그린순서에 관계없이 서로 이야기를 꾸며 나간다.

그림 2-1 • 눈을 감고 그리기
9세 남아로 상담자와 내담자가 한 번씩 줄을 긋고 낙서를 한 후 떠오르는 상징을 찾도록 하니, 지는 해를 찾아냄. 하루를 마감하는 지는 해로 우울한 감정을 보여줌.

그림 2-2 • 눈을 감고 그리기
13세 남아로 큰별, 숫자 2, 숫자 4, 동그라미 등을 찾아냄.

4) 난화 게임

내담자와 치료자가 각자 종이 한 장씩을 가지고 그 종이에 난화(직선, 곡선, 지그재그선, 원 등)를 그려 상대방에게 주면 각자 상대방의 난화를 이용해 그리고 싶은 것을 마음대로 그리면서 난화를 완성하고 그 후 그림의 내용과 그릴 때의 느낌 등에 대해 이야기를 나눈다.

치료사가 먼저 난화를 그려 내담자에게 주면 내담자가 그림을 완성한 후 이야기를 하고, 그 다음 내담자의 난화에 치료자가 그림을 그리고 이야기를 하는 것이 바람직하다. 왜냐하면 치료사가 이야기를 만들 때에 사용할 주제를 결정하는데 도움이 되기 때문이다. 그러나 내담자가 지시를 이해하지 못하면 순서를 바꾸어서 할 수도 있다. 난화게임을 실시하는 시기는 내담자와 라포가 형성 되었을 때와 내담자의 방어가 완화되었을 때 유용하며 종종 첫 만남시에도 사용되기도 한다.

(1) 검사도구

A4용지, 연필, 지우개 등

(2) 실시방법

- 치료사가 종이에 난화를 그려 아동에게 제시하면서 이 지시사항에 따라 그림을 그리도록 한다.

그림 2-3 • **분할법을 이용하기**
15세 여아로 돌고래 두 마리가 살고 있었는데 큰 파도가 밀려와 둘이 헤어졌었지만 다시금 재회를 해 기쁨을 나누고 있다고 함.

그림 2-4 • **자극주어 그림 그리기**
밤 8시에 별이 세 개 떠있는 밤 8시에 어린이 집에서 돌아오는 막내동생을 따라 오빠, 언니, 동생 물고기가 함께 집으로 가고 있다고 함. 맞벌이로 바쁜 부모님을 배제한 채 남매들이 서로를 의지하고 있음.

- 질문에 대해서는 '원하는 대로 하세요' 라고 응답한다.
- 그림을 완성하였을 때 그림에 대해 이야기를 나눈다. 그리고 그림의 의미를 명료화하기 위해 질문을 한다.
  - 무슨일이 일어났을까?
  - 그것은 어떻게 느낄까?
  - 그 전에 무슨 일이 일어났을까?
  - 다음에 무슨 일이 일어날까? 등
- 질문 후 아동이 했던 같은 방식으로 치료사가 그림을 그리고 이야기를 만든다.

표 2-1 • **난화에 나타난 감정 표시**(타카하시, 1995; Sehringer, 1999)

감정	그래픽의 특성
분노, 화	– 지그재그, 뾰족한 형태 – 반복된 선들 – 전체적 인상 : 톱니 모양, 굵은 선
기쁨	– 곡선적, 원모양의 형태 – 반복된 원 – 전체적 인상 : 둥근, 가는 선
고요, 평온	– 수평적 선 – 반복이 없음 – 전체적 인상 : 부드러운, 가는 선
우울, 의기소침	– 음영, 빗금친 선들이 종이를 메움 – 구부러지고 아래로 내려오는 선들 – 가는 선
인간적 에너지	– 전체적 인상 : 폭발적인 – 위로 향하는 삼각형 – 반복적 선들 – 굵은 선
여성적/여성적 성향	– 구부러진 선 – 십자 형태 – 반복이 없음 – 전체적 인상 : 부드러운 – 가는 선
병	– 특정한 타입의 형태가 다른 것을 덮어 씌운다. – 반복이 없음 – 전체적 인상 : 부드러운

2. 잉크와 끈으로 하는 난화

1) 검사도구

- 준비물 : 검은색 잉크(수용성), 또는 검은색 템페라 물감, 면으로 된 끈 또는 뜨개실, 4절지 도화지, 파스텔, 크레용

2) 실시방법

잉크가 묻을 수 있으므로, 신문을 깔거나 탁자 덮개나 마루 덮개 위에서 작업을 하는 것이 좋다. 만일의 경우에 대비해서 작업복이나 낡은 옷을 입는다. 다음으로 45cm 정도의 끈을 준비하고 끈을 검정 잉크에 흠뻑 젖도록 몇 분간 둔 후, 끈을 종이 위에 놓고 끌어당긴다.

여러 가지 움직임에 따라 다양한 선과 질감이 만들어질 것이다. 종이에 휘휘 돌리거나 점을 찍거나, 찌르거나, 구불구불하게 흔들거나 내리치면서 다양한 방법으로 움직여 본다. 완성되었다고 느낄 때까지 종이를 선으로 가득 채운다.

여러 장을 만들어 특별한 모양을 찾게 하고 크레용이나 파스텔을 이용해서 필요한 것을 덧그리거나 색칠하여 이미지를 발전시킨다.

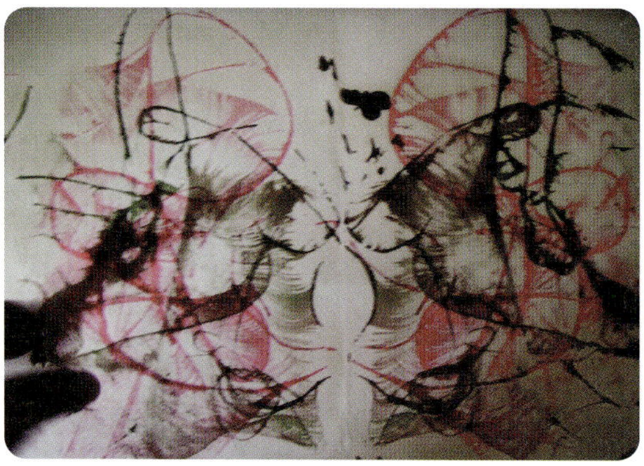

그림 2-5 • **끈으로 하는 난화**
15세 여아로 끈에 물감을 묻혀 만듦
- 하늘로 훨훨 날아가는 새처럼 보인다고 함.

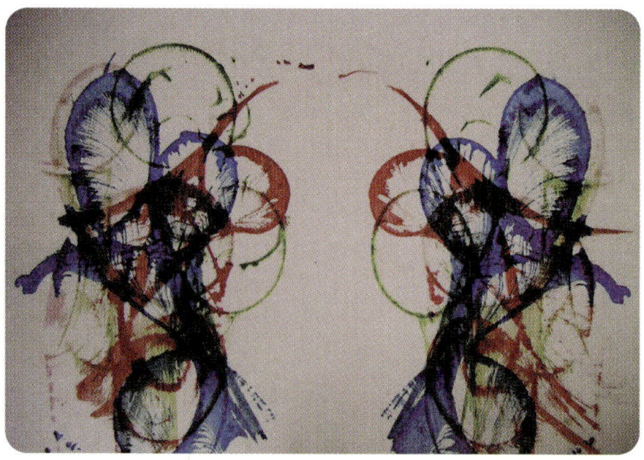

그림 2-6 • **끈으로 하는 난화**
15세 남아로 끈에 물감을 묻혀 만듦
- 신명나게 사물놀이를 하고 있는 모습으로 보인다고 함.

3. 손 본뜨기

1) 검사도구

- 준비물 : 도화지, 연필, 지우개, 색연필

2) 실시방법

도화지에 두 손을 대게 한 후 손을 정성스럽게 떠주고 손가락에 자신의 장단점을 각 각 쓰도록 한다. 그 후 색연필 등으로 예쁘게 꾸며주고 다 완성된 후 읽어보며 이야기를 나눈다. 다른 방법으로는 자신에게 상처를 주었던 사람이나 자신이 사랑하는 사람에게 하고 싶은 말이나 듣고 싶은 말을 각각 한손에 5개씩 쓰도록 하는 방법도 있다.

4. 신체 본뜨기

1) 검사도구

- 준비물 : 전지 2장 정도(도화지 두께의 전지), 연필과 지우개, 색을 칠할 수 있는 도구들

그림 2-7 • 나의 장점과 단점
13세 남아로 달리기, 컴퓨터, 휴지줍기, 그림 그리기는 장점으로 뽑고 싸움, 숙제, 공부는 못하는 단점으로 뽑음.

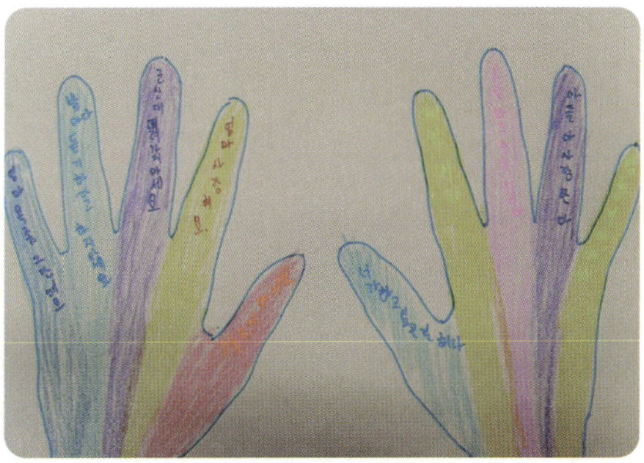

그림 2-8 • 하고 싶은말, 듣고 싶은말
12세 남아로 어머니께 하고 싶은 말로는 엄마 사랑해요. 욕 좀 그만해요. 영어 듣기하기 싫어요. 등을 적었고 어머니께 듣고 싶은 말은 아들아 사랑한다. 네 꿈대로 해라 등을 적음.

2) 실시방법

집단상담 시에는 내담자 중 한 명을 모델로 선정해 전지 2장을 세로로 붙인 후 바닥에 뉘이고 신체상을 본뜨게 하고 모델 외의 내담자들은 신체상을 꾸며보게 한다.

다른 방법으로는 내담자의 신체를 본뜬 후 자신의 미래상에 대해 말할 시간을 갖게 하고 미래상을 신체상에 투영해 자신이 원하는 모습으로 꾸며 보도록 하여 자아 존중감을 높여준다. 이는 자신의 신체를 꾸며보고 자신에 대한 뿌듯함을 느끼게 해주며 신체의 소중함을 알게한다. 특히 신체 본뜨기의 경우 협동력을 길러주는 요소가 되어 집단 미술치료에도 유용하다.

그림 2-9 • 신체 본뜨기
13세 남아로 한 손에는 주사기를 들고 있고, 다른 손에는 카드를 들고 있어 아픈 아이들에게 마술카드로 재밌게 해주면서, 주사로 아픈 부위를 치료해 주는 소아과 의사가 되고싶다는 미래상.

그림 2-10 • 신체 본뜨기
13세 남아로 자신의 특기인 달리기를 잘 살려 먼저 새만금 달리기에서 일등을 하고 계속 도전해 국가 대표 마라톤 선수가 되고싶다는 미래상.

그림 2-11 • 신체 본뜨기
15세 남아로 불쌍한 이웃을 돌봐주고 타인에게 해가되는 사람들은 잡는 멋진 경찰이 되고 싶다는 미래상.

5. 9분할 통합 회화법

일본의 의과대학 심리학과 교수인 모리다니(1986)가 제안한 기법으로 이 기법은 도화지에 테두리를 친 후, 화면을 3×3으로 9분할하여 각각의 칸 속에 그림을 그리게 하는 방법이다. 이 기법은 복잡하게 얽혀서 하나로 정리할 수 없는 다양한 이미지를 포괄적이고 통합적으로 표현하기 위한 기법으로 자신, 가족, 친구에 대한 이미지를 깊게 다룰 수 있다.

9개의 구분이 된 칸에 생각나는 순서대로 그림을 그리는 방법으로, 이는 종이위에 이루어지는 자유연상의 표현 심리치료 장면에서 가족(혹은 자신 및 친구)과의 관계가 중요한 주제가 되고 있는 시점에서 실시하는 것이 좋다.

9분할은 공간적, 시간적 요소를 동시에 한 장의 종이에 표현하는 특성을 지니고 있고 그림순서를 추적해봄으로써 그 사람의 자유연상의 모습과 자기방어기제까지 파악이 가능한 기법이다.

1) 검사도구

- 준비물 : A4용지, 연필, 지우개, 색연필

2) 실시방법

치료사가 A4용지에 검은색 펜으로 자유로이 테두리를 그린 후 화면을 3×3으로 분할하여 제시한다.

① "오른쪽 밑 칸부터 시계 반대방향으로 중심을 향하여 순서대로 그리든지 또는 그 반대로 중심에서부터 시계방향으로 오른쪽 밑 칸을 향하여 순서대로 그리든지 어떤 방법이라도 상관이 없습니다. 어머니(아버지, 가족, 형 …)에 관하여 일상생활 중에서 느낀 대로, 생각나는 대로, 머리에 떠오르는 대로 무엇이라도 상관이 없습니다. 자유로이 그림을 그려주세요." "그래도 그림을 그리지 못할 경우에는 문자, 도형, 기호 등 무엇이라도 상관이 없습니다." 라고 지시한다. 이때 그림의 순서는 제약하지 않는것이 좋으며 9칸 모두 그리지 못하는 경우 "전부 그릴 필요가 없다"는 것을 덧붙여준다. 혹은 "어머니(아버지, 가족, 형, …)를 생각하면 떠오르는 이미지를 오른쪽 밑칸에 그려주시고 간단한 설명을 써주세요" 한 후, 그 이미지를 보고 떠오르는 연상

을 둘째칸에 그리고, 둘째칸에 그려진 이미지를 보고 떠오르는 연상을 셋째 칸에 그리는 방법을 사용하여 중심을 향해 그리게 함으로써 9칸을 전부 채우게 할 수도 있다.

② 각 그림에 간단한 설명을 써 넣게 한다.

③ 그림에 색연필이나 크레파스로 색칠하게 한다.

④ 그림을 그린 후 "전체를 보면 어떤 주제가 생각납니까?"라고 질문을 한다.

⑤ 그려진 그림, 문자, 도형, 기호를 근거로 하여 떠오르는 연상을 묻고, 그러한 이미지를 넓혀나간다.

3) 9분할 통합 회화법의 특성

종이위에 이루어지는 자유 연상의 표현으로 공간적, 시간적 요소를 동시에 한 장의 종이에 표현하는 특성이 있다. 모리다니의 연구에 따르면, 이미지 순서에 의한 반응은 연상의 첫 부분이 피험자에게 중요한 이미지를 주기 쉬우며, 그림의 중앙(마지막 반응)에 그려진 이미지도 중요하다고 하였다. 그러나 이러한 반응은 일반적인 것이며 신경증이나 정신병적인 내담자는 경우에 따라 자아방어기제의 작용에 의해 다를 수도 있다고 한다. 따라서 9분할 통합 회화법은 그림순서를 추적해 봄으로써 그 사람의 자유연상의 모습과 자아방어기제까지 파악이 가능하다고 할 수 있다.

(1) 공간 축소의 영향

9분할 통합 회화법의 기법은 A4용지를 9등분하여 그림을 그리기 때문에 공간이 축소되며 그 속에 그리는 내용도 제한을 받게 된다. 따라서 그림 공간이 축소되면 상징성이 강조되는 특성이 있다. 이때 그 사람의 소유물과 같은 작은 상징물이 표현되기도 하는데, 이 작은 상징물 속에는 중요한 정서적 내용이 포함되는 경우가 많다. 사람에 따라 그림보다는 문자를 적기도 하는데, 공간이 축소됨으로써 간단한 단어를 쓸 수도 있다(성인의 경우 언어표현이 중요한 역할). 단어연상검사에서와 마찬가지로 간단한 단어 중에 치료의 중요한 단서가 포함되는 경우도 있다.

(2) 상담과정으로 적용

그림을 그릴 때 그리는 순서에 대해 언급하지만 한정시킬 필요는 없고 내담자가 그리는 대로 수용하는 것이 좋다. 처음 그린 것과 마지막에 그려진 이미지가 내담자에게 중요한 심리적 반응을 나타내므로 내담자가 그림을 그리는 과정을 잘 관찰할 필요가 있으며 그림 중에서 가장 나의 마음을 잘 표현한 것이 무엇인지 등을 질문하고 이야기를 하게 한다.

이 기법은 심리치료 장면에서 가족 및 자신 혹은 친구와의 관계가 중요한 주제가 되고 있는 시점에서 실시하는 것이 좋으며 그에 따라 적절한 주제를 제시할 수 있다.

예 | 가장 갖고 싶은것, '어머니'하면 떠오르는 것, '아버지'하면 떠오르는 것, '나' '자신' '가족' '친구' 등 다양한 주제를 제시하여 대상자에 대한 이미지를 깊게 다룰 수 있다.

▶ 가족에 대한 이미지를 다룰 경우

예 | 가족의 부정적인 면을 나타낼 때 내담자들은 가족에 대한 분노도 있지만 죄책감도 함께 느낄 수 있다. 이러한 경우 아이들이 느끼는 양가감정에 대해 충분히 공감반응을 해주고 아이들이 느끼는 감정을 충분히 다루어 줄 필요가 있다. 즉 죄책감이나 분노표출을 위한 작업이 이루어져야 하며 이 작업을 마친 후 가족의 긍정적인 모습도 생각해 보게 하는 것이 필요하다.

▶ 부정적인 감정을 표현하지 못하고 주저하는 경우

양가감정으로 혼란을 느낄수 있으므로 활동 시 좋은 가족의 모습과 부정적인 가족의 모습을 분리시켜 작업을 시키는 것이 좋다.

예 | "가족(아빠)에게는 긍정적인 점도 있고 부정적인 점도 있습니다. 오늘은 긍정적인 부분에 대해서 잠깐 보류하고 아빠의 부정적인 면에 대해 이야기 해 봅시다."라고 제시하며 작업을 진행시킨다.

그림 2-12 • 형을 생각하면 남자-컴퓨터-마우스-키보드-자판-손가락-뼈-정형외과-미래의 나라는 이야기로 결말을 지으며 현재 자신이 가장 관심있는 것은 컴퓨터 게임이지만 자신의 미래 소망은 정형외과 의사라는 포부를 밝힘. 이를 위해 게임을 줄이고 공부에 좀 더 노력해야겠다는 의사를 밝힘.

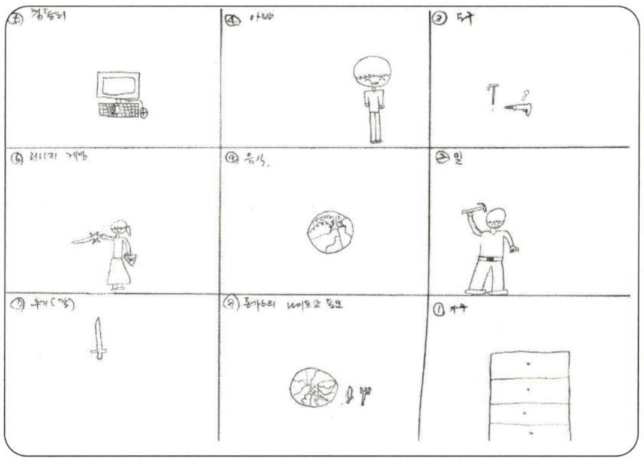

그림 2-13 • 13세 남아로 아버지하면 떠오르는 상징으로 가구, 못, 망치, 칼, 공들을 이야기함- 공격적이고 날카로운 사물이 많이 등장하여 내면에 공격성을 가지고 있음을 보여줌.

6. 빗속의 사람(PITR : Person In The Rain)

빗 속의 사람은 인물화를 변형하여 비가 오는 장면이 첨가된 것으로 아놀드 에브람스(Anold Abrams)와 에브람스 암친(Abrahams Amchin)(Hammer, 1958, 1967)에 의해 개발되었다. 이 기법은 현재 겪고 있는 스트레스 정도와 스트레스 대처양식을 파악하는 것이다.

1) 검사도구

- 준비물 : A4용지, 연필, 지우개

2) 실시방법

"비가 내리고 있습니다. 빗 속에 있는 사람을 그려주세요. 만화나 막대기 같은 사람이 아닌 완전한 사람을 그리세요."라고 지시한 후 완성되면 그림속의 인물이 누구이며 무엇을 하고 있는지에 대해 질문을 한다.

내담자의 질문에는 "자유입니다. 그리고 싶은 대로 하면 됩니다."라고 한다.

3) 진단 및 해석

일반적으로 비, 구름, 웅덩이, 번개 등은 스트레스를 나타내며, 우산, 비옷, 보호물, 장화, 얼굴표정, 인물의 크기, 위치 등은 스트레스 대처자원으로 보고 있다.

그림 2-14 • 10세 남아로 많은 비와 번개가 치는 속에서도 혼자 우산도 없이 비를 맞고 있음-스트레스가 극심한 상황을 표현함.

그림 2-15 • 14세 여아로 비속에서 등교를 위해 차를 기다림-빗줄기도 약하고 커다란 우산과 장화, 웃는 표정 등을 통해 스트레스를 잘 대처하고 있음을 보여줌.

4) 그림 그린 후의 질문

- 이 사람을 무엇을 하고 있습니까? - 이 사람은 몇 살입니까?
- 이 사람의 현재 기분은 어떨까요? - 이 사람에게 필요한 것은 무엇일까요?

7. 나의 꽃 그리기

꽃은 아름다움과 여성스러움을 상징하고 개화에서 결실에 이르는 최초의 단계이기 때문에 자아의 성장 발달 과정의 상징이 되기도 한다. 꽃그림 검사는 나무 그림 검사와 공통적인 해석이 많은 편이다.

1) 검사도구

- 준비물 : A4용지, 연필, 지우개, 색연필
- 소요시간 : 1~5분 정도

2) 실시방법

화분이 그려져 있는 A4용지를 주고 이 화분에 나만의 꽃을 그려보도록 한다. 한 송이의 꽃도 좋고 여러송이의 꽃도 무관하므로 자유롭게 그리도록 유도한다.

3) 진단 및 해석

▶ **뿌리나 화분 땅**

뿌리는 전체적인 양분을 흡수하고 꽃이 설 수 있도록 해주는 지지기반으로 지나치게 강조해서 그렸다면 과도하게 보상 받으려는 욕구가 강한 편이고, 없으면 자기 자신에 대한 불안감, 불신감이 있고 의존적 성향도 강한 편으로 볼 수 있다.

▶ **줄기**

자라온 성장과정 또는 그 사람의 성격 구조로 내면화된 자기 대상의 힘을 나타내 준다. 휘거나 꺾임이 심한 것은 우울감과 좌절감을 시사한다. 가느다란 외선으로 그렸다면 자기 자신에 대해 위축감을 느끼고 있으며 약하고 무기력함을 시사한다.

아예 줄기가 없는 꽃은 심한 자기 부적절감, 회피성, 수동성을 시사하며, 투명적 섬유질들의 표현은 강박증세, 자기애적임을 시사한다.

줄기의 강직성, 견고성으로 판단할 수 있으며 선이 자꾸 끊어지거나 연결이 되어 있지 않다면 자아 통제력이나 자아의 힘이 상당히 고갈됨을 상징한다. 간혹 보여지는 줄기의 가시나 잔털 등은 성장과정에서 보여지는 불안감, 상처, 공격성으로 해석된다.

▶ **잎사귀**

잎은 지지기반에서 얻을수 있는 자양분이 아닌, 태양과의 광합성 작용으로 인해 엽록소를 생산하는 곳으로, 꽃으로 양분을 보내며 외부 세계를 받아들이는 중요한 곳이다.

활엽과 침엽의 개념처럼 넓을수록 외적 세계와 타인에 대한 관심, 인정받고 싶고 자아를 드러내고 싶어하는 욕구의 정도라고 볼 수 있다. 즉 좁고 긴 잎은 내적, 외적 환경에 대한 좌절감과 무력감을, 잎이 없다면 사회적으로 상호교류에서 오는 위축감을 시사하며, 잎맥 등의 자세한 표현은 자기애성이 강한 것으로 볼 수 있다.

▶ **꽃**

시각적으로 가장 두드러지는 곳으로 결실을 맺는 중요한 기관이다.

그 사람의 외형적 내면적 성격이 모두 집약된 곳으로 정면을 그렸는지 옆모습을 그렸는지와도 관계성이 있는 듯하다.

그림 2-16 • 15세 여아로 가시는 내제된 공격성을, 큰 꽃은 예민하고 과시적인 모습을 보여줌.

그림 2-17 • 12세 여아로 자아가 강하나 화분에 꽃이 위태롭게 피어있음은 현실에서의 불안감 묘사.

과장되게 크고 정면을 보는 해바라기 종류의 경우 자신의 성격적 결함을 과도하게 보상받으려는 욕구가 강하여 과시적인 표출과 소망 충족적 상상에 몰두할 가능성이 있다. 꽃을 줄기나 잎의 크기와 비례해 볼때 작게 그렸다면 성격적 위축감이나 자기주장 표현에 있어 부적절감등을 나타낸다고 볼 수 있다.

꽃잎은 특히 외적으로 금방 드러나는 성격을 시사하는데, 꽃잎 끝이 뾰족하거나 찢기어 지거나 톱날과 같이 표현되었다면 예민하고 날카로와 스트레스나 긴장감을 느끼며 쉽게 좌절하는 편으로 볼 수 있다.

미학의 시각적 개념에서가 아니라면 간혹 꽃의 정면이 아닌 측면이나 뒷모습을 그렸다면 잘 알고 있듯이 회피감, 거부감, 부적절감, 양가감정으로 해석 할 수 있다.

꽃받침까지 그려 줄기와의 정확한 연결 구조를 보이는 것은 자신의 사고나 인식의 적절한 관련성으로 자아 통제감의 원활함을 시사한다.

▶ **그 밖의 첨부 드로잉**

아이들의 그림에서는 주로 울타리, 태양, 나비, 벌 등이 등장하는데 이런 아동의 경우, 의외로 내적 공허감이나 외로움, 소외감을 느끼는 경우가 많다. 그리고 다양한 종류의 꽃을 적절한 크기로 여러 송이 그리는 경우의 아동은 교우관계나 사교에 원만함, 적극성을 띠었고, 똑같은 종류의 꽃을 여러 송이 그린 경우는 과잉 행동 장애나 급하고 분열형에 가까운 것으로 보여진다.

8. 동적 학교화(KSD : Kinetic School Drawing)

동적 학교화(KSD : Kinetic School Drawing)는 크노프(Knoff)와 프루트(Prout, 1988)가 개발하였다. KSD는 학교 내에서 학생들과 관련성이 있는 학교 인물이 무엇인가 하고 있는 모습을 그리게 하여 학교 환경 내에서의 상호관계 및 역동성(심리적 거리나 우월감, 관계상 갈등)을 파악한다.

학업 성취성과 학교생활 적응수준을 어느 정도 파악할 수 있고, 건전하게 성장할 수 있는 학교 내 환경을 조성하기 위한 기초자료가 되기도 한다.

아동의 학교생활을 파악하는데 좋으며, 치료에도 활용하고 가족화와 함께 받아보면 아동생활 전체를 이해하는데 유용하며 그림을 그릴 때는 교사, 친구, 본인을 포함해서 그리게 한다. 대부분의 아동은 학교생활에 대한 그림을 거부하는 경향이

적으며 역동성의 변인은 인물의 우월성, 그린순서, 인물간의 방향, 크기, 표정 등 7가지이다.

만약 유치원 아동을 대상으로 그릴 경우에는 유치원 생활을 그리게 하거나 일반 사회인의 경우에는 직장생활을 그리게 하여 소속집단에서의 생활적응성을 파악할 수 있다.

1) 검사도구

● 준비물 : A4용지, 연필, 지우개

2) 실시방법

"당신 자신을 포함하여 선생님과 한 명 이상의 친구가 학교에서 무엇인가 하고 있는 그림을 그려보세요. 만화나 막대기 같은 사람이 아닌 완전한 사람을 그려주세요. 모두가 무엇이든 하고 있는 그림을 그려보세요." 하며 지시한다.

종이의 방향은 내담자가 자유롭게 선택하도록 놓아두고 내담자의 질문에 대해서는 "자유입니다. 그리고 싶은 대로 그리세요" 하고, 그림 완성 후 질문을 하고 이야기를 나눈다.

3) 그림 그린 후의 질문

- 학교생활에서 어떤 부분이 어려운지 또는 즐거운지 묻는다.
- 친구나 교사와의 관계 등이 원활하지 못할 경우 어떤 요인에 의한 것인지 알아본다.
- 관계 개선을 하고 학교생활에 적응하기 위해서는 어떤 부분이 변해야 하는지 묻는다.
- 그 같은 변화를 위해 자신이 할 수 있는 것은 무엇인지? 등에 대해서도 이야기를 나누는 것이 좋다.

4) 진단 및 해석

▶ **홀로 그려진 경우**

주위의 교우관계가 좋지 않을 경우가 많다. 또한 표면적인 관계는 좋아 보일 지라도 내면속의 관계는 좋지 않을 경우가 많다.

▶ 반복해서 지우고 다시 그리는 경우

불안과 갈등이 있다는 것을 의미한다.

▶ 뒷모습만 그릴 경우

사람의 얼굴을 나타내지 않고 뒷면을 그리거나, 측면을 그리는 것은 자신에 대한 거부감, 갈등을 의미하고, 뒤통수는 자신의 얼굴을 보기 싫어하는 것처럼, 자신에 대한 거부감, 보기 싫거나 외면하고 싶음을 의미한다.

그림 2-18 • 10세 여아로 학교에 있는 모든 사람의 뒷모습만을 그려 학교 생활이 원만치 않음을 보여줌.

그림 2-19 • 12세 여아로 친구들앞에서 자신이 학급 회의를 하고 있고 친구들도 의견을 이야기하고 있음.

그림 2-20 • 12세 남아로 학교에 자신이 복도를 뛰어다니고 있고 다른 친구들은 교실에서 공부하고 있음.

그림 2-21 • 13세 남아로 자신은 친구와 카드게임을 하고 있고 친구들이 한 친구를 때리고 있다고 함. 실제 학교에서 맞은 경험이 있음.

9. 물고기 가족화

물고기 가족화는 어항을 그린 도식을 주어 그 안을 자신이 꾸미고 싶은 세계로 꾸며보게 한다. '나'를 포함하는 물고기의 세계를 표현하라고 해도 무방하며 자신의 가정에 대한 비유나 마음속 내면에 대한 것을 그리게 코멘트를 해주어도 된다.

이 도식화는 가족관계의 역동적, 현재의 심리적 갈등을 일으키는 주제를 파악하는데 유용하다. 반드시 내담자에게 왜 그렇게 그렸는지 설명을 들어서 정확한 갈등과 억압의 상태를 분석하여야 한다. 어항(FISH BOWL)은 '프라이버시가 없는 상태'라는 의미를 가지므로 가족 내의 역동성을 물고기라는 매개체를 통해 별 저항 없이 표현하게 된다.

1) 검사도구

- 준비물 : A4 종이, 연필, 지우개, 색연필

2) 실시방법

"어항에 물고기의 가족을 꾸며 보세요. 반드시 물고기 가족이 무언가를 하고 있는 그림을 그리셔야 합니다. 자신이 꾸미고 싶은 것이 최대한 표현될 수 있도록 그려 주세요"라고 지시한다.

3) 진단 및 해석

그림을 분석하기 위해서는 반드시 상담자는 내담자 그림의 설명을 들으며, 면담을 통하여 가족 내에서의 관계와 어항속 물고기의 필압 형태를 통해서 성격과 가족관계, 또래 관계와 같은 인간관계를 이해 할 수 있도록 노력하여야 한다. 어항속 역동의 관계와 필압을 통하여 내담자의 상태를 파악하고, 충분한 대화를 통한 검사내용 및 면담일지를 작성하여 차기 검사 시 활용한다.

▶ **종이의 활용**

- 종이를 가로로 놓고 그리는 편이 더 온순하고 긍정적인 성격으로 본다.
- 공간에 비해 작게 그리거나 치우치게 그리는 경우는 내성적인 성격이다.
- 전체적으로 그림이 종이의 왼쪽에 치우쳐 그리면 (내성적이면서)소극적인 성

격, 오른쪽에 치우치면 (내성적이면서)적극적인 성격이다.
- 공간에 가득 차게 중앙에 그리면 원만한 성격이다.

▶ **어항의 모양**

- 어항입구에 웨이브가 많을수록 남의 말에 신경을 많이 쓰는 타입으로 민감한 성격이다(남편과는 트러블이 많고, 남편과 동등한 입장으로 여기는 성격).
- 탁자 위에 어항을 그리면 의존적인 성격이다.
- 어항에 손잡이가 있으면 불안함으로 외부로부터 도움받기 요청하는 안전에 대한 욕구를 나타낸다.
- 어항의 모양이 원형일수록 원만한 성격이다.

▶ **어항 속**

- 물위에 떠있는 잎을 크게 그릴 때, 어항 밖으로 무성하게 뻗은 수초를 그리면 나서고 싶지 않은 소극적 성격으로 대인 관계에 있어 힘들다.
- 물이 어항의 2/3 정도면 정서적으로 안정된 상태를 의미한다.
- 물이 어항 절반 이하이면 정서적인 결핍을 의미한다.
- 주변장식에 치중하면 사회화에 대한 관심이 높다.

그림 2-22 • 10세 남아로 가장 위는 아빠와 형 물고기이고 자신은 아래에 청소하는 엄마 물고기 옆에 있음. 아빠와 형은 가정내에서 권위적인 사람으로 인식하고 자신과 어머니의 관계는 친밀한 것으로 인식하며 많은 물풀은 숨고 싶은 마음을 표현함.

그림 2-23 • 7세 여아로 위의 물고기는 언니와 아빠, 아래는 성경책을 보고 있는 엄마와 공부를 하는 자신이라고 함. 어항을 가득 꾸며 사회성이 좋고 정면을 봐 화목한 가족 관계를 보여줌.

- 주변장식이 없이 물고기만 그렸을 때는 인간관계에 대한 관심도나 고민이 있다.
- 수초나 큰 돌멩이 등으로 어항 속을 꾸민 사람은 사회성이 높아 전업주부는 부적절하다. 사회활동을 해야 할 필요성이 다분함을 의미한다.
- 작은 자갈들이 바닥에 깔린 그림은 작은 욕심, 희망사항, 욕구, 불만 등을 의미한다.
- 어항 속에 집이 있는 그림은 두 가지의 경우인데, 하나는 '지금 사는 집이 마음에 안든다. 이사 가고 싶다. 또는 숨고 싶다' 다른 하나는 '지금 사는 내 집이 참 마음에 든다' 이다.
- 튜브, 물레방아, 호스, 물방울 등의 그림은 "나 지금 몹시 힘들다" 또는 지금 걱정거리가 있음을 나타낸다. 특히 물방울이 위로 올라가는 그림은 '숨쉬기 힘들만큼 힘들다'를 의미한다.

▶ 물고기

- 물고기가 지나치게 크게 그리면 자기중심적 외향적인 성격을 의미한다.
- 물고기가 지나치게 작게 그리면 자아축소와 내향적인 성격을 의미한다.
- 화려한 물고기를 그리면 감정적이며 감각적인 면이 많은 성격을 의미한다.
- 이를 드러낸 물고기를 그리면 부정적이며 억압으로 공격적인 정서 상태를 의미한다.
- 아기물고기, 임신한 엄마물고기, 새끼집 그릴 때는 유아기적 퇴행과 모성 회

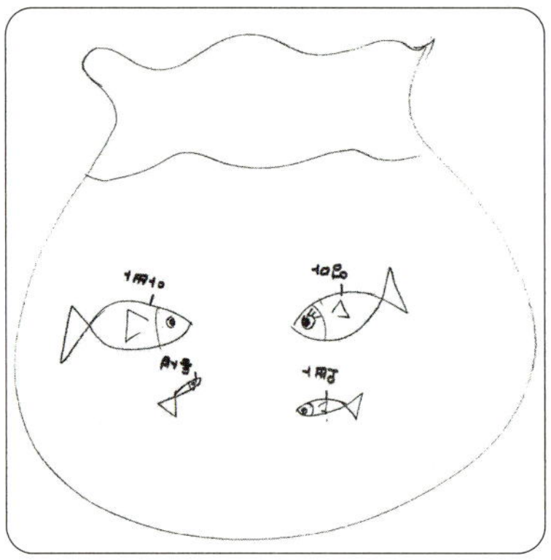

그림 2-24 • 8세 여아로 가족 물고기만을 그려 내성적이고 위축된 모습을 보이고 있고 인간관계에서 고민하고 있음을 보여줌.

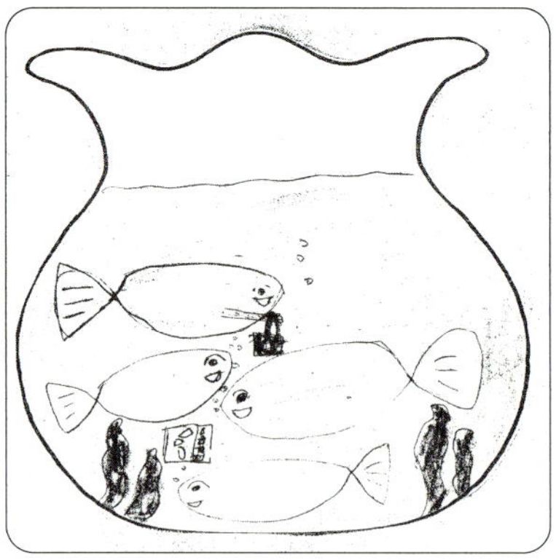

그림 2-25 • 9세 남아로 마트가는 엄마 물고기가 가장 위에 있고 자신과 아빠는 나란히 있으며 오빠는 가장 아래 위치해서 그림. 가족서열을 보여줌.

귀 욕구를 의미한다.

- 물고기를 많이 꾸민 사람은 공주병 1기, 즉 '나를 봐 주세요.' 또한 미적 감각도 있다.
- 물고기들의 방향이 서로 마주보면 의견충돌이 많음을 의미한다.
  아이가 엄마 아빠를 자기 위에 그렸다면, 아이는 부모를 권위주의적으로 느낀다는 뜻이다. 내가 나와 마주보는 가족을 부모나 남편으로 그렸다면, 그 사람이 나의 스트레스의 주범으로 볼 수 있다.
- 물고기들이 한 방향으로 있으면 화목한 가족관계를 나타낸다.
- 엄마를 수초 사이에 숨겨 그려놓은 아이는 엄마를 거부하는 심리를 나타내기도 한다.
- 자기 가족 외에 풀숲 한 귀퉁이에 다른 물고기가 하나 더 있다면 그 사람에 대한 관심과 사랑을 마음속에 품고 있으므로 더 관심과 따뜻한 사랑으로 마음을 잡아주어야 한다.
- 물고기를 그릴 때 스윽 그리면 만족하는 경우이고, 지우고 고치고 하면 불만족을 뜻하며, 지느러미나 눈 등 어느 한 부분을 튀게 그리면 자신의 그쪽 신체부위에 어떤 문제가 있음을 의미한다.

10. 동그라미 중심 가족화 (FCCD : Family-Centerd-Circle-Drawing)

동그라미 중심 가족화는 번스(Burns)에 의해 처음으로 개발된 투영적 묘화법이다. 동그라미 중심 가족 묘화법은 원의 중심에 그려진다. 그리고 각 인물은 그 인물 주위에 그려진 상징에 둘러싸여 있다.

이 상징은 시각적인 자유연상을 기본으로 하고 있으며, 이 상징에서 추상화된 사고와 정서를 발견할 수 있다. 다시 말하면 동그라미 중심 가족 묘화법은 내재되어 있는 부모와 자신과의 관계를 보고, 그 관계를 통해 자기 자신을 바라보도록 하는 방법이다.

더욱이 부모와 자기 자신의 주위에 그려진 상징 안에서 몇 개의 상징을 뽑아내어 그것들로부터 연상된 상징중심 탐색(Symbol Prode)을 하게 되는데, 이 방법은 타인에 의해 창조된 신호체계와는 대조적으로 개인 스스로가 창조하는 것이므로 깊이 탐구할 수 있도록 해 준다.

동그라미 중심 가족 묘화법은 부친상, 모친상, 자기상을 각각 따로 그려 각각을 분석하는 방법이 있는데, 개인의 문제는 많은 경우 인간관계의 문제이므로, 부모와 자신을 하나의 원안에 그리는 것이 부모와 자녀의 관계를 더 명확히 진단할 수 있고, 진단의 시간도 절약할 수 있으리라고 본다.

여기서 부모와 자신은 현실에서의 부모가 아니라 심리적 부모와 자신이다. 따라서 한의 표현으로 나타난 부모와 자신을 통해 보다 깊은 심리적 해석이 가능하다.

1) 검사도구

- 준비물 : 직경 19.1~22.9cm의 둥근 원이 그려져 있는 A4용지, 연필, 지우개
- 소요시간 : 10~30분

2) 실시방법

동그라미 안에 부모와 자신을 그리라고 지시한다.

"원의 가운데에 아버지와 어머니, 그리고 자기의 모습을 그려 주세요. 막대기나 만화 같이 그리지 말고 몸 전체를 그려 주세요. 그리고 아버지, 어머니, 자신에 연

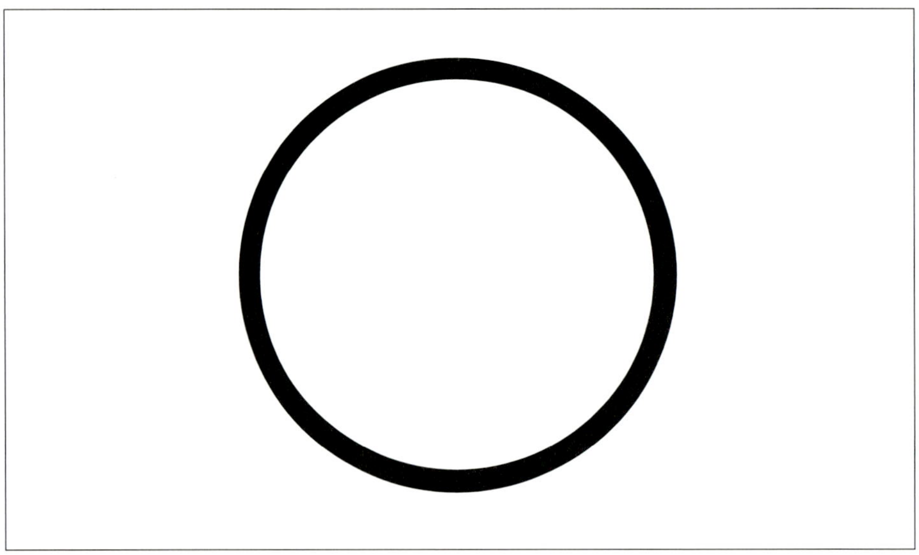

그림 2-26 • 동그라미 중심 가족화 검사도구

상되는 상징을 원의 주위나 인물상의 주위에 그려주세요." 라고 말한다.

그림의 모호한 부분을 분명히 하기 위해서 검사가 끝난 뒤 그림에 대해 질문을 할 필요가 있다. 검사자는 "당신이 그린 그림에 대해 설명 좀 해주시겠어요?" 혹은 "이 그림은 무엇입니까?"라고 질문한다. 질문 후 그 때의 반응을 기입해 두어야 한다.

3) 진단 및 해석

(1) 일반적인 기준

▶ **인물상의 상대적 크기**

그것은 각각의 심리학적 크기나 그 인물의 내부에 포함되어 있는 힘의 양을 반영하고 있다.

▶ **신체 각 부분의 생략과 과장**

- 눈의 생략 : 보고 싶지 않음을 나타내며, 눈의 과장은 과도한 경계를 의미한다.
- 코의 생략 : 분노를 나타내지 않으려는 것을 나타내며, 대개 분노가 수용되지 않는 가정에서 양육된 사람들에게서 나타난다. 코의 과장은 외부로 향한 분노이다.
- 입의 생략 : 의존성과 약함을 표현할 수 없는 것을 나타내고 입의 과장은 의존성을 나타낸다.
- 팔의 생략 : 힘에 대한 불안을 의미하며, 길게 늘어진 팔은 힘과 조정에 대한 욕구를 나타낸다.
- 허리 밑 부분의 생략 : 성에 관한 부정을 의미하고 있다.
- 발의 생략 : 불안정과 집시같은 성격을 나타내는 반면 길게 늘어진 발은 안정성 및 안정성에 대한 욕구의 표현이다.

▶ **얼굴의 표정**

누가 웃고, 울고 있는가, 행복한가, 불행한가, 인물상에 눈이 있는가, 그들은 볼 수 있는가.

▶ **인물 바로 위의 상징**

이 상징은 종종 그 인물에 관련되는 첫째로 연상된 감정이다. 상징의 많음은 관심이 많음을 의미하며, 적음은 상호작용의 단절을 의미한다. 그리고 인물상의 상징이 긍정적인지, 부정적인 상징인지를 파악한다. 인물상 바로 위의 하트는 사랑을 의미하며, 인물상 위의 칼은 분노를 나타내는 것이다.

▶ **인물간의 거리**

거리는 심리적 거리를 의미한다.

▶ **인물간의 위치**

중심에서 어느 위치에 있는가를 의미한다.

(2) 건강하게 내재화된 부모상과 자기상의 그림 특징

- 전체의 인물상이 생략되거나 왜곡되어 있지 않다.
- 신체 각 부위가 적당한 크기로 균형을 이루고 있다.
- 인물상에 눈, 코, 입이 그려져 있고, 화목한 얼굴표정을 보인다.
- 자신의 상이 중심에 있고, 통제되고 있다.
- 인물상의 상호간에 지나치게 접촉되어 있지 않고 적당히 떨어져 있다.
- 부모상이 대조적으로 위치하고, 자신의 상에 인접하는 쪽의 신체적 왜곡이 없다.
- 이상적으로는 부모상이 자신의 상을 부상시켜 바로 보고 있다.
- 주위의 상징이 긍정적이고 희망적이다.
- 살고 싶은 세계가 그려져 있다.

(3) 불건강하게 내재화된 부모상과 자기상의 그림특징

- 인물상의 신체 각 부위가 생략된 사람
- 인물상의 지나친 크기 및 왜곡
- 화목하지 않은 얼굴표정이나 생략
- 부친상과 모친상이 중심부에 있거나 중심부가 비어있다.
- 인물상들이 멀리 떨어져 있다.
- 부모가 자신을 보지 않고, 눈이 없거나 앞만 보고 있다.
- 주위의 상징들이 부정적이다.
- 살고 싶지 않은 듯 한 세계를 그리고 있다.

4) 동그라미 중심 부모자녀 묘화의 장점

- 가운데 원이 있음으로 해서 빈공간일 때, 보다 편안한 마음으로 그림을 시작할 수 있다.
- 검사 시 부담감을 줄일 수 있다. 방법이 간접적이므로 검사자가 무엇을 원하는지, 무엇이 옳은지가 막연하므로 검사를 받는다는 부담감을 덜어준다.
- 현실의 부모가 아니라 심리적 부모상과 심리적 자신을 보게 해준다.
- 인물상 주위의 상징을 통해 이 연상을 기본으로 추상화된 사고와 감정의 탐색을 가능하게 해준다.
- 이성의 검열을 덜 받기 때문에 반응이 자유롭다.
- 부모에 대한 분노, 적대감정 등을 정신적 손상없이 해소할 수 있는 정화의 기능을 제공한다.
- 작품을 통하여 부모 자녀관계에 대해 이야기 할 기회가 제공되며, 이미지를 언어로 인식할 수 있게 해준다.

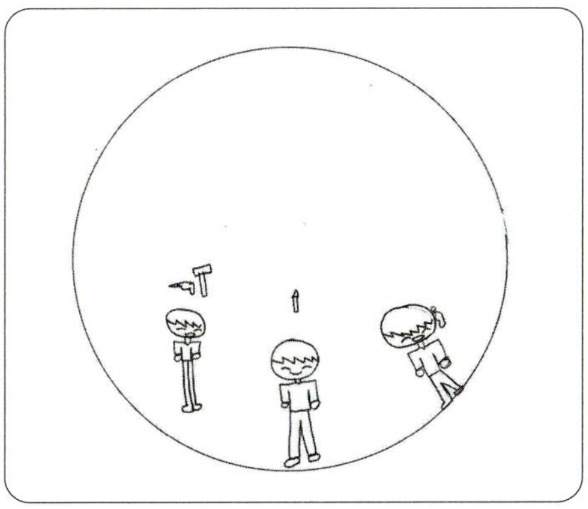

그림 2-27 • 9세 남아로 왼쪽은 아빠, 가운데는 나, 오른쪽은 엄마임. 엄마의 상징이 없음은 엄마와의 관계가 원만하지 못하고 위축됨을 보임.

그림 2-28 • 13세 남아로 엄마와 자신은 밀착시키고 계부인 아빠는 조금 거리를 두고 그림. 아빠의 상징이 싸움으로 가정폭력을 시사함.

11. 만다라(Mandalas)

융(Jung, 1875~1961)은 20세기 초 서구문화에서 최초로 만다라가 지니는 우주적 영적의미를 발견하였다. 융은 만다라는 모든 인간에게 각인된 원형으로 통일체의 상징이며, 정신적 성장을 위한 과정에서 꿈이나 그림의 형태로 즉흥적·무의식적으로 나타난다고 보았다.

이러한 만다라는 자신에게 침착하고 고요함을 주고, 자신과의 일체감을 경험시키며, 더불어 자아존중감을 키워주는 등 여러가지 심리치료적 측면에 장점을 지니고 있다.

만다라의 정의는 중심과 본질을 얻는 것, 마음 속에 참됨을 갖추고 있거나 본질을 원만히 하는 것이라 볼 수 있으며. 이러한 참됨을 알고 본질을 원만히 함은 자신이 자신을 볼 수 있다는 것으로 이러한 성격을 심리치료에 활용한다.

만다라의 교육적 의미와 효과를 살펴보면 다음과 같다.

- 자신에게 침착하고 고요해 질 수 있다.
- 정신을 집중하고 동시에 이완을 할 수 있다.
- 불안이 사라지고 긴장이 완화된다.
- 모범적 생활을 찾는다.
- 경험한 것을 잘 통합한다.
- 일체감을 형성한다.
- 원만한 성격을 키운다.
- 자아존중감 형성에 도움을 준다.
- 인간적인 따뜻함을 경험한다.
- 소란하고 산만한 외부 세계를 떠날 수 있다.
- 여유와 민감성을 갖는다.
- 창의적이고 적극적인 학습 자세를 갖게 된다.
- 한계를 받아들이고 필요한 것을 수용하는 것을 배운다.

1) 검사도구

- 준비물 : 만다라 본, 색연필이나 색칠 도구

2) 실시방법

먼저 명상적인 분위기를 마련한다. 심신의 이완을 할 수 있는 장소와 분위기를 마련하고 공간은 정리되어 있어야 하며 또한 명상을 위해 명상음악, 초나 향 등을 비치하는 것이 좋다.

다음으로 모든 외적 준비가 끝나면 눈을 감고 자신의 내적 소리에 귀를 기울이도록 시도한 후 만다라를 그린다.

만다라 그리기에는 문양이 있는 만다라를 선택해서 색칠하는 것과 스스로 만다라를 창작하는 것 두 가지의 방법이 있는데 초보자의 경우나 나이가 어릴 경우는 만다라를 선택해서 색칠하는 방법부터 먼저 실시하는 것이 좋다.

여기서 주의해야 할 점은 만다라 그림을 그린 후 그림에 대해 옳다거나 틀렸다는 평가를 해서는 안 되며 내담자가 자신의 만다라에 긍정적 반응을 보일 경우 타인에게 선물을 하기, 액자에 걸어 전시를 하는 등의 활동을 통해 만다라 그리기 활동에 흥미를 붙일 수 있다.

그림 2-29 • 13세 남아로 갈색과 검정색은 낮은 자존감을 보여주고 여러 색깔을 개념 없이 사용함.

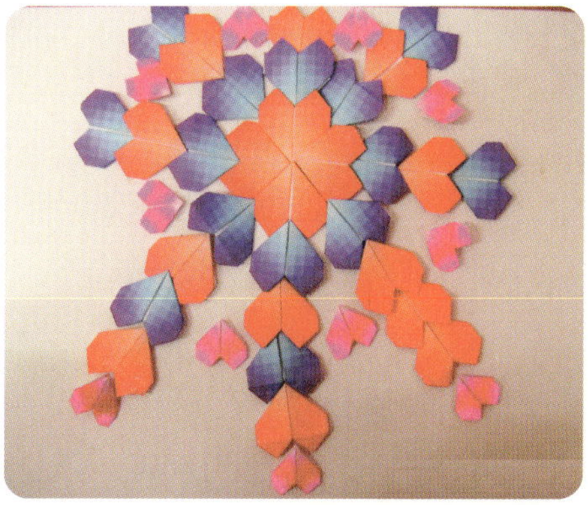

그림 2-30 • 12세 여아로 하트를 접어 만다라를 꾸밈.

3) 만다라의 색 상징

▶ **빨강**

- 긍정적 측면: 사랑, 감각, 열정, 자기신뢰, 힘, 권위, 지구력, 자립심, 삶의 기쁨, 생의 욕구, 획득, 생명력, 강한의지, 용기, 즉흥성, 정직, 감사, 용서, 인간적, 외향적
- 부정적 측면: 본능, 분노, 미움, 자기연민, 자기만족, 급한 성격, 무례한, 지배적, 오만한, 격렬한, 잔인한
- 빨강이 너무 많은 경우 : 심리적 정신적 상태를 의심해 볼 수 있음.
- 빨강이 너무 적은 경우 : 심한 수동성과 자기주장을 위한 의지력 결핍으로 볼 수 있음.

▶ **파랑**

- 긍정적 측면: 고요, 평화, 이완, 안전, 충실, 성실, 섬세한 감각, 원만함, 온유함, 세련된, 침착한, 순진한, 소박한, 다정한, 감격시키는, 창의력이 풍부한
- 부정적 측면: 권태, 무력, 공허함, 야망을 품고 있는, 불성실한, 의심이 많은, 거드름을 피우는, 냉담한
- 밝은 파랑 : 어머니의 사랑과 보살핌이 긍정적으로 반영됨.
- 어두운 파랑 : 지배적이고 주도적인 어머니상을 의미
- 파랑은 마음이 어두울 때, 상실, 슬픔, 혼란 등을 보이고자 하는 것이므로 색의 사용을 통해 상처를 딛고 이겨내어, 앞으로 나아갈 수 있는 지혜와 자기발전이 있는 성숙할 수 있음.

▶ **남색**

- 긍정적 측면: 신뢰, 현실적 이상주의, 꿈이 있는, 직관력이 있는, 제3의 눈-심안을 가진, 두려움이 없는, 의무를 충실히 수행하는, 환경에 매우 적극적인
- 부정적 측면: 겁을 내는, 편협한, 아량이 없는, 비판적, 어두운 면만을 보는, 우울한
- 남색이 많음 : 어머니와의 부정적 관계에 관련하여 마음속 깊이 자리잡고 있는 불안과 갈등을 나타냄.

▶ **노랑**

- 긍정적 측면 : 빛, 태양, 기쁨, 자유, 발전, 지성, 지혜 사교성, 환상, 자유에 대한 욕구, 정신적 역동성, 높은 정신력 역동성, 높은 정신력, 직관, 조화로운 중심, 명쾌한 사고, 넓은 시야, 훌륭한 유머감각, 명랑함, 깨달음, 낙관적, 확신에 찬, 자신이 있는, 행복한
- 부정적 측면 : 질투, 자기 과대평가, 협소함에 대한 불안, 피상적, 염세적, 회의적, 아첨을 잘하는, 교활한, 소심한, 비겁한
- 만다라에 그려진 노랑은 아주 다양하게 해석될 수 있음.
- 사람이 그려진 만다라에 있는 노란 색 : 자신의 삶을 새롭게 만들며, 자신의 힘으로 자기의 인생을 결정한다는 의지, 새로운 방향설정, 새로운 것으로의 탐색, 발전에 대한 욕구
- 노랑이 항상 우세하게 나타남 : 갈등을 극복하는 시기, 내면화된 아버지의 영향에서부터 자유로와짐(여성의 경우에는 이 단계에 만족감과 의기소침한 상태를 넘나드는 정서적 동요가 심하게 나타날 수 있음.)
- 강렬한 노란색에 음양의 대비가 강함 : 의식과 무의식의 싸움을 나타냄.

▶ **녹색**

- 긍정적 측면 : 균형, 성장, 희망, 저항력, 생명, 자연, 의지, 치유, 완쾌, 새로운 시작, 일체성, 건강, 건전함, 목적달성, 강인성, 지구력, 명서, 조화로운, 어린이와 동물을 사랑하는 이해심이 있는, 자제력, 적응력이 있는, 동정심이 있는 관대한, 겸손한
- 부정적 측면 : 거짓, 욕심, 권력, 판별력이 없는, 무모한, 인색한, 잔인한, 무자비한
- 보호해 주고 보살펴 주는 강한 능력, 자연과의 밀접한 관계나 그에 대한 동경, 내면에 있는 치유의 힘과 창의점 힘, 감정과 정서를 받아들이고 즐기는 길을 찾고자 하는 동경을 나타냄.
- 파랑과 노랑이 고르게 섞인 녹색 : 긍정적이고 조화로운 자기발전
- 전나무색 : 안정된 자신감과 자존감의 표현
- 검은 전나무색 : 죽음, 위험, 부패의 위협을 경고
- 황록색 : 독, 고름, 자제력이 없는 열정과 욕심

▶ **주황**

- 긍정적 측면 : 에너지, 낙천주의, 생의 욕구, 생명력, 활동성, 용기, 강함, 개방성, 젊음의 활력, 건강, 자기신뢰, 친절, 순수한, 진심, 기쁨, 열정, 자기 확신, 독립적, 건설적, 사교적, 섬세함, 싱싱함, 음식을 좋아하는, 넘치는 에너지
- 부정적 측면 : 권세욕, 자기 과시, 경망함, 다른 사람들로 하여금 문제를 해결하도록 하는 성향, 병적 거식증(혹은 폭식증), 알코올 오용, 거만한
- 긍정적 측면과 부정적 측면을 동시에 나타낼 수 있음(자의식과 자기회의의 동시 표현).
- 방심, 부주의한 성향, 에너지가 넘치는 목적지향성, 공명심.

▶ **분홍**

- 긍정적 측면 : 즐길 수 있는 능력, 낭만, 우아, 애정, 자제력, 헌신, 자기망각, 부드러움, 겸양, 소녀나 젊은 여성, 여성성
- 부정적 측면 : 보호욕구, 억제, 경쟁심 상실, 센티멘탈한, 허약한
- 매우 섬세한 감정, 강한 보호욕구, 적대적인 주변 환경의 공격에 대한 불안 충동, 병을 감추고 있음, 스트레스를 받는 신경증세 의미.

▶ **보라**

- 긍정적 측면 : 신비주의, 신비한 힘, 영성, 초자아, 변화, 영감, 정서 존중, 대립의 극복, 개별성, 강한 정서, 창의성, 상상력, 정신력, 영적 지도자, 자기희생, 순수한 이상주의자, 친절한, 공평한, 인도주의의
- 부정적 측면 : 우울증, 고통, 단식, 포기, 전향, 노이로제 경향, 내적 긴장, 오만한, 거드름을 피우는, 속물적인, 불성실한, 광신적, 해로운 마술에 관심이 있는
- 강한 정서, 상승하는 창의력, 생산적인 판타지를 나타냄
- 보라색이 우세한 경우 : 내적인 긴장 고조, 성역할, 사회적 위치에 대한 긴장.

▶ **터키색**

- 긍정적 측면 : 사교성, 우정, 의사소통능력, 독창력, 우아, 매력, 자아의식, 유머감각, 자기치유의 역할
- 부정적 측면 : 자기중심, 고집, 인정받고자 하는 욕구

- 남 모르는 심각한 위기를 겪고 있을 때 부딪치는 문제를 극복하기 위한 수단으로 사용.
- 상처, 아픔에 대한 의식화를 두려워하는 위기의 과정에서 자기치유의 역할을 함.

▶ **흰색**

- 긍정적 측면 : 순결, 완전성, 덕, 구원, 고결함, 명료함, 천진, 공평성, 신뢰성, 사업수완, 정직성, 진실함, 여성성, 영적 풍요로움, 지혜
- 부정적 측면 : 완전주의, 추상적 경향, 차가움, 심리적 압박감, 감추어진 감정과 정열, 화
- 흰색이 우세한 경우 : 심오한 영적 풍요, 강한 심리적 압박. 내적인 명료성, 영성과 민감성으로의 새로운 단계에 도달함, 마음 깊숙이 감추고 있는 감정과 열정을 나타냄.

▶ **검정**

- 긍정적 측면 : 정복 불능, 개혁, 복구, 가치, 회귀
- 부정적 측면: 권태, 강요, 압박, 희망상실, 고독, 죽음, 파괴, 정체 상태, 죄, 슬픔, 상실, 공포, 위협, 희미함, 우울증
- 죽음, 상실, 슬픔과의 대결, 우울함, 무의식, 자신 안의 부정적인 인성을 통합하고자 하는 상태

▶ **회색**

- 긍정적인 측면 : 참회, 지혜
- 부정적인 측면 : 우울증, 무기력, 무관심, 무감각, 억제, 미결정

▶ **갈색**

- 긍정적 측면(따뜻한 갈색 톤) : 어머니인 대지와 관련, 보호하고 영양분을 주는 역할과 과제, 고난의 시기를 극복, 검소, 퇴비
- 부정적 측면 : 가난, 대변, 죄인, 억압
- 갈색 우세할 경우 : 자신감 부족, 보호와 안정에 대한 욕구, 대지와의 결속, 모성, 비옥함, 다산, 힘든 인생여정의 종말 상징

4) 만다라의 기본구조

- 원 : 운동, 완전성, 신의 상징, 초원, 완벽성, 무한, 자기체험, 영원성
- 중앙에 중심점이 있는 원 : 원이 무·공, 존재하지 않는 것을 나타내는 반면, 중심점은 신적인 본질이나 자기를 상징
- 수평선 : 지상세계와 지하세계의 분리, 인류의 근원적 모성에너지
- 수직선 : 속세와 신성의 결합, 모든 것을 관통하는 에너지
- 십자형 : 대립의 결합, 땅과 하늘의 연결, 영적인 영역과 세속의 현실, 밝음과 어두움, 무의식과 의식화, 생과 사, 고통, 자신의 어두운 면과 숨겨진 면을 인식, 본능을 극복, 삶의 어려움, 새로운 자기중심을 형성
- 갈고리 모양의 십자형/만자형 : 우주와 에너지의 운동, 전체성, 완벽성
- 오른쪽 방향의 십자형 : 불행
- 왼쪽 방향의 십자형 : 행복
- 나선형 : 변화와 역동, 생명력, 치유의 에너지, 전체성추구, 의식을 구성하고 고려하는 능력, 개별화의 과정, 새로운 방향전환과 관련된 변화, 심층 심리적 면에서 신적 창의성, 에너지 성장
- 역삼각형(꼭지점이 아래로 향한 삼각형) : 물, 무의식, 여성, 잠재력
- 피라미드형 삼각형(꼭지점이 위로 향한 삼각형) : 불, 리비도, 생명력, 변화, 남성, 창의성
- 정삼각형으로서의 변화 : 상실로 인한 삶과 죽음과 재생의 주제를 다룸, 새로움, 창의성의 분출, 자아의식, 무의식의 내용이 위로 향함
- 중심을 향하는 삼각형 : 자신에 대한 내면적 공격
- 사각형 : 안정성, 조화와 균형(숫자4에 상응), 판단력, 인간적 완벽성, 서로 다른 요소들 사이의 균형, 정신에서 물질로의 변화, 합리적 사고, 목적 지향적 행동, 실행
- 원안의 정사각형 : 땅(사각형)과 하늘(원)의 결합, 무게중심에서의 대립, 자신의 에너지를 가진 충만함, 정화
- 육각형 별 : 대립의 통일, 중요한 작업을 완결함, 조화 만족

12. 꼴라쥬 기법

꼴라쥬(Collage)란 원래 꼴라(Coller)라고 하는 프랑스어로 부터 유래된 말로서 「풀로 붙인다.」라고 하는 의미로 잡지나 그림, 달력, 사진, 헝겊, 단추, 실, 낙엽, 골판지, 투명지 등 우리 주변에서 쉽게 구할 수 있는 재료이다. 이 재료를 이용하여 찢거나 오리고, 잘라서 종이 등에 구성하여 붙여서 하나의 작품으로 완성하는 이 기법은 20세기 초두에 생겨난 미술표현 방법이지만 그 기원은 오래되었다.

미술표현에서 잡지나, 합판, 천 등의 평면 재를 도입하기 시작한 것은 초현실파의 Errnst와 입체파의 Picasso였다. 이와 비슷한 방법으로 파피에 꼴레(Papier Colle)라는 기법이 있는데 이것은 우표나 상표, 신문지, 벽지와 같은 종이 종류를 붙여 그림을 만드는 방법이다. 피카소나 브라크는 화면의 미적인 구성을 위한 조형의 수단으로 여러 매체를 사용하였다.

꼴라쥬 기법은 여러 가지 재료를 이용하여 자신만의 독특하고 개성있는 화면구성을 만드는 것으로 꼴라쥬에 사용할 수 있는 재료의 종류로는 종이, 화보, 사진, 헝겊, 색지, 톱밥, 모래, 한지 등을 들 수 있다.

꼴라쥬 기법은 모래상자 놀이치료자들이 많이 이용해 왔으며, 직감이나 감각 등의 비합리적 기능을 이용한 현대적인 치료기법이다. 이 기법은 자신을 개방시키고 심상을 발견하거나 개발시킨다. 또한 내담자의 관심과 흥미를 분명히 해 주며, 아울러 이상과 현실의 차이를 이해(우울증)하는 데도 유용하다.

꼴라쥬 기법은 입체생활매체와 사진이나 그림을 이용하여(포토 몽타쥬, 오브제 형식) 자신의 감정(선물, 하고 싶은 일, 남편에게 원하는 것, 퇴원 후의 계획 등)을 쉽게 나타낼 수 있는 장점이 있다. 표현 할 수 있는 다양한 평면, 입체재료들이 충분히 준비된다면 꼴라쥬 장점의 효과를 높일 수 있다.

1) 검사도구

- 준비물 : 각종 잡지, 신문, 사진과 같은 인쇄매체, 풀, 가위, 종이, 빈 상자
- 실시시간 : 30~1시간 정도

2) 실시방법

- 잡지나 사진 속에서 주제와 관련된 화면을 선택하여 손으로 찢거나 가위로 오려 붙인다.
- 그림이 완성된 후에는 그림 속의 상징 이미지에 대해 서로 이야기를 나눈다.
- 실시하는 방법으로는 대화없이 각자 실시하는 방법, 내담자가 작업하는 것을 곁에서 치료자가 도와주며 실시하는 방법, 치료자와 내담자가 함께 제작하는 방법, 이야기를 하면서 각자 실시하는 방법 등이 있다.

3) 꼴라쥬의 특징

- 언어표현보다 정확하고 구체적이다.
- 집약적이다.
- 상징표현을 취할 수 있다.
- 다양하게 해석할 수 있다.
- 종이, 풀, 가위, 잡지 등이 있으면 어디서나 가능하다.
- 내담자가 선호하는 잡지를 가지고 할 경우는 보다 그 사람의 내적세계를 표출하기 쉽다.
- 그림을 그리는 것에 저항이 있는 사람이라도 도입이 쉽다.
- 실시가 간단하고, 연령층 적용범위가 폭넓다(유아에서 노인까지, 정신지체, 분열증 성인 남성이라도 저항이 적다.).
- 지적인 작업으로도 사용가능하다.
- 표현방법에 의해 그 사람의 성격과 감정, 병리성과 증상 파악 가능하다.
- 상호법에 의해 내담자와 치료사와 라포형성이 쉽다. 모자 상호법에 의한 모자간의 의사소통 개선이 가능하다. 치료사와 어머니와 내담자의 3자간의 의사소통이 쉽다.
- 어떤 심리학파라도 가능하다.

4) 콜라쥬(Collage) 기법을 응용한 프로그램

(1) 별칭 짓기 콜라쥬

- 실시방법 : 잡지나 사진 속에서 자신과 관련되는 화면을 선택하여 가위로 오리거나 손으로 찢어서 붙이게 한다. 완성된 후에 자신의 그림에 알맞은 별칭을 붙인다. 별칭 속에 자신의 내재된 이미지가 담겨 있다.
- 의미 : 사진 속에 함축되어 있는 자신의 이미지를 선택하여 붙여봄으로써 내적인 파악을 할 수 있다.

(2) 자신의 과거, 현재, 미래 콜라쥬

- 실시방법 : 잡지 속에서 자신의 삶과 관련이 되는 영상을 찾아 가위로 오리거나 손으로 붙여 완성한다.
- 의미 : 완성된 후에 사진을 선택하여 자신의 현재, 과거, 미래를 표현한 의미를 설명한다. 자신의 인생 이야기를 한눈에 볼 수 있는 영화와 같은 느낌으로 자신의 인생을 설계 할 수 있다. 즉, 자아의식이 증진이 되는 미술치료 방법이다.

(3) 나를 광고하기

- 실시방법 : 나를 광고 할 수 있는 광고문이나 글자, 문구, 영상 이미지를 찾아 붙여 표현한다.
- 의미 : 자기 자신에 대한 객관적인 인식과 자아감의 척도를 확인 할 수 있다. 타인 비교하거나 자신의 독자적인 개체로서의 삶에 대한 인식 정도를 파악할 수 있다. 자아감의 높고 낮음에 따라 강화를 해 주면 효과가 있다.

(4) 나의 장점과 단점 콜라쥬

- 실시방법 : 자신의 장점과 단점을 스스로 생각한 후, 잡지나 색종이를 이용하여 표현한 장점을 2~3개 더 표현할 수 있도록 한다.
- 의미 : 자신의 성격을 객관적으로 살펴볼 수 있는 기회이며, 자신이 단점보다는 장점을 더 많이 갖고 있음을 스스로 느껴 생활에 자신감을 가질 수 있도록 한다.

(5) 내가 변신한다면

- 실시방법 : 현재의 모습이 아니고 새로운 모습으로 변할 수 있다면, 어떤 모습으로, 무엇으로 변하고 싶은 지를 솔직히 표현할 수 있도록 한다.
- 의미 : 자신의 마음 속 깊숙이 내재되어 있는 욕구를 의도적으로 표출하여 수용할 수 있다.

예 | 다른 사람으로부터 인정받기를 원하는 내담자는 주목 받는 인물을 그린다.
⇒ 인기 연예인, 동화 속 주인공, 상징적인 안테나 등
지배적인 성향이 있는 내담자는 지배적인 인물을 그린다.
⇒ 군인, 정치가, 로봇, 공룡 등
욕구가 강한 반면 억압된 내담자는 공격적인 상황을 표현한다.
⇒ 검도사, 기관사, 경찰 등
사랑 받기를 원하는 내담자는 양육적인 상황을 그린다.
⇒ 엄마, 아빠, 아기 돌보는 그림

(6) 선물 주고, 받고 싶은 것(가족, 애인, 부모, 아이, 남편 등)

(7) 사진을 순서대로 붙여놓고 이야기 하기

(8) 아무 그림이나 몇장 붙여놓고 심상을 이야기하기(역할교환법)

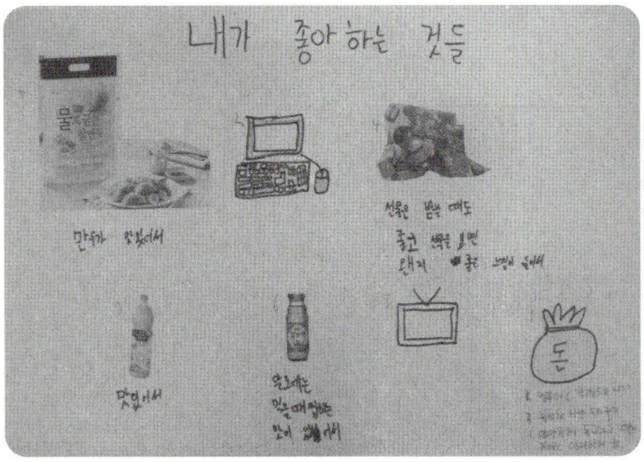

그림 2-31 • 12세 남아로 내가 좋아하는 것들을 찾아보는 꼴라쥬로 쥬스, 만두, 선물, TV, 돈을 붙임. 음식물이 주를 이뤄 애정욕구의 불만족이 나타남.

그림 2-32 • 15세 여아로 자신이 좋아하는 것들을 잡지에서 오리고 말풍선으로 꾸민 작품. 자신은 짱구처럼 엉뚱한 것을 좋아하고 맛있는 음식을 좋아하며, 예쁜 신발을 신는 것을 좋아한다고 함.

13. 상자기법

1) 검사도구

- 준비물 : 다양한 크기의 빈 상자, 색종이, 한지, 골판지, 스팽글, 여러 가지 재활용품(실, 나사, 천조각), 글루건, 가위

2) 실시방법

① 상자를 자기 자신이라고 생각하게 하고 상자의 겉면은 남이 보는 내 모습이고 상자의 안면은 내가 알고 있는 나의 내면 모습으로 표현하도록 한다.

② 탐색 시간을 갖게 한다. 눈감고 생각한다.

③ 다양한 모양과 크기의 상자 준비하여 그 중 원하는 상자를 선택하게 한다.

④ 상자의 내면과 외면을 다양한 재료를 이용하여 표현하게 한다. 이때 시간이 오래 걸리는 내담자도 있으므로 시간을 넉넉하게 주도록 한다.

⑤ 완성 후 자신의 작품에 대해 설명하도록 유도하며 이때 내담자가 어떤 상자를 선택하느냐를 관찰하고(상자의 크기, 모양, 안이 들여다보이는 상자, 내부가 전혀 보이지 않는 상자 등) 한걸음 물러나서 조망해 보는 것도 좋다.

그림 2-33 • 13세 남아로 다른 사람들은 자신에게 달리기를 잘하고 독서도 잘한다고 칭찬을 듣는다고 함.

그림 2-34 • 13세 남아로 자신의 내면모습은 외롭고, 포근하게 누군가가 안아주었으면 좋겠고 파이팅이라고 외치는 소리를 듣길 원한다고 함.

14. 풍경화 기법 (LMT : Landscape montage technique)

풍경화 기법이란 단적으로 그림에 의한 자기표현 활동이다. 그린다고 하는 행동은 뭔가 새로운 것이 아니라 고대로부터 인류가 연결되어 온 자발적인 행동이다. 거기에는 그린다는 것에 의해 무언가를 표현하고 전달한다는 내적인 욕구가 있다. 언어로 표현하지 못하는 감동이나 개인을 초월한 무언가를 그림에서 느끼기도 한다. 상담에서 내담자를 이해하는 것은 쉬운 일이 아니다. 다른 사람을 완벽하게 이해한다는 것은 불가능하기 때문이다. 그러나 이해한다는 자세를 가지고 노력하는 것이 상담자, 내담자 모두 성숙한 사람이 되어 가는 길이 된다. 풍경화 기법(LMT : Landscape montage technique)은 미술치료 혹은 그림검사법의 하나로 1969년에 중전구부(中井久夫) 교수에 의해 창안되었다. 이 풍경구성법은 원래는 정신분열증 환자를 주 대상으로 하여 모래상자 요법의 적용 가능성을 결정하는 예비검사로서 고안되었으나 독자적인 가치가 인정되어 이론적으로 분석되어 치료적으로도 많이 활용되는 기법이다.

중전구부(中井久夫) 교수에 의한 이 풍경구성법은 로샤검사(Rorcschach test)와 같은 앞에 있는 패턴을 읽고, 선택, 해석하는 투영적 표상과 대조적인 접근방법으로서 4면이 테두리로 그어져 있는 구조화된 공간에 통합적 지향성을 지닌 하나의 전체를 구성하는 구성적 표상을 기초로 하는 방법이라고 말할 수 있다.

1) 검사도구

- 준비물 : 도화지, 사인펜(보통 흑색 사인펜을 사용), 크레파스 혹은 색연필.

2) 실시방법

먼저 치료사가 4면에 테두리를 그린 도화지와 사인펜을 내담자에게 건네준다. 그 다음에 치료사가 말하는 사물을 차례대로 그려 넣어서 풍경이 될 수 있게 한다. 그리는 순서는 다음과 같다. (1) 강 (2) 산 (3) 밭 (4) 길 (5) 집 (6) 나무 (7) 사람 (8) 꽃 (9) 동물 (10) 돌 등 이상 10가지 요소이다. 그리고 마지막에 그려 넣고 싶은 사물이 있으면 그려 넣게 한다. 모두 다 그린 경우에 색을 칠하도록 한다.

- 치료사가 한 장의 도화지를 꺼내어 싸인펜으로 테두리를 그리게 한 다음 싸인펜과 도화지를 내담자에게 가로로 건네주고 "자, 지금부터 풍경을 그릴거예요. 잘 그리는 것을 보려는 것이 아니니까 자신이 원하는 대로 그려 주세요. 단, 내가 말하는 순서에 따라서 그려 주세요."
  "먼저 강을 그려 주십시요."
- "자, 강을 그렸습니다. 다음은 산입니다. 산을 그려주세요"
- "다음은 밭입니다. 밭을 그려 주세요.", 혹은 "논이라도 상관없습니다."라고 말을 덧붙이는 것이 좋다.
- "자, 다음은 길입니다. 길을 그려 넣어 주세요."
- "길 다음은 집입니다. 집을 그려 주세요."
- "집, 나무, 사람을 그려주세요"
- "자, 다음은 꽃입니다. 꽃을 그리세요."
- "다음은 동물입니다. 어떤 동물이라도 상관없습니다. 동물을 그려넣어 주세요."
- "다음은 돌입니다. 돌을 그려주세요."
- "자, 내가 말하는 것은 이것뿐 입니다. 마지막으로 무엇인가 부족한 것이나 자신이 그려 넣고 싶은 것을 그려 주세요. 또한 지금까지 완성시키지 못한 것부터 더 첨가해서 그리고 싶은 부분이 있으면 그려도 좋습니다. 아무튼 풍경을 완성시켜 주세요."

풍경화 완성 후 크레파스나 색연필을 제시하고 "자, 여기에 색칠해 주세요."라고 지시하고 색칠이 끝난 뒤 치료사는 내담자가 그린 그림을 보고 2~3가지 질문을 한다. "이것은 사계절 중 언제 입니까?, 시간은 몇 시경 입니까?, 기후는?, 강은 어디로 흐르고 있습니까?, 사람은 몇 살이며 남자입니까 여자입니까" 등의 질문을 한다.

풍경화 기법에서 가장 현저한 변화를 보이는 부분은 색이라고 하였으며 색채는 투영적이라고 말하고 있다. 그리고 채색은 구성의 마지막 단계에 실시하기 때문에 풍경구성법에 따른 변화가 묘화면보다 색에 있어 현저하게 나타난다고 말할 수 있다.

3) 풍경화 기법의 상징과 의미

▶ **강**

강은 일반적으로 무의식의 흐름에 비유할 수 있다. 자신이 통제할 수 없는 영역으로 1/3 이상이면 무의식에 영향을 적지 않게 받고 있음을 의미한다. 무의식에 지배되어 있는 상태의 환자들은 흔히 물이 세차게 흐르는 큰 강을 그리고, 군데군데 범람하여 물이 넘쳐흐르고 있는 그림을 그리는 경우가 많다.

강박경향이 심한 자나 무의식에 대해서 자아경계가 약한 자는 강가를 정성껏 돌로 쌓거나, 콘크리트로 방파제를 만든 그림을 그린다. 때로는 강에서 도랑으로 분류되어 내려오는 그림을 그려서 갑작스럽게 평온한 분위기를 자아내는 경우도 있다. 분열증의 발병기에 있는 자와 신경증 환자는 강을 너무 크게 그리거나 물의 양이 많은 강을 그리는 경우가 있다. 소위 무의식의 세계에 지배되어 있는듯한 느낌이 강하다.

▶ **산**

산은 그리는 사람의 주어진 상황과 앞으로의 전망을 나타내는 경우가 있으며 극복해야 할 문제의 수를 시사하는 경우도 있다. 산 봉우리 수는 극복해야 할 문제의 수를 의미하며 봉우리 끝이 잘려있다면 “아버지와의 의사소통”이 충분치 못하다는 것을 의미한다. 눈앞에 우뚝 서 있거나, 앞길을 막고 있는 경우는 곤란이나 장애 등이 가려 놓여 있는 것을 의미하는 경우도 있다.

▶ **밭(논)**

논에 모를 심고 있을 때, 벼가 푸르고 번성할 때, 벼 이삭이 돋은 것, 벼 베기, 수확한 후, 수확한 후의 한가한 논의 모습을 그린 경우에는 그린 사람의 마음이 지향하고 있을 때를 암시한다. 때로는 발병의 시기, 즐거웠던 시절을 회상하며, 때로는 미래를 암시하는 경우도 있다. 밭에서 일하는 사람의 모습이나 논 혹은 밭을 갈고, 정리하고, 손질하는 모습에 있어서 학생과 아동의 경우에는 면학과의 관계를 나타낸다. 일반적으로는 과제나 의무와의 관계를 나타내는 경우도 있으며 인격이 통제된 부분으로 볼 수도 있다.

▶ **길**

강을 무의식에 비교한 반면에 길은 의식이며, 방향을 암시하고 인생의 길로서 명확하게 의식되는 것을 표현하는 경우가 있다. 수평인 길은 안정의 욕구, 수직의 길은 상승의 욕구를 의미하며 넓고 곧은 길은 미래에 대한 강한 자신감을 시사한다. 그 길이 확실하게 강위의 다리와 연결되어 있으면 안심할 수 있다. 그러나 일반적으로 여성의 경우에 길이 강으로 차단되어 그대로 끝나있는 경우가 1/4이나 된다. 여성에게 있어서는 강을 건넌다는 의미가 강을 건너서 다른 세계로 간다는 것 즉, 결혼을 의미한다고 한다. 남성에게 있어서는 결혼이란 다른 세계로 향한다는 정도의 큰 변화는 없다. 남성에게 있어서 강을 건넌다는 의미는 다른 뜻으로 생각된다.

▶ 집, 나무, 사람

기존의 HTP 그림검사에서 언급된 것과 같다. 집은 창문과 출입문은 개방성이며 크면 클수록 외향적인 사람이며 울타리는 심리적인 보호막을 나타낸다. 나무는 자신의 성장 에너지이며, 5그루 이상은 지나친 욕심이고 열매는 일의 성과나 결과를 중시하는 심리적 기저를 의미한다.

사람을 졸라맨(막대모양)으로 그린 경우 약한 자아존중감이며 어디에서 무엇을 하고 있는지가 중요하다.

▶ 꽃

꽃은 아름다움과 사랑을 상징한다. 또 개화에서 결실에 이르는 최초의 단계이기 때문에 성장발달의 상징이기도 하다. 꽃을 크게 많이 그린 경우 내적으로 성장 발달을 하고 있으므로 아픈 상처나 고통을 스스로 치유할 수 있는 가능성이

그림 2-35 • 15세의 남아로 밭을 넓게 그려 자신이 앞으로 해나가야 할 많은 일을 암시함.

그림 2-36 • 11세 남아로 1/2의 큰 강을 그려 무의식에 많은 영향을 받고 있음을 시사함.

있음을 시사한다. 일반적으로 여성스러움을 의미하고 강조하는 경우에 그리는 일이 많다. 그러나 높은 산봉우리의 꽃, 장례식용 꽃, 새빨간 색으로 길가에 피어있는 꽃 등은 그대로 자신의 영혼을 공감하는 꽃이며, 양친의 죽음을 애도하는 그림에서 많이 나타난다. 꽃에 색칠을 하지 않은 경우는 정신분열증자에게 많이 나타나는데 이것은 감정이 실감나지 않는다는 하나의 표현이다.

▶ 동물

동물 그 자체가 상징성을 나타낸다. 팬더, 기린, 공작 등 눈에 띄는 것, 코알라, 애견, 고양이와 같이 귀여운 동물, 뱀, 돼지 등 일반적으로 싫어하는 동물 등 각 동물이 지닌 속성을 중심으로 부여되는 인간의 여러가지 이미지와 동물의 세심한 특성과 생태, 신화, 전설 등에 그 의미를 맞출 수 있다.

분열증 환자나 대인공포증 환자는 토끼를 좋아하며 그리는 경우가 있다. 혹은 싸워서 상처를 입은 고슴도치, 매, 사자 등을 많이 표현하기도 한다. 등교거부 아동은 자주 소나 말을 그리는 경우가 많다. 학교내 폭력 소년은 고양이에게 몰려 있는 듯한 쥐 모습을 그린다.

- 소 : 업무 과다 또는 등교거부
- 고양이, 쥐 : 가출 심리
- 토끼, 사슴 : 대인기피증
- 강아지 : 사교성
- 사자 : 공격성
- 새, 물고기, 곤충 : 자유 열망 등

그림 2-37 • 11세의 남아로 강가에 많은 울타리와 방파제를 그려 강박증이 있음과 많은 나무는 욕심이 많아 자존감 낮은 것을 뜻함.

그림 2-38 • 9세 남아로 도화지 정면의 커다란 산은 현재 자신이 처한 문제가 있음을 시사하고 있고, 그 문제는 아버지의 재혼으로 새 어머니를 맞아들인지 얼마 안 되어 힘들어하고 있음을 나타냄.

▶ **돌**

돌의 의미는 상당히 중요하다. 그 속성은 단단함, 냉정, 불변성이다. 돌이 길이나 강 옆의 일렬로 놓여 있는 경우는 '강박증'을 시사한다. 돌은 일반적으로 눈에 띄지 않고 무수히 많은 것으로 그 존재를 알아차리기 어려운 경우가 많다. 그러나 그것이 큰 돌이나 큰 바위로서 전방을 가로막고 있으면 장애가 되고 큰 짐이 되며 어려움을 나타낸다. 그러나 큰 돌이라 하더라도 그 위치에 따라서 여러 가지 의미를 준다.

15. 동적 가족화(KFD : Kinetic Family Drawing)

가족화를 처음으로 도입한 헐스(Hulse, 1951)는 아동에게 자신의 가족을 그려 보게 한 후 자신이 그린 인물에 대해 자유롭게 이야기해 보도록 하는 과정에서 아동의 심리적 어려움의 원인, 부모와의 관계, 형제와의 관계를 알 수 있고, 아동이 가족 안에서 자신의 위치를 어떻게 지각하는지를 알 수 있다고 하였다. 그러나 이때는 단지 "가족을 그려 보자."는 지시만 하므로 가족 간의 역동적 상호작용이 나타나지 않는 가족화가 그려지는 것이 일반적이었다.

동적 가족화(KFD : Kinetic Family Drawing)는 번즈와 카우프만(Buns & Kaufman, 1970)에 의해 발전되었다. 가족들이 무엇인가 하는 것을 그리도록 지시한 동작성 가족화는 가족 안의 상호작용을 보다 쉽게 파악할 수 있게 해준다. "당신을 포함해서 당신 가족들이 무엇인가를 하고 있는 그림을 그리세요."라고 지시와 함께 수용적인 분위기를 제공하여 아동이 그림을 편하게 그릴 수 있도록 격려한다.

1) 검사도구

▶ **준비물** : A4용지, 4B 연필, 지우개 등

▶ **소요시간** : 30~40분 정도

2) 실시방법

내담자가 자유로운 느낌을 가질 수 있도록 라포(rapport)가 형성되어야 하며, 시선을 마주보는 형태로 의자의 위치를 바꾸기도 하고 혹은 평행으로 같은 방향에

앉는 쪽이 좋은 경우도 있다. 색채화를 하지 않는 이유는 색채에 부여되는 심상과 감정을 제외시키기 위해서이다. 결국 색채라는 묘화(검사)의 자유도를 확대하는 방향이 오히려 회화작업에 저항을 유발하게 하고, 임상적 효율성도 저하되며, 자료의 비교 검토를 곤란하게 한다고 하는 부자유가 증대해 버리는 것이 된다. 그런 의미에서 KFD가 연필화라는 것은 용지의 크기와 함께 투사법으로서 최소한 필요한 사항이라고 보는 것이 타당하다. 당연히 연필의 종류도 일정해야 한다. 아동들은 연한 4B 정도의 것을 선호하며, 치밀한 묘화를 그리기 쉬운 청년기 피험자는 단단한 연필의 종류를 더 선호한다.

▶ **검사자의 지시**

검사 도구를 피험자의 책상 위에 두고, "당신을 포함해서 당신의 가족 모두에 대해서 무엇인가를 하고 있는 그림을 그려보세요. 만화나 막대기 같은 사람이 아니고 완전한 사람을 그려 주십시오. 무엇이든지 어떠한 행위를 하고 있는 그림을 그려야 합니다."

이와 같은 지시를 한 후에 종종 피험자가 하는 질문은 "가족 전원이 무엇인가 하나의 일을 하고 있는 것입니까? 그렇지 않으면 개인이 각각 다른 일을 하고 있는 것을 그리는 것입니까?" 라고 묻는다. 물론 어느 쪽이라도 괜찮다고 답한다.

▶ **검사자의 태도**

검사 장면을 설정하고, 지시를 한 후에는 검사자는 피험자의 그림을 그리는 과정을 주목하지 않는 것이 좋다. 혹은 검사자는 검사실을 나와서 가끔씩 돌아보는 것이 좋다. 피험자가 그림을 거부하는 일은 거의 없지만, 만약 그와 같은 일이 생기면 피험자에게 용기를 주고, 그림을 완성할 때까지 방에 머물도록 한다. 이 같은 검사 장면의 설정 외에는 시간 제한을 하지 말고, 피험자가 말이나 몸짓으로 그림의 완성을 이야기할 때까지 그 장면을 유지하도록 한다.

3) 그림 완성 후의 절차

그림을 완성한 후에는 그림 속에서 각각의 인물상이 누구인가, 연령, 그리고 무엇을 하고 있는 것인가(행위 종류)를 확인하고, 용지의 여백에 기입해 두는 것이 바람직하다. 이것은 상세하지 않은 그림을 다시 확인하기 위한 절차이고, 정확한 자료를 얻기 위한 것이다.

4) 진단 및 해석

아동이 그린 가족화는 일반적으로 활동내용, 그림의 양식, 상징, 역동성, 인물의 특징에 따라 해석한다.

(1) 활동내용(action)

활동내용은 두 가지 관점에서 해석될 수 있다.

첫째는 활동의 상호작용적 측면이다. 가족 모두가 상호작용을 하고 있는가, 일부만 상호작용을 하는가, 아니면 전혀 상호작용이 없는가에 따라 가족의 전체적 역동성을 파악할 수 있다. 예를 들어 가족 모두가 함께 다과를 하는 모습을 그리면 가족 전체의 상호작용을 나타내는 것이다.

둘째는 활동 내용으로 가족 내의 역할 유형 등을 알 수 있다. 대체로 아버지는 신문 보기, 컴퓨터 하기, 책읽기, 일하기 등, 엄마는 요리하기, 청소하기 등, 본인은 공부하기, 놀기 등으로 묘사되는 경우가 많다.

이와 같은 활동내용으로 아동이 가지고 있는 성역할 의식에 대해서도 알 수 있다. 그러나 활동내용에 관한 해석은 다음에 언급할 그림의 양식, 상징 등을 함께 고려하여 전체적 관점에서 해석되어야 한다.

(2) 양식(styles)

일반적으로 양식은 아동이 가족들에 대해 가지고 있는 감정상태나 신뢰감 등을 드러내는 것으로서 구획 나누기, 포위하기, 가장자리에 그리기, 특정 인물 밑에 선 긋기, 상부나 하부의 선 긋기 등으로 분류할 수 있다.

① 구획 나누기

직선이나 곡선을 이용하여 인물들을 의도적으로 분리하는 경우 또는 미리 검사지를 접어서 사각형태를 만들고 그 안에 가족 구성원을 따로따로 그리는 경우도 있다. 이것은 구획 나누기의 극단적인 형태로 각 가족 구성원들 간의 정서적 교류를 차단시키려 하는 고립된 아동들이 전형적으로 보이는 형태이다. 솔직한 애정표현이 허용되지 않을 때 또는 내성적이고 위축된 아동에게서 나타난다.

② 포위하기

위협적인 개인을 분리하거나 제거하고 싶을 때 어떤 사물이나 선으로 둘러싸는 경우이다. 예를 들어 엄마가 자신을 힘들게 하거나 스트레스 받을 때 어머니를 원 안에 가두어 버리는 경우로 두 인물을 함께 포위할 경우는 둘 사이가 밀접하게 동일시된 경우이다. 주로 줄넘기, 자동차, 그네 등으로 표현되는 경우가 많다.

③ 가장자리에 그리기

인물을 용지의 가장자리를 따라서 그리는 경우이다. 상당히 방어적이며 가족 구성원들과 친밀감을 맺는데 저항을 갖고 있을 경우에 많이 그린다.

④ 특정 인물 밑에 선 긋기

자신 혹은 특정 가족 구성원에 대해서 불안감이 클 경우에 그 인물상 밑에 선을 그리는 경우가 많다. 자기 그림 밑에 밑선을 긋는 경우는 견고한 토대를 만들어 안정감을 유지하려는 아동의 노력이 심리적으로 드러내는 경우이다.

⑤ 상부의 선

여러 선을 용지 상단에 걸쳐서 그린 경우이다. 불안이나 걱정, 공포가 큰 아동의 그림에서 나타난다.

⑥ 하부의 선

여러 선을 용지 하단에 걸쳐서 그린 경우이다. 심한 스트레스를 받고 있는 아동이 안정되고 싶고, 구조 받고 싶은 욕구가 강할 때 나타내는 형태이다.

(3) 상징(symbols)

상징은 과잉해석을 하거나 잘못된 해석을 하기 쉬운 주제이다.

상징은 무의식적 표현으로 가정하기 때문에 해석을 할 때에는 또 다른 해석도 가능할 수 있다는 것을 생각하여 되도록 아동의 전체성을 고려하여 해석하려는 자세가 필요하다.

동작성 가족화에 나타나는 사물들은 너무 많기 때문에 일일이 열거하기 어렵고 임상적으로 의미를 부여할 수 있는 사물들을 영역화하면 다음과 같다(한국 미술치료학회, 1994).

① 힘의 과시를 나타낸 그림 : 오토바이, 자동차, 기차, 비행기, 자전거 등이다. 자전거를 제외한 모든 것은 의존적 요소에 의한 힘의 과시를 반영한다.

② 분노, 거부, 적개심을 나타낸 그림 : 총, 칼, 날카로운 물체, 불, 폭발물 등

③ 공격성, 경쟁심을 나타낸 그림 : 축구공, 공, 던지는 물건, 빗자루, 먼지털이개 등

④ 애정적, 온화함, 희망적을 나타낸 그림 : 전등, 난로 등 열과 빛이 표현될 때이다.

⑤ 우울감, 억울함을 나타낸 그림 : 바다, 호수, 강 등 물과 관련되는 모든 것이다.

(4) 역동성

가족 구성원들 간의 감정을 용지의 전체적 맥락 안에서 파악할 수 있는 영역이다. 인물묘사의 순서, 인물의 크기, 인물간의 거리, 인물의 얼굴방향, 인물상의 생략 등이 여기에 포함된다.

① 인물묘사의 순서 : 가족 구성원들을 그린 순서는 가족 내의 서열을 나타내는 것이다. 제일 먼저 그린 구성원이 가족 안에서 가장 중심적인 위치를 차지하고 있는 것을 알 수 있다.

② 인물의 크기 : 인물묘사의 순서와 마찬가지로 인물의 크기 역시 가족 내의 힘의 서열을 반영한다. 키를 크게 그린 인물은 권위의 대상이 되고, 작게 그린 인물은 경멸이나 무시의 대상이 된다.

③ 인물간의 거리 : 아동과 가깝게 그린 가족 구성원과 멀리 그린 가족 구성원은 아동이 가지고 있는 친밀감의 정도에서 다르다. 이것은 감정적인 거리를 반영하는 것이기 때문에 아동과 가족 구성원들 간의 상호작용이나 의사소통의

그림 2-39 • 10세 남아로 자신은 아버지와 함께 안방에서 TV를 시청하고 형은 혼자서 컴퓨터를 한다며 형을 고립시킴.

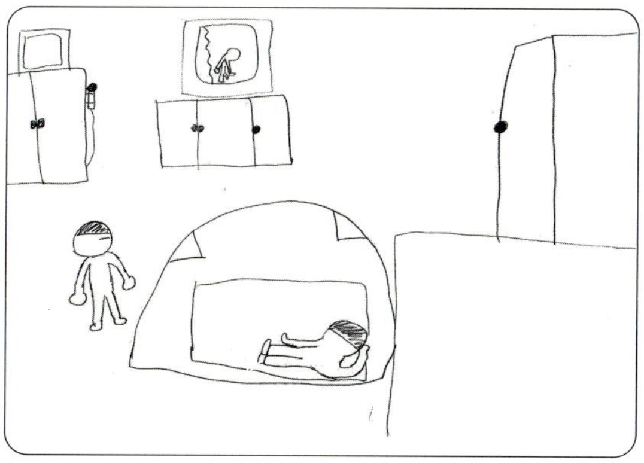

그림 2-40 • 13세 남아로 동생은 TV를 보고 있다며 카펫에 눕게 해 교묘히 포위해 정서적 단절을 보여주고 아빠와 엄마는 회사에 간걸로 생략함.

수준을 보여 주는 것이다.

④ 인물의 얼굴 방향 : 그려진 가족 구성원이 앞모습, 옆모습, 뒷모습 중 어느 것이냐에 따라서 아동이 느끼는 가족관계의 방향성을 알 수 있다. 앞모습은 긍정적 관계, 옆모습은 반 긍정 또는 반 부정적 관계, 뒷모습은 부정적 관계로 지각한다고 볼 수 있다.

⑤ 인물의 생략 : 가족 구성원 중 누군가를 그리지 않았다든가, 또는 그렸다가 지운 경우, 그 구성원과의 갈등이 있음을 보여 준다. 또한 누군가를 용지의 뒷면에 그린 경우는 그 구성원과 간접적인 갈등이 있음을 반영한다.

(5) 타인을 그린 경우

아동이 함께 살고 있는 가족 구성원이 아닌 타인을 그렸다면 이는 아동이 가족 누구와도 정서적 교류나 친밀감을 느끼지 못함을 나타낸다. 아동이 그린 타인은 아동이 정서적으로 가장 친밀하게 느꼈거나 초기의 애착대상일 가능성이 크다.

(6) 인물의 특징

아동의 동작성 가족화에 흔히 나타나는 인물의 특징은 다음과 같다.

① 음영 : 어떤 인물의 특정 신체 부위에 음영을 그릴 경우, 이는 그 신체 부분에 대한 몰두나 불안감을 나타내는 것일 수 있다.

② 표정 : 얼굴 표정은 정서반응을 나타내는 것으로 인물의 표정은 실제 가족활

그림 2-41 • 15세 여아로 온가족이 둘러앉아 식사를 하고 있는데 엄마가 언니에게 잔소리를 하는 중이라고 표현함.

그림 2-42 • 10세 여아로 자신과 할머니, 아빠는 함께 얘기하는 중이고 엄마는 설거지를 하는 뒷모습을 그리고 엄마와 친밀한 동생은 자기 방에 있다며 생략함.

동 안에서 아동이 지각하는 정서반응일 수 있다. 표정이 없는 경우 가족 안에서 느끼는 정서적 어려움을 회피하려는 시도로 해석해 볼 수 있다.

③ 막대기 인물 : 가족 간의 정서적 유대감과 따뜻한 정서교류가 부족함을 반영한다.

지금까지 아동의 그림에 대한 전반적인 해석방법을 설명하였다. 그러나 그림을 요소별로 잘 분석했다 하더라도 이것으로 아동의 심리적 특성을 파악하고 진단하는 데는 무리가 있다. 그림검사의 결과를 해석할 때에는 다른 검사결과나 검사실시 과정에서 아동이 보인 행동과 아동의 환경 등과 종합하여 분석되어야 한다.

chapter

3

아동미술치료 ●●●

인물화를 통한 심리진단

1. 이론적 배경

투사적 검사법 중에서 체계화가 가장 낮아, 보다 무의식적 깊이의 심리현상을 표현한다고 가정되는 인물화 검사는 1926년 굿이너프(Goodenough)에 의해 「Measurement of Inteeligence by Drawings」라는 책이 출판되면서 소개되었다.

초기에는 개념적 성숙 측정을 통한 지능평가방법으로 사용되었으나, 현재는 아동과 성인의 투사적 성격검사로써 특히 자아상(self-image)이 투사되는 검사법으로 임상에서 널리 사용되고 있으며, 이는 아동에게 사용될 때 특히 유용한 자료로 제공되고 있다.

아동의 인물화는 오래전부터 아동의 지능을 측정할 수 있는 수단이 되어 왔으나 인물화를 성격검사로 발전시킨 사람은 막코버(Machover, 1949)이다.

막코버(Machover, 1949)는 정신분석과 자아 심리학에 근거하여 인물화 검사를 발전시켰고, 정신분석적 입장에서의 정신신체의학에서 발전된 신체 각 기관과 독특한 정서와의 관련성이 이 검사에 도입되고 있다.

막코버의 상징적, 임상적 의미에는 주관적이고 직관적인 규준이 비교적 많다고 비판되고 있다. 그러나 막코버의 규준도 그 후 계속적으로 수정 보완되어 임상적 근거도 밝혀짐으로서 현재는 정신병원이나 아동상담소, 학교의 카운슬러들이 성격이나 정신 병리적인 진단에 유효하게 쓰고 있다

또한 레비(Sidney Levy)는 인물화검사가 자아개념, 주위 환경의 인물, 이상적 자아상(ideal self-image), 습관과 정서, 검사자와 검사 상황에 대한 태도, 인생과 사회에 대한 피검사자의 전반적인 태도 등이 반영된다고 하였다.

2. 인물화의 발달과정

인물화는 유아의 탐구정신의 소산으로서 인간이 복잡한 도형을 창출해 내려는 정신능력의 발달 양상으로 볼 수 있다. 유아가 최초로 그리는 사람의 형상은 불완전하고 무질서하며 불 균형된 선 그림으로 어떤 특정한 개인을 그리는 것이 아니라 "사람" 일반에 대한 개념을 그린다(김영학, 1978). 즉 유아가 표현하고자 하는 인물의 형태는 처음에 인체의 모든 부분을 의미하는 둥근 원형으로부터 점차로 몸통이 열린 표현과 신체의 각 부분을 갖춘 형태로 발전한다(이경애, 1988). 로웬펠

드는 전도식기에 사실적 표현의 첫 상징이 사람으로, 전형적인 머리를 나타내는 원과 두 개의 세로선으로 다리와 몸을 나타내며 머리는 상대적으로 크게 그리고 보통 팔은 머리에 붙게 그리며 도식기에는 인물도식이 나타나 기하학적 선들로 타원, 삼각형, 직사각형은 신체 팔, 다리, 옷을 나타낸다고 하였다.

골럼(Golomb, 1988)은 유아의 사람 형태 그리기 단계를 다음과 같이 제시했다.

① 첫 단계는 끄적거리기로 사람이라 명명하는 멋대로의 표현이다.
② 둘째 단계는 구부러진 끄적거리기 윤곽이 나타난다. 윤곽들은 전형적으로 항상 눈과 입을 표상하는 폐쇄되고 구부러진 원형적 사람이 수반된다.
③ 셋째 단계는 팔과 다리를 위한 선을 가진 거의 머리로 된 형태인 올챙이 모양의 사람이 나타난다. 점차적으로 사람에 관해 알고 있는 것을 더 많이 표상하기 시작한다.
④ 넷째 단계는 기본 신체 부분이 더해지고 안경, 긴 곱슬머리 같은 특수한 인상의 사람을 그린다. 1학년이 되면 더 자세하게 사람을 그리고 투시적 옷을 입은 사람으로 대부분 신체 부분을 나타낸다. 그 다음에는 어떤 신체 부분이 옷으로 감추어진다는 것을 예견하고 불투명한 옷을 입은 사람을 그릴 수 있다.

유아들의 인간표상은 사용한 재료(찰흙, 나무조각, 크레용)와 재료사용 방법에 의해 영향을 받기도 한다. 올챙이 사람을 그리는 단계의 유아라도 찰흙으로 작업할 때는 언제나 몸통을 만든다(Golomb, 1988).

아른하임(Arnheim)은 시·지각적 관점에서 두족 표현의 두 가지형을 연구하였다(이정환,1986).

하나는 일반적인 형, 즉 원형에서 손, 발이 나온 표현이다. 유아가 그린 원형은 실제 인물 전체를 나타내는 것으로 이러한 표현은 머리와 동체의 미분화 상태에서 오는 표현방법이다. 그래서 원을 상하로 늘려 타원형을 만들어 윗부분에 눈과 코를 그리고 아래 부분에는 옷 모양을 그리는 표현 방법을 사용한다.

다른 형태는 머리 부분에서 나온 두 개의 평행선은 동체와 다리를 포함한 것으로 동체와 다리는 미분화되는 상태로 이때의 원은 머리로 한정된다.

이와 같이 원형을 그리는 능력은 두족인을 그릴 수 있는 계기가 된다. 이러한 형태는 동서를 불문하고 공통적으로 나타나는 것이라 지적하고 원형–얼굴–두족–팔다리가 나오는 식으로 발전한다고 했다.

굿이너프(Goodenough)는 머리만의 인간, 즉 올챙이 식 인물표현에 대해 아른하임과는 반대로 주지론적인 관점을 취한다. 머리와 다리만을 그린 것은 인체 중에 머리와 다리가 가장 중요하다고 알고 있기 때문이라는 것이다. 한편 켈로그(1979)는 4~5세경에 비로소 사람같은 모습이 나타나기 시작하고 해와 그 빛줄기가 사람의 머리, 팔, 다리, 귀 등으로 바뀌어 진다는 것을 발견했다. 그리고 유아의 초기 인물화는 주변 사람을 관찰하여 시각적으로 얻은 결과가 아닌 과거의 반복된 도형들로부터 얻어진 소산이라고 생각했다. 굿나우(Goodnow)는 7세경에 대부분의 아동이 이어지는 선으로 그림을 그린다고 하며, 린스트럼(Lindstrom)은 7~10세경에야 인물의 행동까지도 표현하려고 시도하는데 아직 목이나 손, 발이 없는 몸통의 정면 모습을 따온 측면화로 그려진다고 한다. 8~9세가 되면 선화에서 발전해서 묘사능력은 사실적인 경향을 띄므로 속눈썹, 얼굴 표정, 신발 등의 형태 묘사가 가능하다.

아오키(青木誠四郎, 1922)는 인물화 발달단계를 5단계로 제시하였다(김정숙, 1992).

① 착화의 시기 : 2~3세
아오키의 구분은 본능적 형태로 무엇인가 동그란 흔적을 반복적으로 긋는다. 인물도 아니고 형태도 아닌 묘화(描畵)이다.

② 안면 흥미의 시기 : 4~5세
처음으로 인물을 그리는데, 얼굴 부분을 그린다. 눈, 코, 입으로 상징되는 얼굴이 대부분이다.

③ 사지 분기의 시기 : 5~6세
얼굴이 그려진 다음에는 팔, 몸통, 다리 등으로 발전하나 상지(上肢)와 하지(下肢)의 구분은 지능이 작용한다.

④ 의복 묘사의 시기 : 6~7세
그림의 어떤 모양을 그려내는 시기이다. 의상의 묘사도 흥미있고 예술적인 감각이 싹트는 무렵이다.

⑤ 신체 각부 묘사의 시기 : 7~8세

눈이나 귀 또는 근육등의 특정한 부위에 관심이 있어가는 시기이다.

5세까지 사실상 성의 상징화란 존재하지 않지만 남아는 남아대로, 여아는 여아대로, 자기의 성을 나타내는 무의식적인 묘화양상을 보여준다. 예를 들면, 유치원 유아들은 여자를 표현할 때 곱슬머리를 머리 둘레에 그리거나 삼각형으로 생긴 몸을 그린다. 하루브래스(Harubrath)는 12세까지를 대상으로 성차의 구분에 의해 그림의 단계를 5단계로 나누었다(이경애, 1988).

- 1 단계 : 성차가 불분명하게 나타나는 것은 유아나 정신박약으로 본다.
- 2 단계 : 머리길이의 장단과 바지, 치마로 성차를 구분한다.
- 3 단계 : 남녀의 표정과 머리 형태로 표현한다.
- 4 단계 : 성의 표시가 더욱 세분된다. 사람의 표정, 눈매, 어깨, 몸집 및 의상에서 차이를 보인다. 의상에서의 구분도 세밀하여진다.
- 5 단계 : 남녀의 세밀한 행동 및 버릇까지 분화되어 묘사한다. 대체로 5세부터 10세 전후까지는 이성보단 동성을 자주 그리며, 11세~12세의 여아는 이성을 많이 그리는 경향이 있다.

여러 학자들이 제시한 미술발달 단계별 특징을 간략하게 그림으로 나타낸 〈그림 3-1〉은 인물 표현이 발달되어 가는 과정을 알 수 있다(김정, 이수경, 1985).

2, 3세 아동의 묘화

3, 4, 5세 아동의 묘화

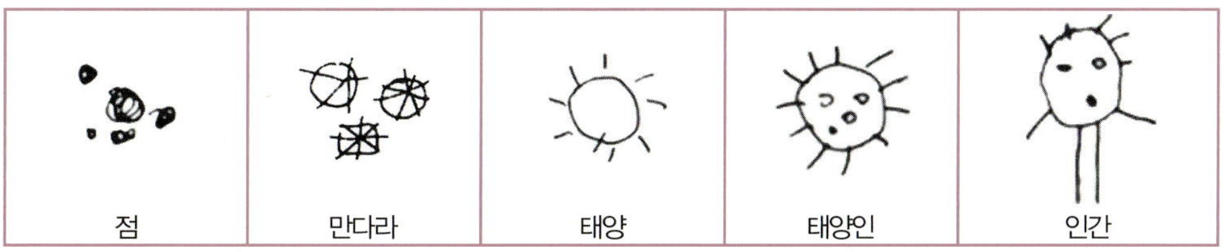

그림 3-1 • 켈로그의 아동화 발달단계

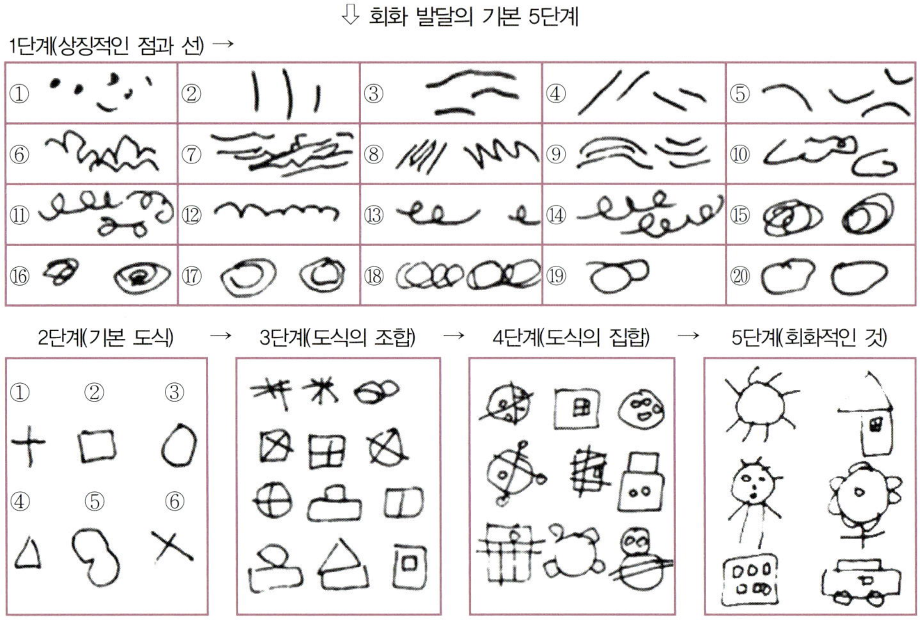

그림 3-1 • 켈로그의 아동화 발달단계

3. 검사방법

1) 검사도구

A4용지 2장, 4B연필 2~3 자루, 지우개

2) 실시방법

인물화 검사의 실시과정은 매우 간단하다. A4 종이와 연필(뾰족하지 않은), 지우개를 주고 "사람을 그리시오"라고 지시한다. 만약 질문이 있을 경우에는 "원하는 대로 그리시오" 또는 "전체 모습을 그리시오"라고 응답할 뿐 피검자의 자유로운 선택에 맡긴다.

한 장의 그림을 그리고 나면 그 그림과 반대되는 성의 인물을 한 장 더 그리게 하여, 남자와 여자 두 사람의 인물을 그리게 한다.

단, 피검자가 그린 그림이 현저하게 만화처럼 그려지거나, 막대형 그림이거나(졸라맨 그림), 추상적인 그림일 경우에는 다시 한 번 그리게 하는 것이 좋다. 만일 다시 그리게 한 그림 역시 만화적이거나 막대형일 경우에는 이를 검사에 대한 거부감의 표시로 볼 수 있다.

만일 검사를 개인별로 실시할 때는 검사자는 조용히 아동의 그림 그리는 과정에 대해 행동특성, 소요시간, 질문사항 등을 기록하고, 특히 지나치게 짧거나 오랫동안 그려진 부분의 그림 등을 관찰 기록해야 한다.

그 다음으로 그려진 인물에 대해 어떤 생각을 가지고 있는지 인물의 성격이나 배경, 인물의 신분에 대해 〈표 3-1〉를 참조하여 질문을 하여 기록한다.

4. 그림에 대한 질문

인물화 그림을 그린 후 피검자가 표현한 것의 독특한 의미와 문제를 파악하는데 극히 중요하다. 질문에 대한 특별한 형식은 없으나 검사자의 필요에 따라 질문하는 것이 좋다. 그러나 질문에 대한 대답은 그대로 기록해 두고 질문에 대답을 머뭇거리거나 한참 생각하는 모든 행동 관찰까지도 상세히 기록하는 것이 바람직하다.

〈표 3-1〉은 아동용 질문지이며 〈표 3-2〉는 성인용 질문지로 다음에 일반적인 질문사항을 소개한다.

표 3-1 • 아동용 질문지(Machover)

성 명		생년월일	년 월 일 (만 세)
검사일자	년 월 일	학년	성별 남 여
아동이 그린 그림을 보여주면서 다음과 같은 질문을 하여 기록하십시오.			
1	이 사람은 지금 무엇을 하고 있니?		
2	이 사람 나이는 몇 살이니?		
3	이 사람은 누구니?		
4	이 사람은 지금 어디에서 뭘 하고 있니?		
5	이 사람은 지금 무슨 생각을 하고 있니?		
6	이 사람은 기분이 어떠니?		
7	이 사람 소원은 무엇이니?		
8	이 사람은 몸의 제일 나쁜 곳은 어디니?		
9	이 사람은 제일 좋은 곳은 어디니?		
10	이 사람은 잘 지내고 있니? 잘 못 지내고 있니?		
11	이 사람은 지금 무슨 걱정을 하고 있니?		
12	이 사람은 어떤 때 화를 내니?		
13	이 그림속의 날씨는 어떠니? 무슨 계절이니?		

표 3-2 • 성인용 질문지(Machover)

성 명		생 년 월 일	년 월 일 (만 세)	
검사일자	년 월 일	직 장		성별	
성인이 그린 그림을 보여주면서 다음과 같은 질문을 하여 기록하십시오.				

1	이 사람은 지금 무엇을 하고 있습니까?
2	이 사람 나이는 몇 살입니까?
3	이 사람은 누구입니까?
4	이 사람은 결혼을 했습니까?
5	이 사람은 자녀가 몇 명입니까?
6	이 사람은 누구와 살고 있습니까?
7	이 사람은 아버지를 좋아합니까? 어머니를 좋아합니까?
8	이 사람은 직업은 무엇입니까?
9	이 사람은 소원이 무엇입니까?
10	이 사람은 건강한 편입니까?
11	이 사람이 항상 생각하고 있는 것은 무엇입니까?
12	이 사람이 가장 화를 잘 내는 일은 무엇입니까?
13	이 사람이 무서워하는 것은 무엇입니까?
14	이 사람이 슬퍼하는 것은 무엇입니까?
15	이 사람이 품고 있는 세 가지 소원은 무엇입니까?
16	이 사람의 장점은 무엇입니까?
17	이 사람의 단점은 무엇입니까?
18	이 사람은 여러 사람과 같이 있습니까?
19	이 사람은 자기 부인(남편)과 어떻게 지내고 있습니까?
20	사랑하는 여자(남자)가 있습니까?
21	어떤 여자(남자)를 좋아합니까?
22	이 사람을 보면 누구 생각을 하게 됩니까?
23	당신도 그 사람처럼 되기를 원합니까?
24	이 사람은 행복합니까 불행합니까?
25	이 그림속의 날씨는 어떠합니까? 무슨 계절입니까?

5. 인물화(DAP : Drawing A Person) 그림의 해석

1) 그림의 전반적인 해석

인물화는 그림 검사 중 가장 깊이 연구된 분야로, 나무 그림이나 집 그림보다도 자기상을 더욱 잘 나타내지만 피검자로 하여금 경계심을 갖게 하거나 자기를 방어하고자 하는 생각을 갖게 하기 때문에 좀 더 피검자의 의식적인 수준에서 가지고 있는 자기개념, 자기표상, 자신을 대한 태도 등 여러 감정들이 투사된다. 그러므로 자기뿐 아니라 때로는 자신에게 의미 있는 타인의 표상이나 그에 부여된 감정들이 나타나기도 하며, 아동은 인지발달의 수준상 자기중심성이 현저한 상태이기 때문에 부모와 같이 자기에게 가장 중요한 사람을 그리는 경향도 많으므로 주의깊게 고려해야 한다. 아동이 그린 인물은 아동의 욕구, 불안, 갈등, 보상 등을 반영하며, 그려진 인물은 바로 아동 자신이고 종이는 아동의 환경을 의미한다.

막코버(Machover)는 주로 얼굴 부분만을 평가의 규준에 비추어서 설명하였고 레비(Levy)는 각 신체부분이 어떤 상징을 나타내고 있는가를 제시하였다.

하지만 여기서 다시 한 번 강조되어 할 점은 부분적 해석이 결론으로 받아들여져서는 안 되며 전체적 모양, 각 신체들의 관계, 두 인물의 비교, 검사 행동이 모두 종합된 수준에서만 해석이 내려져야 한다.

인물화검사에 관한 대표적인 연구로는 막코버(Machover, K., 1949)의 것을 들 수 있는데, 막코버의 상징적·임상적 의미에는 주관적이고 직관적인 규준이 비교적 많아 얼굴 부분만을 설명한다. 그리고 다음에는 오오도모(大件, 1960)의 규준을 중점적으로 소개하고, 그 규준에 비추어서 성격을 진단하는 예를 살펴보면 다음과 같다(김재은, 2002).

(1) 검사시의 태도와 소요시간

그림을 그릴 때 사람마다 차이는 있지만 정상적으로 소요되는 시간은 대부분 10분 정도 소요된다. 그 이하거나 그 이상의 시간 소요가 되면 아래와 같다.

- 소요시간이 2분 이하 또는 30분 이상 : 그 그림을 그리는 데 어떤 갈등을 가지고 있음.
- 어떤 그림에 오랜 시간 소요 : 완벽과 강박증적 경향

- 그림 그리는데 대한 반항 : 불안감, 우울, 회피, 수줍음

(2) 인물의 순서

대부분의 경우 피검사자는 피검사자와 동일성 인물을 먼저 그리게 한다. 간혹 이성 인물이 먼저 그려지는 경우가 있는데, 이 모든 경우에 동성연애자(Homosexuality)라고 단정 내리는 것은 위험하지만, 대부분의 동성연애자가 이성을 먼저 그리는 경향이 있다. 때로는 성 정체감(gender identity)의 혼돈, 때로는 이성부모 또는 이성에 대한 강한 애착과 의존적 표현이기도 하다.

- 정상적인 그림은 대부분 머리와 얼굴에서 시작하여 몸통 팔, 다리를 그리며 주로 동성을 먼저 그림
- 인물의 얼굴을 맨 나중에 그린 그림 : 대인관계의 정서적 접촉의 문제
- 동체부터 그린 그림 : 자아개념이 낮거나 형성되지 않은 사람
- 의복을 먼저 그린 그림 : 인간관계의 문제로 따스한 애정관계를 맺지 못하는 냉정한 사람
- 다리부터 그린 그림 : 성적 갈등
- 이성을 먼저 그린 그림 : 이성에 성적 관심이 많은 사람, 성 동일시에 혼란이 있는 사람

(3) 두 인물의 비교

남성과 여성의 그림을 비교함으로써 피검사자의 정신·성적태도(성역할 태도)를 알아볼 수 있다. 또한 피검사자 부모의 부부관계 양식을 시사받을 수 있다(예 : 지배적인 부모를 크게 그리는 경향).

(4) 그림의 크기

인물화의 크기는 피험자의 자존감과 종이의 크기에 비해 그림의 상대적 크기는 피검사자와 환경과의 관계가 암시된다. 인물의 크기는 피검사자의 자존감과 활동성 등을 의미한다.

인물의 크기가 작으면(그림 3-3) 개인은 위축되고 작게 느끼고 있으며, 환경의 요구에 대해 열등감과 부적당감(inadequate feeling)을 느끼는 경우이다. 인물의

크기가 크면(그림 3-2) 우월한 자아상, 공격적 태도로 환경과의 관계를 맺는 경우라고 볼 수 있다. 또한 이성상을 지나치게 크게 그리거나 적게 그리는 것은 어떤 의미에 있어서 성적 역할에 혼란이 있다. 예를들면 피험자가 여성상을 아주 크게 그릴 경우 남성의 지배력을 무시하려는 남성적 여성인 경우이다.

인물이 자아상을 나타내지 않고 이상적 자아상 또는 부모상을 반영하기도 한다. 부모상이 투사되는 경우 큰 인물은 강하고 능력 있고 의지할 수 있는 부모상이거나 또는 위협적이고 공격적이고 벌을 내리는 부모상을 반영한다. 이상적 자아상에서 인물의 크기가 크면 열등감을 보상하려는 시도의 표현으로 볼 수 있다.

- 보통의 크기 : 종이의 60~70% 정도의 인물
- 매우 큰 그림 : 자신을 나타내려는 노력
- 매우 작은 인물 : 열등감, 무능력감, 억제, 소심, 불안정한 자아상, 낮은 에너지
- 종이를 벗어난 큰 그림 : 정서장애, 계획능력의 부족, 과잉행동의 경향
- 작은 그림 : 열등감, 무능력감, 소심, 불안정감, 위축된 자아
- 큰 인물 : 종이에 자기를 나타내려는 노력, 공격, 보상적 방어의 감정, 과잉행동 등

그림 3-2 • 8세 남아로 큰 인물상으로 자신감 있으며 큰 머리는 유아에게 흔한 경우임.

그림 3-3 • 11세 남아로 매우 작은 그림을 통해 열등감과 낮은 자아존중감을 가지고 있음을 보임.

(5) 그림의 위치

그림의 위치가 종이의 중앙보다 위에 위치하면(그림 3-4) 불안정한 자아상과 연관이 있고 종이의 왼편에 위치하면 자아 의식적이며 내향적 성향(self-conscious introversiveness)을 나타내며, 오른편에 치우친 위치는 저항, 적개심의 가능성을 반영한다.

중앙보다 조금 아래의 위치는 보다 안정되고 평안한 심리적 상태이며 너무 낮은 아래의 위치는(그림 3-5) 우울감, 패배감을 나타낸다. 적절한 중앙 위치는 자율적, 적응적인 자아중심적 경향과 관계가 있다.

위치에 대한 해석의 예를 보면 다음과 같다(Buck, 1948; Burns & Kaufman, 1972; Hammer, 1971; Jolles, 1964; Machover, 1949).

- 정상위치 : 정상적이고 안정된 사람
- 정중앙에 위치 : 불안정감과 완고함, 인간상호관계에서 완고함을 나타냄.
- 종이 상단 : 다른 사람과의 관계에서 자신을 내세우는 경향
- 종이 좌측 : 내향적, 여성적, 공상적 경향, 과거형
- 종이 우측 : 외향성, 남성적, 미래성
- 종이 아래측 : 안정, 우울, 위축, 무의식

그림 3-4 • 13세 남아로 그림이 위쪽 좌측에 위치하여 내향적, 공상적인 성향과 과거로의 퇴행을 보여줌.

그림 3-5 • 13세 남아로 하단에 위치한 그림은 우울감과 위축된 모습을 보여주고 있음.

- 종이 위쪽 : 의식, 낙천적
- 종이 윗면에서 절단된 그림 : 현실에서 불만족을 공상을 통해 얻고자 함.
- 종이 왼쪽에서 절단된 그림 : 미래에 대한 두려움과 과거에 고착하고자 함.
- 종이 오른쪽에서 절단된 그림 : 미래로 도피하고자 하는 욕구를 솔직하게 받아들이기를 두려워함.
- 종이 아랫부분에서 절단된 그림 : 충동성이 강하여 그것을 억제하여 성격의 통합을 유지하고자 함.
- 종이 윗부분에서 절단된 그림 : 지적인 면에서 성취욕구가 강하며 현실에서 얻을 수 없는 만족을 구하고 있음.
- 종이 왼쪽 귀퉁이 그림 : 불안감과 새로운 것을 피하고 과거로 퇴행
- 산만한 그림(용지전체사용) : 조증 경향이 있음.

(6) 만화적이거나 추상적인 인물

인물화를 만화적이거나 추상적으로 그린 것은 검사에 대한 자기 방어적 태도와 경계심을 나타내면서 대인관계에 불안감을 가지고 있으며 자아개념이 확립되어 있지 않는 경우이다. 그림 중에 동성상 또는 이성상의 하나만을 만화적이거나, 추상적인 경우 자기 자신을 나타내지 않으려하거나, 이성에 대한 거부적인 태도의 그림이다. 눈사람은 정서적 박탈을 나타낸다.

(7) 성차의 표현

성차를 명확하게 표현하기 위해서는 피험자의 성의 동일시를 확립하고 자신의 성적 역할을 체험하고 인지하는 것 등이 필요하다.

하월스(Haworth)의 성차 표현 5단계를 살펴보면 다음과 같다.

- 제1단계 : 성차가 전혀 구별되지 않는다. 유아나 정신지체자 외에는 좀처럼 나타나지 않는다.
- 제2단계 : 성차가 조금 표현되어진다. 예를 들면, 머리 길이의 장단, 바지와 치마, 유방의 유무 등에 의한 차이를 보인다.
- 제3단계 : 2단계보다 성차가 많이 표현되나 4단계보다 적다. 남녀의 표정, 머리모양, 몸매의 차이를 보인다.
- 제4단계 : 인물의 표정, 눈 모양, 눈썹 모양, 속눈썹, 입술 모양, 수염 등이 주

의를 끌며 어깨, 가슴, 허리, 엉덩이, 다리 등에 성차가 그려지며 남자다움과 여자다움이 나타난다. 또한 복장, 악세서리 등에서 성차가 표현된다. 4단계에서는 성차가 확실히 구별되지만 남성상이나 여성상 중 어느 하나만을 특별히 분화하여 나타낸다.

- 제5단계 : 4단계와 동일하지만, 남성상과 여성상의 양쪽을 분화하여 그리는 경우이다.

(8) 인물의 동작

인물이 매우 활발한 움직임을 보이는 경우는 운동 활동에 대한 강한 충동, 또는 불안정하여 안절 부절한 상태, 정서장애에서의 조증 상태(hypomanic state)를 나타낸다. 반대로 자세가 엄격하고 굳어있어 움직임이 적으면 강박적인 억제의 표현이며 깊이 억압되고 있는 불안이 내재해 있음을 시사하고 있다. 앉아 있거나 기대고 있는 모습일 때는 활동력이 낮고, 정서적으로 메마른 상태(emotional exhaustion)를 표현해 준다. 매우 드물게 인물이 로보트나 자동인형과 같은 모습일 때는 정신병적 상태를 시사해줄 수도 있다.

그림 3-6 • 13세 여아로 얼굴이 생략되어 있어 남성에 대한 갈등이 있음을 보여주고 있다. 실제 피검자는 아버지가 동생만 예뻐하는 데에 불만이 큼.

그림 3-7 • 15세 여아로 눈이 머리카락으로 가려진 것처럼 그렸으나 실제로는 생략된 것으로 보며 불쾌한 자극을 피하려는 욕구로 자신의 감정이 내비치는 것을 거부함.

(9) 왜곡이나 생략

신체부분이 왜곡되어 있거나 생략되어 있을 때에는〈그림 3-6〉 그 부분과 심리적 갈등이 관련되어 있음을 나타낸다. 마찬가지로 신체의 부분이 과장되게 강조되어 있거나〈그림 3-7〉 흐린 모습으로 나타날 때 역시 심리적 갈등과의 관련을 시사해 준다.

(10) 필압과 지우기와 명암

필압은 에너지 수준을 나타내며 무거운 필압은 불안과 긴장감을 나타낸다.

- 희미한 선 : 불안, 우울증, 주장성 결여, 수줍음
- 진한 선 : 충동성
- 필압이 흐릿하고 끊어진 선 : 정신분열증적 알콜 중독자
- 스케치선 : 불안감, 불명확성, 불안정감
- 곧바른 운필 : 빠르고 단호하고 주장적임
- 그림의 어떤 부분만 진하게 그림 : 그 부분에 대한 고착과 억압이나 적의
- 지나치게 지운 그림 : 불확실감, 갈등으로 인한 우유부단, 자신에 대한 불만, 불안/갈등, 지우고 다시 그린 후에도 그림이 향상되지 않았을 때는 불안/갈등, 지운 내용에 관심을 둠
- 인물 전체를 지우고 다시 그린 그림 : 개인의 신뢰감이나 이상화된 감정을 가

그림 3-8 • 10세 여아로 전체적으로 필압이 약함은 억제가 많으며 낮은 에너지를 가지고 있음

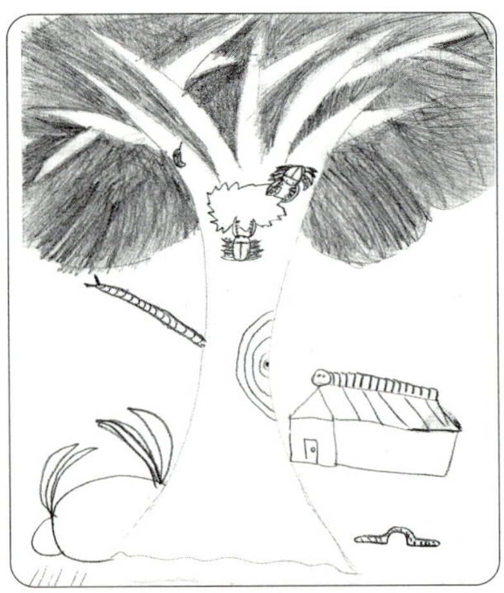

그림 3-9 • 12세 남아로 강한 필압은 극도의 긴장상태이거나 공격적 가능성을 보여줌.

진 사람임

– 지나친 그림자 : 갈등, 불안전한 우울, 다소간의 그림자는 적응력을 나타냄

2) 인물의 세부사항의 해석

(1) 머리

인물화의 해석적 의미는 크게 몇 가지 기능적 내용으로 나눌 수 있다.

일반적으로는 그 중에서 머리와 얼굴은 사회적 욕구(social need)와 감수성(responsiveness)을 표현하는 부분에 속한다. 그래서 이 부분에서 우리의 지적 포부(intellectual aspiration)의 투사를 볼 수 있다. 또한 충동을 이성적으로 통제하려는 요구, 성격을 환상적으로 그리는 부분이기도 하다. 머리는 어린 유아들이 제일 먼저 그리는 부분이 된다. 그래서 머리는 노쇠한 사람이나 퇴행적 상태에 머물러 있는 사람들이 거의 모두 제일 먼저 그린다.

몸이란 거부당했거나 갈등상태에 있는 욕구가 머무는 저장소이며 성장과 활동의 가능성을 가진 원천이 되고 있다. 몸은 머리 부분보다 연령이나 사고로 인해서 변하기 쉽다. 머리가 자세한 기술이나 주의가 필요한 부분이라면 몸은 단편적이고, 틀에 박혀 있는 것이다. 머리는 몸 중에 가장 일관성 있게 표현되는 부분이고,

그림 3-10 • 13세 여아로 머리카락을 아주 세밀히 그려넣은 것을 자기애적인 경향과 자기 중심적 성향을 가지고 있음을 보여줌. 또는 과도한 성적 관심의 표현.

그림 3-11 • 9세 남아로 큰 머리는 자아 확대에 대한 욕구에 표현이나 지적인 것에 대한 관심으로 볼 수 있음. 아동의 그림에서는 자주 나타나는 경향이 많음.

많은 연구에 의하면 '자아'의 소재지라고 하였다(Burns & Kaufman, 1972; DiLeo, 1973; Jolles, 1964; Machover, 1949).

머리는 지적능력과 공상 활동에 대한 정보를 제공해 준다(Buck, 1948; Burns & Kaufman, 1972; DiLeo, 1973; Jolles, 1964; Machover, 1949).

- 큰 머리 : 공격적인 혹은 지적 기대수준이 높음, 과대 자아, 주로 환상을 통해 만족을 구함을 반영함
- 아주 작은 머리 : 지적으로 부적절감이나 약한 자아, 열등감 혹은 약함
- 희미한 얼굴과 머리 : 강한 자의식, 수줍음을 의미
- 머리를 나중에 그릴 때 : 심각한 대인관계 장애 가능성을 시사함
- 머리카락을 지나치게 강조(혹은 가슴이나 얼굴의 털) : 강한 성욕의 추구, 성적 집착, 성적 무력감에 대한 보상, 공격성 등을 나타냄
- 수염 : 남성다움에 대한 부족감의 보상, 지나친 성적 활력의 추구를 반영함
- 머리가 없을 때 : 성적 부적절감, 정신분열증의 가능성, 정력의 쇠약함
- 아동이 그린 큰 머리 : 정상 아동들은 성인보다 비율적으로 큰 머리를 그림(4등신 이상으로 그린 머리)
- 머리를 8등신 이하로 작게 그릴 때 : 자신의 충동을 지적으로 통제하는 것을 강박적으로 부정하려는 사람, 자신에게 고통을 주는 생각이나 죄악감을 부정하려고 하는 사람, 지적으로나 사회적으로 혹은 성적으로 부적절한 감정이나 무기력, 열등감을 가진 경우
- 사춘기 여성이 머리를 작게 그릴 때 : 훌륭한 몸매를 원하는 마음

(2) 얼굴

얼굴은 피험자가 외계의 현실세계와 어떻게 접촉하는가를 나타낸다.

얼굴이 생략되고 나머지 부분이 부적절하게 그려진 것은 개인인 상호간의 관계가 분명치 않고 피상적이며(Burns & Kaufman, 1972; Machover, 1949), 부적절한 환경적 접촉(Machover, 1949)을 나타낸다. 또한 희미한 안면의 형태를 그릴 경우는 특히 측면일 경우는 철회 경향을 나타내며(Machover, 1949), 대인관계에서의 소심 및 자의식을 나타낸다(Burns & Kaufman, 1972; Machoover, 1949).

- 얼굴부분을 강조하고 주의 깊게 그림 : 인간관계나 자신의 의견에 대해 과도한 관심을 갖는 것

- 남성상이나 여성상의 한쪽 얼굴에 눈이나 코, 입술 등을 그리지 않고 공백으로 처리하는 경우 : 그 성에 대해 명백한 생각을 갖지 않거나 어떤 갈등이 있음
- 남성상과 여성상 모두에 공백처리 : 성적 역할이 불분명하고 인간에 대한 경계심과 도피경향

(3) 눈과 눈썹

얼굴의 모습이란 제 1차적으로는 사회적 의사소통에 관계가 있다. 세상으로부터 정보를 받아들일 뿐 아니라 사람의 기분, 태도를 나타내는 역할을 한다. 집 그림에서 창문처럼 세상과 어떻게 관계를 맺는지를 반영한다. 그 중 눈은 불확실성(uncertainty), 당황, 또는 공포를 표시하는 저장소인 것이다.

또한 청소년이나 성인에게 현저하게 큰 눈을 정성스럽게 그리는 경우 사회적 의견에 대한 과민성, 외향적, 호기심이 강하고, 타인에 대해 시기심이나 경계심을 갖는 경우가 많다(Machover, 1949).

그림 3-12 • 13세 여아로 남성상을 측면으로 그려 양가감정을 보여줌. 아버지와의 관계가 좋지 않음.

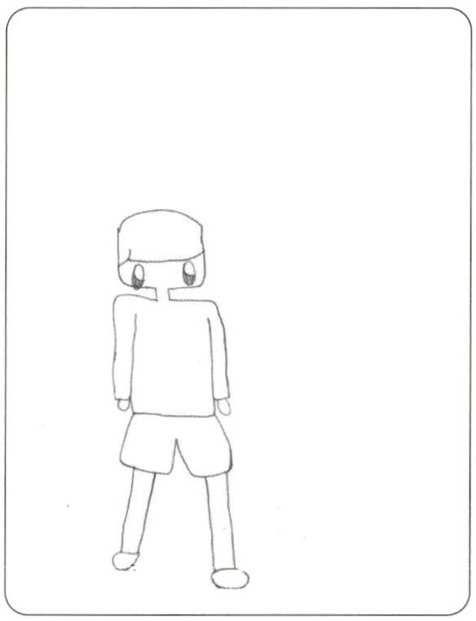

그림 3-13 • 10세 여아로 코와 입, 귀가 생략되어 있어 보임. 코의 생략은 수줍음이나 성에 대한 갈등을 나타내고 입의 생략은 애정의 결핍으로 보며 귀의 생략은 타인의 견해를 듣지 않으려는 태도로 보이나 귀의 생략은 아동 그림에서 흔한 경우임.

구체적으로 분석하면 다음과 같다(Burns & Kaufman, 1972; Machover, 1949).

- 눈을 그리지 않을 때 : 타인과 교류하는 데 극심한 불안을 느끼고 회피하고 있음을 의미
- 한쪽 눈만 그린 경우 : 대인관계에서 접근하고 싶은 마음과 회피하고 싶은 양가감정을 반영한다. 머리카락이나 모자 등으로 한쪽 눈을 가린 경우는 대인관계에서의 불안으로 감정을 표현하고 타인의 감정을 수용하는 데 위축되어 있음을 반영
- 큰 눈 : 타인과의 정서교류를 하는 데 극히 예민함을 나타냄. 사회적으로 외향적으로 나가는 경향
- 작거나 감은 눈 : 내성적, 자기도취적, 관조적
- 텅빈 눈 : 환경을 인식하는 것에 관심이 없고 막연하게 특성이 없는 것으로 인식하는 사람의 경우는 내성적이며 자아도취적 경향을 나타냄
- 검고 위협적이거나 날카로운 눈 : 공격적 표출 행동 경향
- +자로 그려진 눈 : 불쾌한 자극을 피하려는 욕구, 잠재적인 적의
- 사팔뜨기 눈 : 사고의 혼란
- 피카소의 눈(혼란되게 그려진 하나의 눈이나 인물의 얼굴 중앙에 그려진 하나의 눈) : 다른 사람이나 의미있는 다른 사람에 대해서 지나친 관심이나 경계심

그림 3-14 • 15세 여아로 눈을 크게 강조하여 그리는 것은 여성에서 자주 있는 일이며 사회적 의견에 대한 과민성과 타인에 대한 경계심을 보여줌.

그림 3-15 • 13세 남아로 텅빈 눈을 그려 자아 도취적인 면과 넓은 어깨는 자기 과시적인 욕구를 보여줌.

한편 남성상에 속눈썹을 그리거나 여성스럽게 표현한 눈은 동성애의 경향이 있으며, 상당히 정교화 되고 정돈된 눈썹은 과도한 몸단장으로써 솔직한 행동에 대한 비평적인 태도를 반영하는 경우이다. 또한 조잡한 눈썹은 세련된 훌륭한 몸단장과는 거리가 먼 야만적이고 난폭하며 노골적인 경향을 보인다(Machover, 1949).

(4) 귀

귀는 그리 두드러지지도 않고 미적으로 아름다운 기관은 못되지만, 그래도 몸을 경계하며 지키는 부분으로서의 역할을 하는 중요한 기관이다. 귀가 이그러져 있거나 기형적일 때, 또는 귀모양이 크게 찌그러졌거나, 위치가 아주 잘못 되었거나, 이상하게 자세히 강조하면서 그려진 귀는 다소 과민성에서부터 시작해서 사회적 비판을 잘하는 사람 또는 심한 망상증까지 나타날 수도 있다(Buck, 1948; Burns & Kaufman, 1972; DiLeo, 1973 ; Machover, 1949).

- 귀의 생략 : 타인의 견해를 부인, 해석하지 않으려 함
- 귀의 비대칭 : 외부의 위험에 대한 관심
- 여성은 머리카락으로 귀를 가리는 그림을 그리는 경우가 많고 아동은 귀를 그리는 경우가 적음

(5) 코

얼굴에 있어서 그 미를 드러내게 하는 곳으로 눈보다는 덜 중요하고 귀보다는 더 중요한 역할을 하는 것이 코인데, 코는 성적 상징(sexual symbolism)을 가지고 있다. 남자 성기를 제외하고는 몸의 중앙 선상에 돌출하고 있는 유일한 부분인 방사적 기관(妨射的 器官)이기 때문에, 성적으로 갈등 속에 있는 남성에 있어서는 대단히 주의를 끄는 부분이다. 그것은 제 1차적으로 남성의 상징이다. 아주 강한 코는 남성적이고 자기 주장적이다. 코에 그늘을 지게 하거나 지워 버렸을 경우 갈등의 표시이고, 불감증인 남성의 기능회복의 상징으로서 지나치게 긴 코를 그리는 수가 있으며, 때로는 극단적으로 길게 그리는 수도 있다.

구체적인 분석을 살펴보면 다음과 같다(Buck, 1948; Burns & Kaufman, 1972; Hammer, 1971; Jolles, 1964; Machover, 1949).

- 큰 코(혹은 강조된 코) : 성적 장애, 심리 성숙 미성숙, 공격성
- 생략된 코 : 수줍음, 철수, 우울한 성격, 거세불안
- 단추 코 혹은 삼각형 : 미성숙, 갈등이 있을 때 퇴행, 청소년이나 성인의 경우는 불안
- 그림자 진 희미한 짤린 코 : 거세불안
- 뾰족한 코 : 행동화 경향에 대한 뚜렷한 증거
- 긴 코 : 외향적이고 활동적이지만, 공격성, 우월성을 갖고 있음
- 매부리 코 : 나쁘고 탐욕스러운 사고의 표시
- 강조된 코 : 거세 공포를 가진 청소년 및 성인
- 콧구멍 강조 : 공격적 경향과 정신 신체적 증상인 천식 상태

(6) 머리카락

성적 상징의 분야로써 머리카락도 중요한 구실을 한다. 민속학이나 정신분석학의 연구나 무의식 세계의 의미에 정통하고 있는 학자들의 연구를 보면, 코와 머리카락의 상징작용에 대한 이야기가 많이 나온다.

머리카락은 육감적인 욕구에 관계가 있고, 또 간접적이지만 성적 충동에도 관계가 있다. 이 부분은 코나 넥타이 또는 1차적 성적 특징보다는 성적 투사로서 원

그림 3-16 • 15세 여아로 구불구불한 머리카락들의 섬세한 표현은 자기 도취적이며 여성스러움의 신호임.

그림 3-17 • 15세 여아로 머리카락을 그려넣지 않음은 우울증의 표시로 봄. 실제 우울증이 있음이 판명됨.

시적이고 유아적인 면이 있다. 사춘기의 소녀들은 덜 드러난 몸의 다른 부분과 함께 머리에 반드시 머리카락을 강조하고, 또 성적 선입관념의 표현으로써 머리카락은 아동들과 퇴행적 성인들의 그림에서 아주 강조되고 있음을 볼 수 있다. 머리카락을 흥분시킨 상태로 그린 것은 유아적 성욕의 일어남을 말하는 것이다(Buck, 1948; Jolles, 1964; Machover, 1949).

- 머리털 강조 : 자기애 경향, 동성애 경향이 강한 경우
- 머리털에 진한 음영을 칠하거나 함부로 칠하는 경우 : 자신이 생각하고 공상하는 것에 대해 불안이 있음
- 길고 음영이 없는 머리털 : 성적인 것이나 성적 역할에 대한 양가 감정을 가지고 갈등을 느끼고 있음
- 가슴털이나 콧수염, 턱수염 강조 : 자신이 미숙하다는 것을 느끼거나 남성적인 것에 대한 갈등, 남성다움과 성숙을 구하며 과시하는 경향

(7) 입과 턱

성에 관계되고 때로는 갈등상태에 잘 놓이게 되는 또 하나 다른 영역이 입이다. 이것은 아주 어릴 때 고정화(fixation)되는 기관이고 여러 가지의 승화작용을 하는 기관인 것이다.

입은 수유과정에서 일어난 곤란한 문제와 언어장애와 욕, 절제 없이 터지는 감정의 폭발, 알콜 중독, 과식, 언어적 공격성 등과 관계를 가지고 있다고 할 수 있

그림 3-18 • 13세 여아로 이빨을 통해 공격적이고 유아적인 성향을 보이며 구강기적 공격성을 보여줌.

그림 3-19 • 13세 남아로 한쪽으로 올라간 입은 부적절한 정서를 보여줌.

다. 모양으로는 입이란 오목하게 들어가 있고 의존적 형태를 가지고 있다. 그렇지 않으면 보상적으로 아주 공격적으로 될 수도 있다. 그리고 이것이 특수한 성적 도착이 표현되는 단 하나의 기관으로 투사되는 일이 적지 않으며, 성욕적이고 육감적인 부위로서도 투사되고 있다(Buck, 1948; Burns & Kaufman, 1972; Machover, 1949; Jolles, 1964).

- 입의 생략 : 입을 통해 섭취하는 음식은 타인의 애정을 상징할 수 있다. 따라서 입을 그리지 않는 것은 애정교류에서 심한 좌절감을 반영한다. 특히 애정을 줄 수 있는 중요한 인물인 부모로부터의 사랑의 결핍을 반영한다. 또한 구강적 공격성, 우울상태의 가능성이 높고 의사소통 시작의 어려움을 나타낸다.
- 입이 강조되어 있을 때 : 언어적 공격성, 의존적, 미성숙한 성격, 성적 곤란, 언어적 가학증, 우울하거나 원시적인 경향
- 큐피트 화살 입(여자 그림에서) : 노출 경향, 성적으로 조숙한 여자 청소년
- 웃는 모습에 치아가 보일 때 : 미성숙, 공격적 경향
- 입을 그리지 않은 그림 : 타인과 말로써 교류하는 것에 갈등
- 입에 대한 여러 가지 해석
  ① 성인의 그림에서 이빨이 보이면 유아적이고, 공격적이며, 가학적인 변태 성욕적 경향들을 나타냄(Buck, 1948; Burns & Kaufman, 1972; Machover, 1949).
  ② 입을 짧고 진한 선으로 나타내는 경우에는 강한 공격적 충동을 나타내지만 보복을 예상하므로 개인적인 신중함을 나타냄(Machover, 1949).
  ③ 전체적으로 하나의 선으로 된 경우는 상당한 긴장(Machover, 1949).
  ④ 씩 웃는 효과를 보이는 넓고 끝이 올라간 선은 유아의 경우는 정상이지만 성인의 경우는 강요된 적응과 상당히 부적절한 정서를 나타냄(Machover, 1949).
  ⑤ 담배, 이쑤시개, 파이프 등과 같은 것을 입안에 그린 경우는 구강적 성애에 대한 욕구(Machover, 1949).
- 보통 이상으로 강조된 턱은 공격적이며 지배적인 경향이 많고 강한 충동의 가능성과 허약한 감정에 대한 보상의 가능성을 나타낸다(Buck, 1948; Jolles, 1964; Machover, 1949).

(8) 팔

팔은 환경과 어떻게 상호작용하며 현실에 어떻게 대처하면서 욕구를 충족시키는가를 잘 반영해 준다. 자신의 목적을 수행함과 동시에 외부환경과 직접 접촉하는 부분이다.

구체적인 분석은 다음과 같다(Buck, 1948; DiLeo, 1973; Hachover, 1949; Hammer, 1971; Jolles, 1964; Machover, 1949).

- 팔을 그리지 않은 경우 : 한쪽 팔을 감추고 한쪽 팔만을 그린 경우는 타인과 관계를 맺고 대처하는 데 접근과 회피의 양가감정과 부적절감을 나타냄
- 두 팔을 모두 그리지 않은 경우 : 환경과의 상호작용의 억제 혹은 현실적 대처 능력의 부족으로 인한 부적절감을 반영
- 등 뒤로 두른 팔 : 사람 만나기를 꺼리며 공격성, 적대감, 죄책감을 반영함
- 팔짱낀 자세 : 의심, 적대적 태도, 폭력충동을 통제하려는 시도, 수동적, 주장성 결여, 사회적 접촉을 삼감을 의미
- 손이 밖으로 뻗어있을 경우 : 환경적, 대인관계적 접촉을 바라며, 애정과 사회적 상호작용을 요청하려는 욕구를 의미
- 짧은 팔 : 야심의 결여, 부적절감, 수동성을 의미
- 몸에 붙어 있는 팔 : 수동적이고 방어적 경향

그림 3-20 • 9세 여아로 등 뒤로 숨긴 두 팔은 대인관계에 대한 어려움을 가지고 있음.

그림 3-21 • 9세 여아로 몸에 딱 붙은 팔은 수동적이고 방어적이고 억압된 태도를 보여줌.

- 경직된 팔 : 강박적, 억압된 성격
- 흐느적거리는 팔 : 무능력한 성격
- 길고 강한 팔 : 환경에 대한 능동적 접촉의 욕구를 나타냄
- 손을 허리에 대고 팔꿈치를 옆으로 벌이는 팔 : 자기도취, 으스대는 경향
- 팔의 생략 : 취학 전 아동은 예외이나 팔을 생략하는 것은 죄의식, 극단적인 우울증, 일반적인 무력감, 환경에 대한 불만, 강한 철회 경향
- 어깨부분보다 손이 있는 부분의 팔이 넓게 그려진 것 : 행동의 통제력을 상실하고 충동적으로 행동하는 경향
- 인간관계에 순응하는 사람은 팔이 몸에서 적당히 떨어진 유연한 모습
- 팔이 몸에서 떨어져 수평방향으로 곧장 뻗어있는 경우 : 아동에게는 많으며 성인의 경우에는 타인과의 접촉을 제대로 하지 못하고 감정이 수반하지 않은 형식적인 접촉을 하는 단순함. 이러한 내담자는 자신의 공격욕구를 외계로 향하는 경향을 지님

(9) 손

손은 욕구충족을 위한 행동과 현실대처행동을 정교하게 해주는 부분으로 환경에 대한 통제능력과 통제방식을 좀 더 자세히 나타내 준다.

그림 3-22 • 10세 여아로 팔을 수평으로 벌린 모습은 억압된 상태에서 정서적 도움이 필요함을 보여줌.

그림 3-23 • 15세 여아로 한쪽 팔을 뒤로 숨긴 것은 타인과의 접촉에서의 힘든 감정과 도피적인 태도를 보여주거나 손을 사용한 행동에 대한 죄악감을 보여줌.

손을 맨 마지막에 그리는 사람은 타인과 친밀하게 접촉하는 것을 기피하며, 자신의 무력감으로 피하는 경우가 있다. 손을 애매하게 그린 경우 신뢰감이나 사회적응력에 자신이 없는 경우, 생산성 결여이다(Machover, 1949).

구체적으로 분석하면 다음과 같다(Buck, 1948; Jolles, 1964; Machover, 1949).

- 손의 생략 : 대처기술에 대한 심한 부적절감, 거세불안, 자위에 대한 죄책감
- 손을 숨겼을 때 : 회피적 대인관계, 죄책감, 자위로 인한 죄책감 등 손으로 조작하는 행위에 대한 죄책과 환경을 주도하는 행위에 대한 두려움을 반영
- 큰 손 : 과잉행동과 주장으로 환경을 통제하는 자신의 능력에 대한 부적절감을 과잉 보상함을 의미
- 작은 손 : 수동적이고 억제적 방식으로 행동하며 무력감을 반영
- 장갑과 같은 손 : 억압된 공격성, 간접적으로 표현되는 공격성을 반영
- 주먹 쥔 손 : 공격성, 반항심, 분노를 억제하고 있음을 의미
- 팔을 몸에 딱 붙이고 주먹을 쥔 손 : 적의를 억압하고 공격적인 행동을 겉으로 나타내는 일이 적음
- 뾰족한 손가락 : 유아적, 원시적, 공격적, 적대적 행동화 경향
- 마지막에 그린 손 : 부적절한 환경에 접촉하기 싫음
- 지나치게 긴 손가락 : 단순하고 어린애 같아서 직업에 적응하기 어렵고 사회생활을 원만하게 하지 못하는 사람을 의미

그림 3-24 • 12세 남아로 손을 생략하여 그린 그림. 환경에 대한 무력감이나 공격성, 자위행위에 대한 죄책감을 나타냄.

그림 3-25 • 11세 남아로 손톱이 매우 날카롭고 화난 눈을 그려 공격성을 보여줌.

- 5개 이상의 손가락 : 아동에게는 자주 보이나, 성인의 경우에는 부주의한 사람이나 야심가, 공격적인 사람 및 정신지체
- 현저하게 큰 손가락 : 공격적인 경향성

(10) 다리와 발

다리와 발은 안정감과 성에 대한 태도를 상징한다.

레비(Levy)는 다리나 발을 먼저 그리고 몸의 다른 부분을 주의 깊게 그리는 경우 우울 상태인 경우이며, 맥코버(Machover)는 인물화의 다리부분에 성의 혼란을 나타내는 표시로 보고, 다리에 음영을 칠하거나 바지를 통해 다리가 보이는 것은 동성애를 나타낸다고 했다(Levy, 1950).

발에 대한 해석의 예는 다음과 같다(Buck, 1948; Burns & Kaufman, 1972; Hammer, 1971; Jolles, 1964; Machover, 1949).

- 꼬인 다리 : 성적 접근에 대한 방어
- 긴 다리 : 자율에 대한 강한 욕구와 추구
- 짧은 다리 : 움직이기 싫어하거나 움직일 수 없음, 제약된 행동, 자주성 상실
- 가는 다리 : 신체적 쇠약함을 나타내며 초로기의 노인들이 그리는 그림에서 자주 볼 수 있음

그림 3-26 • 9세 남아로 발이 하단에 닿을 정도로 늘여 그린 것은 안정감에 강한 욕구가 있음을 나타냄.

그림 3-27 • 10세 남아로 큰발은 지지기반에 대한 욕구를, 반대방향을 향한 발은 독립하고 싶으나 지지받고 픈 양가감정을 나타냄.

- 길이가 서로 다른 다리 : 양가적 감정을 나타내는 것, 자신이 불안정
- 길게 늘여진 발 혹은 큰 발 : 안정감의 욕구가 강하고 성적요인과 관련 있음 (강한 남성성 혹은 거세 공포)
- 발의 생략 : 제약감, 독립감 결여, 자율성 상실, 무력감을 의미하며 유아의 경우 수줍음, 공격성, 정서 장애를 반영
- 작은 발 : 불안정감, 제약, 의존성
- 다리가 공중에 떠있고 전체상이 비스듬히 그려진 경우 : 만성적 알콜 중독의 경우와 같이 심한 불안정감과 의존성을 나타냄

(11) 몸통

몸통은 기본적 충동들과 관련되어 있는데 충동들과 활동 잠재력의 발달, 성장과 퇴행, 그리고 이들 상태들과 관련된 태도들은 몸통에 대한 사람의 표현방법에 의해 나타날 수 있다. 즉 몸통의 표현법은 나이에 따라서 변화가 가능하다. 삼각형, 사각형, 타원형 등으로 그리는 것은 만 5세 정도 유아에게는 보편적이지만, 청소년이나, 성인이 기하학적인 도형으로 그릴 경우는 정신지체나 정신분열로 의심해야 한다. 몸통이 없는 경우 신체 이미지를 상실하고 신체적인 충동을 부인하고 있다.

몸통에 관련한 해석의 예는 다음과 같다(Machover, 1949; Petersen, 1977).

그림 3-28 • 9세 남아로 몸통이 매우 작아 신체적으로 약함과 열등감을 보여줌.

그림 3-29 • 12세 여아로 둥그스런 몸통은 여성적인 성향과 미성숙한 모습을 보여줌.

- 매우 큰 몸통 : 충족되지 못한 많은 본능적 욕구, 신체적 우월을 위한 노력
- 몸통에 진한 음영 : 음영이 칠해진 부분과 그 부분이 상징하는 것에 대한 갈등과 불안감을 나타냄
- 작은 몸통 : 자신의 신체적 에너지가 결핍되어 있다고 느끼고 있으며 신체적 욕구의 부정, 열등감과 신체 허약감
- 둥근 몸통 : 수동적이며 보다 덜 적대적이고 여성적, 유아적, 퇴행적임 (Machover, 1949; Peterson, 1977)
- 각진 몸통 : 남성적(Machover, 1949; Peterson, 1977)
- 몸통의 아랫부분을 마지못해 폐쇄시킨 것 : 성적인 편견(Machover, 1949)

(12) 목과 결후

머리와 몸통 사이에 접한 연결부인 목은 지성과 정서 사이의 상징적인 연결부로, 긴 목은 인물화 해석에서 의존성과 관련 있다. 목에 대한 해석은 이론적 설명에 근거를 두고 있다(Burns & Kaufman, 1972; Machover, 1949).

유아들에 있어 목이 없이 그리는 경우는 발달상 정상이다. 그러나 성인에게 있어 목이 현저하게 짧고 굵은 목은 난폭하고, 완고하며, 저돌적인 경향을 나타내며, 충동적인 성향이 강하다(Machover, 1949). 또한 현저하게 긴 목을 그린 유아는

그림 3-30 • 10세 여아로 목이 없는 그림은 아동에게는 일반적인 현상이나 성인에게 목의 생략은 미성숙을 의미함.

그림 3-31 • 13세 남아로 현저하게 긴 목은 의존성을 보여주고 성인의 긴 목은 형식적이고 지나치게 도덕적인 사람에게 나타남.

편식이 있고 의존성이 강하며 성인에게 긴 목은 사회적으로 융통성이 없으며 완고하고 형식적이고 지나치게 도덕적인 성향을 가진다(Burns & Kaufman, 1972; Machover, 1949).

- 길고 가는 목 : 충동 통제의 조정결여
- 넓고 굵은 목 : 완고한 태도, 엄격함, 충동에 잘 동화됨
- 짧고 굵은 목 : 지성보다는 충동에 좌우되며 거칠고 완고함
- 측면의 얼굴에 목을 그리지 않는 것 : 적절한 통제력이 부족하며 신체적 충동이 통제되지 않는 느낌을 가지는 피검자에게 자주 보임
- 결후 : 청년기의 남성에게서 나타날 때는 남자답게 되고 싶다는 강한 욕구이며 자신의 성적 역할이 충분히 인식되어 있지 않은 사람이 고의적으로 그릴 수도 있음

(13) 어깨

어깨는 체격과 체력을 나타내며, 남성적인 힘과 자기현시의 욕구를 반영한다. 어깨의 모난 것을 지나치게 강조하는 경우 방어적인 태도를 나타내며, 어깨의 폭이 지나치게 넓은 인물은 생활에 적응하지 못하는 비행청소년이 많다. 또한 남성상에 어깨를 크게 강조하면 자신의 신체의 약함을 보상하는 것이며, 여성상에 어

그림 3-32 • 9세 여아로 남성처럼 되고자 하는 남성적 주장을 마음속에 가지고 있음을 보여줌.

그림 3-33 • 35세 여성으로 부드러운 어깨선은 원활하고 자신의 능력을 적절히 나타낸 것.

깨를 남자처럼 강조한 것은 성적 역할에 대한 혼란 상태이며 이 인물을 여자가 그렸다면 여성을 거부하고 남성이 되고자하는 욕구를 가지고 있다. 작은 어깨나 어깨를 그리지 않는 경우 열등감을 가지고 있는 경우가 많다(김동연 · 공마리아 · 최외선, 2006; Buck, 1948; Hammer, 1971; Jolles, 1964; Machover, 1949).

- 작은 어깨 : 열등감, 신체적 힘을 중요하게 생각하지 않음
- 각진 어깨 : 엄격함과 적개심을 가진 것으로 극도의 방어와 적개심
- 균형이 잘 잡히고 둥근 어깨 : 부드럽고 유연하며 조화가 잘된 힘의 표현
- 한쪽이 처진 어깨 : 정서적 불안정, 성적 역할 갈등
- 지나치게 넓은 어깨 : 힘에 대한 관심
- 지우거나 강화된 어깨 : 힘에 대한 표현으로 신체발달을 위한 충동과 육체적 노력의 몰두

(14) 유방

유방은 성적인 관심과 의존욕구이다. 유방을 그릴 때 의복을 통해 가슴이 보이거나, 선을 통해 암시를 하는 것은 성과 애정에 대해 적절한 관심을 가지고 있으며 때론 구순적 의족욕구가 강한 경우가 많다(김동연· 공마리아· 최외선, 2006).

- 남자가 큰 가슴을 그릴 때 : 정서적 미성숙, 어머니에 대한 의존
- 여자가 큰 가슴을 그릴 때 : 지배적 어머니와 동일시, 노출증, 자애적
- 작은 가슴 : 아동에게 사랑, 인정을 제공함에 있어 냉정함. 여자가 그렸다면 자신이 여자이기를 거부함을 상징
- 늘어뜨린 장식선이 있는 가슴 : 어머니에게 의존적인 남성
- 가슴과 골반의 강조 : 여성 – 생산적, 지배적인 어머니와 동일시.
  남성 – 어머니에 대한 의존, 사랑과 안정에의 추구
- 밑으로 처진 유방 : 어머니의 유방을 나타냄
- 위로 그려진 유방 : 젊은 여성의 유방

(15) 관절

관절을 그리는 것은 자신의 신체통합에 있어 불확실감이 있고 의존적이며 자신이 없는 사람이거나 강박경향이 있는 사람이다(김동연· 공마리아· 최외선, 2006).

(16) 의복

속옷을 입었거나 혹은 알몸의 인물을 그리는 경우 유아적, 성적으로 부적응적인 성격이며, 너무 많은 옷을 입은 것도 마찬가지이다(Machover, 1949).

또한 속이 비쳐 보이는 옷은 성적인 것을 훔쳐보는 경향이나 과시적인 경향(Machover, 1949)이며, 단추를 강조하여 그리는 경우는 의존적, 유아적, 부적합한

그림 3-34 • 36세 여성으로 의복 위에 가슴선은 성과 애정에 대한 적절한 관심이 있음을 보여줌.

그림 3-35 • 9세 남아로 무릎에 그려진 관절을 통해 의존적이고 자신감이 부족함을 보여줌.

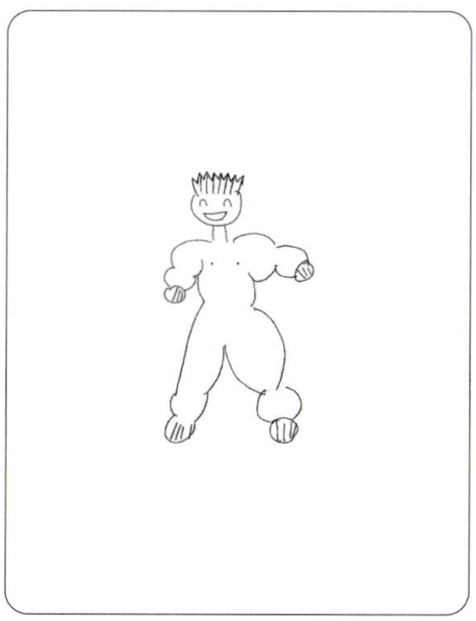

그림 3-36 • 26세의 남성으로 나체를 그린 것은 성적인 흥미와 신체상에 대한 자기도취를 나타냄.

그림 3-37 • 10세 여아로 옷에 갖가지 장식과 단추 등을 강조해서 그림으로써 유아적, 의존적인 성향을 보여줌.

성격으로(Burns & Kaufman, 1972; Jolles, 1964; Machover, 1949), 특히 중앙에 기계적으로 그렸을 경우는 퇴행이며(Buck, 1948; Jolles, 1964; Machover, 1949), 소맷부리의 단추가 강조된 경우는 의존성에 대한 강박상태이다(Machover, 1949).

호주머니를 강조하는 경우 애정 혹은 모성의 박탈로 어머니에 대한 정서적 의존

그림 3-38 • 12세의 남아로 치마와 리본에 진한 음영을 칠한 것은 그 부분에 대한 불안과 갈등을 암시함.

그림 3-39 • 48세 여성으로 귀걸이는 성적관심의 표현으로, 큰 가방은 지적인 힘으로 보상받으려는 욕구로 보임.

그림 3-40 • 38세 여성으로 넥타이는 남성의 성기를 상징하며 남성의 성욕에 대한 관심이나 충동을 통제하고자 하는 욕구를 보여줌.

그림 3-41 • 13세 남아로 주머니의 강조는 유아적이고 의존적인 성향을 나타냄. 또한 물질이나 애정에 대한 결핍의 표현임.

성과 관련된 갈등을 나타낸다(Machover, 1949).

(17) 그 밖의 그림

- 투명한 사람(내부기관이 그려짐) : 정신분열증이나 조증장애에서 나타남.
- 나체(성적 부분의 노출) : 사회에 대한 반항, 성적 갈등, 신체상에 대한 자기

그림 3-42 • 29세 여성으로 해군모자를 씌웠으며 이는 남성적인 것에 대한 관심을 표현함.

그림 3-43 • 20세의 남성으로 허리띠와 넥타이를 강조하는 것은 성충동을 의식적이거나 무의식적으로 통제하려는 것을 나타냄.

그림 3-44 • 9세 여아로 여러 가지 장식을 그려넣어 유아기적이고 의존적이 성향임.

그림 3-45 • 9세 여아로 자신외에 보조 인물로 동생이 등장한 것은 동생과의 친밀도가 매우 높음을 의미함.

도취를 반영함.

- 화려한 의상 : 사회적 자아상에 대한 자기도취, 자기중심적 및 유아적 성향을 반영함.
- 허리선을 강하게 강조한 경우 성적관심을 나타냄.
- 커다란 신발 : 안정에 대한 욕구
- 신발에 레이스 강조 : 강박적이거나 사춘기 소녀의 경우 나타남.
- 넥타이의 강조 : 청소년들과 40세 이상의 남성들에게 있어서는 부적절한 성적인 감정을 나타냄.
- 불확실하게 그려진 넥타이나 무기력해 보이는 넥타이는 약한 성욕에 대한 절망적인 관심을 나타냄.
- 길고 눈에 띄는 넥타이는 아마도 발기 불능의 두려움에 대한 지나치게 보상적인 성적 공격성을 나타냄.

표 3-3 ● 인물상(남자상)

전체적 인상			
항목		표현적 특징 및 해석	
형식적 분석	1. 소요시간		
	2. 피검사자의 태도		
	3. 순서		
	4. 크기 및 위치		
	5. 선의 종류와 필압		
	6. 방향		
	7. 대칭성		
	8. 생략과 왜곡		
	9. 세부묘사		
	10. 투시화		
내용적 분석	항목	표현의 특징	해석
	1. 인물		
	2. 성차의 표현		
	3. 팔과 손		
	4. 얼굴		
	5. 머리		
	6. 머리카락		
	7. 입		
	8. 귀		
	9. 목		
	10. 코		
	11. 눈썹		
	10. 다리와 발		
	11. 어깨		
	12. 의복		
	13. 손가락		
	14. 턱		
	15. 가슴		
	16. 자세의 특징		
기타 사항			
그린 후의 질문			

표 3-4 • 인물상(여자상)

전체적 인상			
항목		**표현적 특징 및 해석**	
형식적 분석	1. 소요시간		
	2. 피검사자의 태도		
	3. 순서		
	4. 크기 및 위치		
	5. 선의 종류와 필압		
	6. 방향		
	7. 대칭성		
	8. 생략과 왜곡		
	9. 세부묘사		
	10. 투시화		
	항목	**표현의 특징**	**해석**
내용적 분석	1. 인물		
	2. 성차의 표현		
	3. 팔과 손		
	4. 얼굴		
	5. 머리		
	6. 머리카락		
	7. 입		
	8. 귀		
	9. 목		
	10. 코		
	11. 눈썹		
	10. 다리와 발		
	11. 어깨		
	12. 의복		
	13. 손가락		
	14. 턱		
	15. 가슴		
	16. 자세의 특징		
기타 사항			
그린 후의 질문			

6. 오오도모(大伴)의 분석규준

오오도모 등의 연구(1956)는 분석규준 설정에서 다음과 같은 것들을 고려하였다. 〈인물화〉에 있어서는, 그것이 〈인물〉이기 때문에 머리, 얼굴, 눈, 코와 같은 신체 각 부위에서 관찰하고 고찰해서 진단할 수 있지만, 또 〈인물〉이기 때문에 걷는다든가, 달린다든가, 앉아 있다든가, 누워 있다든가 하는 운동 측면에서도 관찰하고 고찰해서 진단할 수도 있다. 또 그 〈인물〉의 대소나 그려진 위치나 또 그린 순서에 따라서도 관찰해서 진단할 수 있다.

그러나 말할 것도 없이, 이들 모든 점이 그것을 그린 본인의 퍼스낼리티를 진단함에 있어서, 합리적이고 효과적으로 하려면 지켜야 할 근거가 있어야 하는 것이다. 그래서 오오도모는 이 모든 부분들을 〈부위(部位)〉라고 부르고, 〈인물화〉에 열 일곱가지의 〈부위〉를 설정했다. 그리고 그들 17종의 〈부위〉에서 퍼스낼리티를 진단함에 있어서 필요하고도 적절하다고 생각되어지는 이른바 〈분석규준〉을 만들어 낸 것이다.

이것은 일본인에게 실시한 경험과 전문가와의 검토를 거쳐서 만든 것이 되어서 비교적 타당성이 높다.

분석규준 중에서 모호한 것은 생략하고 뚜렷한 것만을 뽑아서 여기에 제시해 두었다(김재은, 2002).

표 3-5 • 오오도모의 인물화검사 분석규준

부위	성격분석규준	상징적 의미	부호
위치	1. 상반 (전체의 1/2)	낙천적, 보다 높은 데로 이르려는 태도	S
	2. 하반 (전체의 1/2)	비관적, 때로는 억압, 뿌리를 내린 고요	M
	3. 좌반 (전체의 1/2)	자기 자신에게로 향함, 내향적, 남성적	M
	4. 우반(전체의 1/2)	환경에로 향함, 외향적, 남성적	S
	5. 상반우반	낙천적, 남성적	S
	6. 하반좌반	낙천적, 여성적	S
	7. 하반우반	비관적	M
	8. 하반좌반	비관적, 억제적	M
대소	9. 크다(2/3 이상)	자아강대, 확대적, 공격적 감정, 자아상일 때에는 보상적(補償的) 공상으로 불완전한 느낌에 응답하는 것을 뜻하며, 부모상이면 강대(强大) · 유력(有力) 또는 위협적이거나 징벌적	S
	10. 작다(1/2 이하)	자아약소, 열등감을 품고 환경에 응답	M
	11. 그림 그린 사람 자신과 같은 성이 불균형하게도 크다.	자기의 과시. 때로는 편집적이다. 부모의 상이면 자기와 같은 성의 부모가 가정에서 강대하다.	S
	12. 자기와 같은 성이 불균형하게도 작다.	자아의 약소, 자각(自覺), 때로는 편집적이다. 부모의 상인 경우는 자기와 같은 성의 부모가 가정에서 약소하다.	Sch
모습	13. 행동이 수반되고 있다(달리고 있다).	신체활동에의 강한 충동, 도피달성의 욕구	F
	14. 행동이 수반되고 있다(걷고 있다).	위험상태에 빠지기 쉽다(13번도 동일).	F
	15. 앉아 있다. 기대고 있다.	의존적 세력의 약소, 욕망의 결여 · 피로함	M
	16. 몸이 기울고 있다.	불안정, 불만	F
	17. 선이 극도로 딱딱하다.	깊이 뿌리박은 곤란, 자아강대	S
	18. 선이 극도로 부드럽다.	자아약소	M
	19. 선이 기계적 기하학적 도형	운동적 의미가 결여됨, 정신적 장해	X
	20. 선이 극도로 가늘다.	신경질, 열등감	N
	21. 선이 극도로 거칠다.	정신불안, 자아, 강대	Sch
	22. 부위생략 (머리, 동체, 팔, 다리, 네 가지의 생략)	생략부위에 관계있는 갈등 · 자기의 불구 · 결함에 대해 초조함	C
묘화순서	23. 여기저기서 그리기 시작한다.	불안정하고, 신경적 반응	N
	24. 본인과 같은 성을 나중에 그린다.	성에 혼란이 있음. 이성의 부모에 대한 의존 · 집착 혹은 이성의 누군가에 대한 의존이나 집착	C
	25. 팔이나 손부터 먼저 그린다.	환경과의 접촉을 극도로 싫어하는 부적응을 자각하지 않으려는 경향	M
	26. 팔이나 손을 맨 나중에 그린다.		F
	27. 다리와 손을 먼저 그린다.	자아의 약소	M

표 3-5 • 오오도모의 인물화검사 분석규준(계속)

부위	성격분석규준	상징적 의미	부호
묘화 순서	28. 머리를 맨 나중에 그린다.	도피경향 · 죄악감	F
	29. 얼굴을 맨 나중에 그린다.	대인관계의 혼란 혹은 외적자극 거부, 또는 자기를 뚜렷이 밝히려 하지 않는다.	C
	30. 동체부터 그린다.		S
Ⅴ 머리	31. 매우 크다. (동체의 1/2 이상)	적극성 무의식적으로 지적인 것을 열망하고 공상에 의해서 만족한다. 머리가 큰 쪽의 인물이 가정에서도 권위가 있다. 때로는 두통, 질병	S
	32. 작은머리	강박 신경증·지적 무능력·죄악감이나 고통을 없이 하려는 상징	Y
	33. 뒤로 향한 머리(뒤통수)	분열증적 편집성	Sch
	34. 머리카락을 주의 깊게 다루었음(모자를 씌우고, 모발을 밖으로 나오게 그린것도 포함)	자기애적, 동성애적	PS
	35. 모발이 없는 남자	분열증적	Sch
	36. 머리카락을 가볍게 흐려서 그린다.	겁쟁이, 꽁한 성격	M
	37. 머리카락을 위로 세워서 그린다.	자아강대, 자기중심적	S
	38. 머리카락을 매우 길게 그린다(머리숱이 많은 것 포함).	성적으로 적대공상이 있다.	P.S
	39. 머리카락을 까맣게 칠한다.	사고 · 공상에 불안이 있다.	F
	40. 머리카락이 얼굴 양쪽으로 늘어뜨려졌다.	정신적 갈등	C
	41. 야단스럽게 그려진 여자상의 머리카락	조숙, 성적 불량화	P.S
Ⅵ 얼굴	42. 얼굴부분을 흐릿한 선으로 그렸다..	소극적, 대인기피, 신경증적, 우울증, 욕구좌절	M
	43. 얼굴을 다소 하향(下向)으로 그리고 눈을 날카롭게 그린다.		N
	44. 험상궂은 표정		Sch
	45. 얼굴에 주름이나 그늘을 그린다.		F
	46. 특히 강조한 것(예 : 화장한 얼굴, 여자 같은 남자의 얼굴, 남자 같은 여자의 얼굴)		Sch
Ⅶ 눈	47. 눈을 강조한다.	변질적, 호기심 과다, 경계적	Sch
	48. 크다.	큰 것은 공격적, 크고 어둡게 그려진 것은 편집적, 크고 눈동자가 없는 것은 허식에 대한 죄악감	S
	49. 눈동자의 생략 또는 결손	무엇인가의 죄악감	F
	50. 눈동자를 검게 그린다. 또는 세로로 그린다.	공격적 · 적대적 자기주장	S
	51. 작은 눈	외부세계에 주의를 기울이지 않는다.	M

표 3–5 • 오오도모의 인물화검사 분석규준(계속)

부위	성격분석규준	상징적 의미	부호
Ⅶ 눈	52. 감은 눈	신체적 자기애	F
	53. 남자상에 속 눈썹을 그린다.	조숙 · 성적이상	PS
코	54. 큰 코, 넓적한 코	성적 발달 · 성적불능의 보상 · 경멸 · 거부	PS
	55. 코를 문질러서 그린다.	눈보다 위로 코가 튀어나온 것은 성적 부적응	PS
	56. 명암을 붙인다.	조숙, 성적이상	PS
	57. 작은 코, 또 결손 된 코	성적 갈등, 성적 미숙	C
	58. 특히 두드러진 콧구멍	공격적	S
입	59. 큰 입	성적이상	PS
	60. 특수한 형태로 강조	입에 의한 공격적 충동에 기인하는 불안 · 우울증 · 알콜중독	F
	61. 입술의 강조	구순적 성욕	PS
	62. 간단한 선으로 타원 · 벌리고 있다.		M
	63. 너무 작은 입		M
	64. 이를 보이고 있다.	유아기로의 퇴행	Sch
	65. 혀를 보인다.		Sch
턱	66. 특히 넓은 턱	사회적 우위를 구한다. 공상적	S
	67. 특히 좁은 턱. 옆 얼굴에서는 튀어나온 턱	사회적 무능력	M
	68. 여성에게 큰 턱	성적 이상	PS
	69. 여성에게 수염을 그린다.	성적 이상	PS
귀	70. 귀가 특히 크다.	다른 사람들의 비판에 마음을 쓴다.	N
	71. 귀에 특수한 표현을 한다.	귀의 질병	Y
	72. 매우 작다.	다른 사람의 비판에 귀를 기울이지 않는다.	S
	73. 귀의 생략, 나쁜 위치에 그렸다.		M
목	74. 길거나 가늘다.	분열증적 · 음식 삼키는 것이나 정신적 소화장애	Sch
	75. 짧다.	감정의 통제가 안된다.	F
동체	76. 모가 났다.	표현운동(남성적)	S
	77. 둥글다.	발달지체(여성적)	B
	78. 넓다.	의식적으로 욕구불만이 많다.	C
	79. 좁다.	열등감정, 충동의 불안	M
	80. 가늘고 길며 평행선을 그은 동체	분열증적, 퇴행	Sch
	81. 동체가 없는 것	자기애, 굳어있는 성격, 충동거부	Sch
팔과손	82. 형상부터가 과장되어 있다.	손의 활동에 불만 · 접촉곤란 · 부적당한 감정에 대한 보상적 행동	Sch
	83. 가늘다(간단한 선으로 되어 있다.)	열등감, 노력할 보람이 없다는 감정	M

표 3-5 • 오오도모의 인물화검사 분석규준(계속)

부위	성격분석규준	상징적 의미	부호
팔과 손	84. 넓게 연 팔	강대함을 나타냄, 공격적 적극적 욕구를 표시한다.	S
	85. 아랫부분에서 넓어지는 팔	행위는 충동적이고, 자기 통제력이 결여되어 있다.	N
	86. 동체에서 튀어나온 팔	무감정적이고, 통제할 수 없다.	M
	87. 길고 탄탄한 팔	완력이 부족한데 대한 보상	Sch
	88. 너무 긴 팔	과도한 야심	S
	89. 동체에 밀착된 팔	소극적 혹은 방어적인 감정	S
	90. 팔이 없다.	분열증적 · 우울증적 · 여상으로 팔이 없는 것은 어머니의 양육방법 불량	Sch
	91. 손이 없다.	보통이상의 무능으로, 손이 없는 것은 부적응감이 크다는 것을 말함	C
	92. 손가락을 폈다(때로는 그늘지게 그렸다).	손의 활동에 불안	F
	93. 주먹을 쥐었다.	억압된 공격성	F
	94. 손을 크게 그린 것	강대함을 나타냄	S
	95. 팔이 가슴 또는 앞에서 교차	회의적이고, 적대적 태도	S
	96. 팔을 뒤로 돌린다.	공격적 · 적대적 감정을 억제하고자 한다.	Sch
	97. 손을 허리에 대고 있다.	성의 공포를 안고 있는 방어적 태도 · 성에 관해서 편견을 가지고 있음	PS
	98. 검게 칠해진 손(또는 그늘지게 하다)	자위 · 훔치기 · 싸움 등, 손에 의한 행동의 죄악감 · 불안	F
	99. 호주머니에 넣은 손 또는 감추어진 손	자위에 대한 죄악감, 접촉곤란, 도피, 불량소년, 이상자	Sch
	100. 손톱, 관절의 주의 깊은 스케치	강박증적 혹은 초기 분열병자의 경우와 같이 신체개념에 관한 곤란을 표시함	S
	101. 열쇠처럼 그려진 손가락	적의 · 공격	Sch
	102. 손과 관계 없는 손가락	유아적 공격	Sch
	103. 검게 칠해진 손가락	자위 또는 훔치기 등과 같은 죄악감	F
	104. 다섯 개 이상의 손가락	야심 · 공격	C
다리와 발	105. 다리가 길다.	정신적 미발달, 다리의 미발달	B
	106. 다리가 없다.	성적 부전(不全)	PS
	107. 다리의 과장.		S
	108. 교차된 다리	성적 접근에 대한 방어	PS
	109. 길이가 똑같지 않은 다리	충동과 자기 통제와의 갈등	C
	110. 하나로 된 다리	긴장하고 있는 성적 불능	PS
	111. 여윈 발과 투명한 팬티를 통해서 그린다.	갈등	C
	112. 큰 발	안정에의 요구, 성적 세력의 과시	S

표 3-5 • 오오도모의 인물화검사 분석규준(계속)

부위	성격분석규준	상징적 의미	부호
다리와 발	113. 작은 발	위축 · 의존적	M
	114. 발을 벌렸다.	안정에의 보상	S
	115. 발의 생략	자기통제 결여	N
	116. 반대방향으로 향한 발	감정의 갈등이 심함	C
	117. 발가락의 강조	억압된 적대적 태도	S
	118. 발가락을 감추거나 흐릿하게 그림(신을 신고 있을 때에는 적절히 판정)	위축 · 소극적 · 의존	M
의복	119. 주의 깊게 그린다.	정신병적, 분열증적, 우울병적, 편집적, 망상적	Sch
	120. 나체화	조숙, 복잡한 성적 흥미	PS
	121. 가슴의 포켓 강조(손수건 등을 넣었다)	애정 · 물질의 결손의 보상	F
	122. 단추의 강조(많이 달았다)	어머니에의 의존 · 유아적 부적응	F
	123. 넥타이에 주의를 기울였다.	성적 흥미	PS
기타	124. 의복을 입고 있는듯도 하고 나체인 듯도 하다.	우울병적, 분열증적, 편집적	Sch
	125. 엉덩이를 둥글고 크게, 보통이상으로 그린다(성기부분의 노출을 포함).	성적 흥미	PS
	126. 다리 및 팔의 관절부를 그린다.		Sch
	127. 어깨를 치켜 올렸다.		S
	128. 무릎을 노출		PS
	129. 전신 및 그 주위에 그늘같은 것을 그리고, 또 마루바닥이나 땅을 그린다.		C
	130. 내장을 그렸다.		X
	131. 해부도	분열증적	Sch
	132. 좌우가 극단적으로 균형을 잃고 있다.	성격전체의 부조화 · 혼란	Sch
	133. 한쪽 성은 정면, 다른성은 옆면으로, 모두 옆면으로 향했다.		F
	134. 손에 뭔가를 쥐고 있다.		F
	135. 뒤를 향한 상		F
	136. 만화나 바보스러운 그림(주의를 주어도 계속 그린다.)		Sch
	137. 절대로 그리기를 거부		Sch(Y)
특히 여상에 대해서	(1) 여성의 가슴을 특히 강조	구강적 · 의존적 욕구	PS
	(2) 팔과 손이 길고 두드러지게 눈에 띈다.	보호적인 모성에 대한 욕구	F
	(3) 여성적 특징이 표면적 혹은 상징적인 그림으로서 정성스럽게 그린 그림	두드러지게 좌절된 오이디프스적 감정	C

7. 분석규준 적용상의 주의

1) 위 치

흰 도화지의 어느 위치에 「인물화」를 그리느냐를 보아서 1~8까지의 분석규준을 적용하게 된다. 도화용지를 그림과 같이 4등분해서, 「인물화」의 위치를 결정한다. 레비(Levy)는 상반, 하반, 좌반, 우반의 네 가지에 중앙을 더해서 다섯 가지로 했는데, 여기서는 여덟 가지로 분류했다. 그리고 중앙은 채점하지 않기로 되어있다. 이것은 중앙에 크게 그렸거나 작게 그렸거나를 구별하는 분석규준을 따라 설정했기 때문이다(김재은, 2002).

표 3-6 ◦ 도화용지 인물화의 위치판단기준

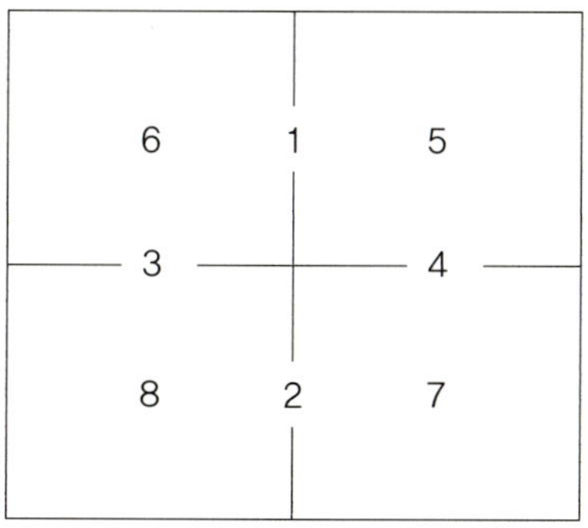

2) 상징적 부호와 그 의미

〈상징적 의미〉가 「인물화」에서 확인이 되면, 그 〈상징적 의미〉그대로도 진단할 수 있으나, 그것이 오늘 날 아직도 분석규준 하나 하나에서 확인 되어진 것은 아니다. 그런데, 분석규준 중에는 확인되지는 않았지만 경험적으로 어느 정도 또 근사한 의미를 가진 것으로 인정되고 있기 때문에, 그 의미를 소개한 것이다.

이와 같은 입장에서 각 분석규준에 〈상징적 부호〉들은 다음과 같은 의미를 가지고 있기 때문에, 이것을 어린이의 퍼스낼리티 진달에 효과적으로 적용할 수가 있을 것이다.

(1) S – 자아(ego)의 발동에 관계되는 것으로 적극적인 면을 의미한다.
 – 자아발동의 강대, 남성적, 적극적, 낙천적, 자기주장적

(2) M – 자아(ego)의 발동에 관계되는 것으로 소극적인 면을 의미한다.

– 자아발동의 약소, 여성적, 소극적, 비관적, 의존적

(3) C – 갈등(conflict)을 의미한다.

– 정신갈등, 정신적 곤란, 콤플렉스

(4) F – 욕구좌절(frustration)을 의미한다.

– 욕구좌절, 초조

(5) Sch – 일반적으로 정신병리적 경향이라 할 수 있는데 이미 형성되어진 장래의 정신병은 근원적인 성격이라 할 수 있다.

– 정신병적, 분열증적, 우울병적, 편집적, 망상적

(6) N – 신경증으로서 정신적 혼란을 의미한다.

– 신경증적, 노이로제적 경향

(7) PS – 병적 성욕을 의미한다. 조숙, 복잡한 성적 흥미, 병리적 성적행동을 의미한다.

(8) B – 정신적 미발달을 의미한다.

(9) X – 정신적 장애를 의미하는 것으로 기질적 장해가 주된 징후가 된다.

(10) Y – 신체적

chapter

4

아동미술치료 ●●●

HTP (House, Tree, Person)검사

1. 이론적 배경

19세기 말 유럽에서는 정신장애 환자들의 그림에 대한 관심이 증가하면서 그림이 정신 병리의 진단에 도움을 주는 도구로 사용될 수 있다는 인식이 싹트기 시작하였다. 20세기 초에는 정신장애 환자들의 그림이 정신분열증과 같은 정신장애 진단을 확증해 줄 수 있을 만큼 타당성을 지닌다는 견해가 당대 학자들 사이에 광범위하게 퍼지게 되었다.

이러한 이론적 분위기에서 한스 프린존(Hans Prinzhorn)은 정신장애와 그림간의 밀접한 관계를 경험적으로 입증하고자 하였고 프로이드와 융 또한 20세기 초반 예술적 표현과 정신세계 간의 관련성에 대한 인식을 확장시키는 데 많은 기여를 하였다.

HTP(House, Tree, Person) 검사는 1948년 벅(Buck)에 의해 개발되었는데 그는 단일과제의 인물검사보다는 집-나무-사람을 그리게 하는 것이 피검자의 성격과 심리를 이해하는데 더욱 효과적이라고 하였다. 벅(Buck, 1948)이 3가지를 사용한 이유는 유아에서 노인까지 검사가 가능하고 친밀감을 가질 수 있으며, 의식·무의식 연상을 통한 솔직하고 자유스러운 언어 표현이기 때문이라고 하였다. 따라서 집-나무-사람(House-Tree-Person)그림을 발달적, 투사적인 측면에서 연구한 결과 첫째, 집, 나무, 사람은 누구에게나 친밀감을 주며, 둘째, 모든 연령의 피검자가 그림을 쉽게 받아들여 그릴 수 있으며, 셋째, 다른 검사보다는 솔직하고 자연스럽게 언어로 표현할 수 있도록 쉽게 접근할 수 있기 때문에 집-나무-사람 그림은 누구에게나 적용이 가능하다고 하였다.

2. 검사방법

1) 검사도구

- 준비물 : A4용지 4장, 4B 연필 3~4자루, 지우개, 크레파스
- 소요시간 : 각 그림마다 5~10분 정도

2) 실시방법

(1) 개별 검사시

- 먼저 A4 흰 용지 우측 상단에 작은 글씨로 1부터 4까지 번호를 적어둔다.
- 그림 지시는 "지금부터 그림을 그릴 것입니다. 이것은 그림을 잘 그리고 못 그리는 것을 조사하는 것이 아니므로 편안한 마음으로 그리면 됩니다. 또한 그림을 그릴 때는 자기가 생각한 대로 그리면 됩니다."
- 1번이 적혀 있는 종이를 가로로 제시하면서 "이 종이 위에 집을 그리세요" 라고 지시한다. 여러 가지 질문에 대해서는 단지 "당신이 생각한대로 그리면 됩니다"라고만 대답해주며 피검자의 질문을 기록한다. 지시를 한 후 부터 그리기 시작하기까지와 그리기를 마칠 때까지의 시간과 행동을 기록해 둔다.
- 2번 종이를 세로로 제시하며 "이번에는 나무 한 그루 그리세요" 하고 지시한다.
- 3번 종이를 세로로 제시하며 "이번에는 사람을 한 명 그리세요. 사람 전신을 그립니다. 단, 막대인물이나 만화인물은 그리지 마세요."라고 지시한다. 만일 피검자가 다시 한 번 그리게 하였을 때도 역시 만화적으로 그리거나 막대형의 그림 또는 추상적인 그림일 경우에는 해석적인 유의미성을 지닌다고 할 수 있다. 즉, 검사에 대한 거부감의 표시일 수 있다.
- 검사자는 피검자가 사람을 다 그리고 나면, 그 그림이 남자(성)인지 여자(성)인지 질문하여 피검자의 대답을 ③번의 아래에 기입한다.
- 그리고 ④번의 종이를 세로로 제시하며, "그러면 이번에는 남자(혹은 여자)를 한 사람 그려보십시오. 역시 얼굴만이 아니고 전신을 그려보십시오."라고 ③번의 인물과 반대되는 성의 인물을 그리도록 지시한다.

HTP 각각의 그림에 대개 10분 정도 필요하다고 한다. 대개 집 그림은 5~6분 정도, 나무 그림은 그보다 더 짧은 시간인 3~5분, 인물화인 경우는 8~10분 남짓 소요된다. 그림에 소요되는 시간이 지나치게 짧거나 혹은 긴 시간이 소요될 경우는 해석적인 유의미성을 지닌다고 할 수 있다.

(2) 집단 검사 시

HTP를 집단검사로 실시할 경우에는 옆 사람의 그림을 보지 않도록, 그리고 사생을 하지 않도록 강조하며 덧붙여 만화 혹은 막대형의 그림 등으로 그리지 않도록 피검자들에게 주의시킨다. 그리고 지시사항은 개별검사 때와 같다.

또한 검사를 실시하기 전에 반드시 준비한 백지의 우측 상단에 조그맣게 ①~④까지 번호를 써두어야 한다. 피검자들에게 각각의 그림에 이름을 기록하게 하고 그림 ③과 ④의 인물화에 대해서는 남자인지 여자인지 성별을 기록하게 해야 한다.

실시하는 데 사람그림과 가족그림을 함께 그리게 하는 경우도 있다. 이는 피검자의 가족에 대한 태도를 좀 더 정확히 파악하여 아동의 심리를 이해하는 데 도움이 된다.

집단검사에서도 개별검사와 마찬가지로 대개 HTP를 완성하는 데 소용되는 시간은 집 그림은 5~6분 정도, 나무 그림은 그보다 더 짧은 시간인 3~5분, 인물화의 경우는 8~10분 남짓 소요된다. 그림에 소요되는 시간이 지나치게 짧거나 혹은 긴 시간이 소요될 경우는 해석적인 유의미성을 지닌다고 할 수 있다.

3. 그림 그린 후의 질문

HTP 그림을 그린 후 피검자가 표현한 것의 독특한 의미와 문제를 파악하는 것은 극히 중요하다. 질문에 대한 특별한 형식은 없으나 검사자의 필요에 따라 질문하는 것이 좋다. 그러나 질문에 대한 대답은 그대로 기록해 두고 질문에 대답을 머뭇거리거나 한참 생각하는 등의 모든 행동 관찰까지도 상세히 기록하는 것이 바람직하다. 또한 피검자에게 질문 후 질문지에 기록을 할 때는 피검자가 사용한 용어를 그대로 기록하는 것이 피검자에 관한 정보를 한 층 더 알 수 있다(예 - 나이가 엄청든 할아버지 나무를 그린건디요.).

〈표 4-1〉은 아동용 질문지이며 〈표 4-2〉는 성인용 질문지로 다음에 일반적인 질문사항을 소개한다.

표 4-1 • House 그린 후의 질문지

질문사항	피검사의 답변
• 이 집은 도심에 있는 집입니까? 교외(시골)에 있는 집입니까?	
• 이 집 가까이에 다른 집이 있습니까?	
• 이 집은 당신에게서 멀리 있는 집입니까? 가까이 있는 집입니까?	
• 이 집에는 누가 살고 있습니까?	
• 안에서 무엇을 하고 있습니까?	
• 이 집을 보면 무슨 생각이 납니까?	
• 이 집을 보면 누가 생각이 납니까?	
• 이 집은 당신의 집입니까?	
• 당신의 방은 어디 입니까?	
• 이 집은 행복합니까?	
• 이 그림에 첨가해서 더 그리고 싶은 것이 있습니까?	
• 이 집이 가장 필요로 하는 것이 무엇입니까? 왜 그렇게 생각합니까?	
• 이 집의 날씨는 어떘습니까? 계절은 어느 계절입니까?	

표 4-2 • Tree 그린 후의 질문지

질문사항	피검사의 답변
• 이 나무는 어떤 나무입니까?(불확실할 경우에는 상록수인지 혹은 낙엽수인지 질문한다)	
• 이 나무는 어디에 있습니까?	
• 한 그루만 있습니까? 여러 나무와 함께 있습니까?	
• 이 그림의 날씨는 어떠합니까?	
• 바람이 불고 있습니까? 바람이 분다면 어떤 바람이 어느 방향으로 불고 있습니까?	
• 이 나무는 몇 살입니까?	
• 이 나무는 살아있나요? 말라죽었다면 언제쯤 어떻게 말라 죽었나요?	
• 이 나무는 강합니까? 약합니까?	

질문사항	피검사의 답변
• 해가 떠 있습니까? 떠 있다면 어느 쪽에 떠 있습니까?	
• 이 나무는 누구를 생각나게 합니까?	
• 이 나무는 남자입니까? 여자입니까?	
• 이 나무는 당신에게 멀리 있습니까? 가까이 있습니까?	
• 이 나무에 필요한 것은 무엇입니까?	
• 이 나무는 당신보다 큽니까? 작습니까?	
• (상흔 등이 있으면) 이것은 무엇입니까? 어떻게 해서 생겼습니까?	
• 이 그림에서 더 첨가해서 그리고 싶은 것이 있습니까?	
• (그림에서 이해하기 곤란한 부분에 대하여) 이것은 무엇이며 왜 그렸습니까?	

표 4-3 • Person 그린 후의 질문지

질문사항	피검사의 답변
• 이 사람의 나이는 어떻게 됩니까?	
• 결혼했습니까? 가족은 몇 명이며, 어떤 사람들입니까?	
• 이 사람의 직업은 무엇입니까?	
• 이 사람은 지금 무엇을 하고 있습니까?	
• 지금 이 사람은 무슨 생각을 하며, 어떻게 느끼고 있습니까?	
• 이 사람의 신체는 건강한 편입니까? 약한 편입니까?	
• 이 사람은 친구들이 많습니까? 어떤 친구들입니까?	
• 이 사람의 성격은 어떻습니까? 장점과 단점은 무엇입니까?	
• 이 사람은 행복합니까? 불행합니까?	
• 이 사람에게는 무엇이 필요합니까?	
• 당신은 이 사람이 어떠습니까? 좋습니까? 싫습니까?	

표 4-4 • Family 그린 후의 질문지

질문사항	피검사의 답변
• 가족들이 무엇을 하고 있습니까?	
• 가족들은 지금 어디에 있습니까?	
• 가족들의 기분은 어떠합니까?	
• 가장 친한 가족은 누구입니까?	
• 아빠, 엄마(부부)는 사이가 좋습니까? 자주 싸웁니까?	

표 4-5 • HTP 검사 보고서

이름 :	연령	성별	생년월일
주소		전화	
직업		학교	
의뢰 사유			
가족배경과 개인력		FAMILY TREE	
검사시의 행동관찰			
전 체 해 석 요 약			
검사일시 :	검사장소 :	검사자 :	

표 4-6 • 그림의 느낌과 내용

그림의 전체적 느낌	

개별그림 분석

집		유무	표현 특징	상징 및 해석
주 제				
필수요소	지붕			
	벽			
	문			
	창문			
기타요소	굴뚝과 연기			
	방			
	울타리			
	길			
	계단과 보도			
	기타 및 행동특성			

나무		유무	표현 특징	상징 및 해석
주 제				
필수요소	줄기			
	가지			
	수관			
기타요소	뿌리			
	꽃, 열매, 잎			
	지면선			
	동물			
	옹이구멍			
	나무껍질			
	기타 및 행동특성			

4. 그림에 대한 해석

그림의 순서는 첫째, 집, 나무, 인물화를 전체적 맥락에서 다른 그림과 비교하는 것과, 둘째, 한 그림 내에서 부분이 그려지는 순서를 보고 분석해야 한다. 해머(Hammer)에 의하면 전체적 맥락에서 경계선급의 정신질환자는 한 그림에서 다음 그림으로 넘어갈 때마다 정서반응을 나타낸다고 한다. 이는 집, 나무, 사람이라는 그림의 순서에 따라 점차적으로 대인관계 영역의 주제로 들어감으로써 곤혹스러움이 공포가 되고 공포는 공황 상태로 변한다고 하였다.

레비(Levy)는 그림이 역동적 과거력의 산물이라고 주장하면서 집, 나무, 사람 그림이 각각 특수한 상징을 드러낸다고 하였다. 집은 공상, 자아, 현실과의 접촉, 현실에의 접근 가능성, 가정생활과 가족 내부 관계, 유년기 부모와의 관계 등을 나타내 준다. 나무는 신화, 종교, 전설, 무속 등에서 인생과 성장을 상징하는 가장 보편적인 은유로 사용되는데, 나무 그림은 방어적인 태도의 개입이 적어서, 보다 깊은 무의식적 감정과 갈등을 반영한다. 가족그림은 신체적 자기, 심리적 자기, 이상적 자기, 중요한 가족관에 대한 지각상등을 상징한다(장연집·김중술, 1999).

1) 집그림의 해석

집그림은 집의 전체적인 모양이나, 구도, 집을 그린 위치, 집의 크기 등을 통해서 내담자의 심리상태를 진단하는 것이다. 주로 내담자가 외부환경과 어떤 관계를 맺고 있는지를 드러내고 있다.

첫째, 집은 피검자가 자신의 가정생활과 가족관계, 가족들을 어떻게 인지하며, 그것에 대해 어떤 감정과 태도를 가지고 있는가를 반영한다. 피검자가 현재의 가정을 어떻게 바라보고 있는가 하는 것 외에도 성장하여 온 가정에 대한 과거의 기억이나 경험, 그리고 이상적인 가정에 대한 소망을 나타내기도 한다. 또한 집그림은 피검자의 자아, 현실과 관계를 맺는 정도와 양상, 그리고 개인의 내적 공상에 대한 정보를 준다.

둘째, 집그림에서는 그림을 전체적으로 평가함과 아울러 필수 부분인 지붕, 벽, 출입문, 창문등을 어떻게 그리는가에 유의하여 해석해야 한다.

셋째, 단독주택을 그리는 것이 보통이며 약 8%의 사람이 교회, 학교, 절, 아파트,

빌딩 등의 특수한 집을 그린다. 이러한 경우에 그림에 대한 질문이 꼭 필요하다.

여기에서 특수한 집은 자신의 가정에 대한 불만이나 갈등을 가지고 있는 경우가 많고 또한 피검자의 자화상을 나타내거나 특별한 관심을 나타내기도 한다.

① 문

문은 집과 외부를 연결하는 통로로서 타인이 자신의 삶에 들어오는 것을 허용하고 자신이 세상으로 나가는 것과 관련된다. 그러므로 문은 타인과의 친밀한 관계 형성에 대한 욕구, 그에 대한 불안감, 두려움, 거부, 양가감정, 그리고 타인의 인정이나 애정에 의존적인 정도, 공감능력, 실제로 현실과 세상과 접촉하는 정도 등을 나타낸다.

문에 관련된 해석은 다음과 같다(Buck, 1948; Jolles, 1964).

- 문이나 문의 손잡이를 생략 : 세상과의 접촉에 대한 불안 또는 저항감을 나타내며, 자기만의 세계에 고립되고 위축되어 있음을 나타냄.
- 마지막에 그려지는 문 : 사람과의 접촉을 꺼리거나 수줍음을 나타내며, 현실 도피경향, 사회적 불안을 시사함.
- 너무 작은 문 : 친밀한 관계에 대한 양가감정, 두려움, 자신의 경계 침범에 대한 두려움, 위축되어 있는 사회적인 관계, 대인관계 기술의 부족을 반영함.
- 너무 큰 문 : 과다한 사회적 접근, 타인과의 친밀한 관계에 지나친 비중을 두는 것을 시사하거나 타인의 인정이나 수용에 지나치게 의존적인 것, 과도하게 예민한 것을 보상하려는 것을 나타냄.

그림 4-1 • 14세 여아로 측면으로 난 문은 현실을 도피하고자 하는 마음을 나타냄.

그림 4-2 • 15세 여아로 문을 생략함으로써 자신만의 세계에 고립되어 있고 대인관계를 피하려 하나 작은 창문을 그려 소극적인 관계를 맺고자 함.

- 양쪽으로 여는 두짝 문 : 세상에 대한 접근에 불편감을 과잉보상하는 마음이나 실제행동을 의미할 수 있고, 측면의 문은 현실 도피를 나타냄.

② 창문

창문은 인간의 눈과 같은 곳으로 문이 환경과의 직접적이고 능동적인 접촉을 나타낸다면, 창문은 환경과의 수동적인 접촉을 나타낸다(김동연 외 2006; Jolles, 1964). 또한 창문은 문의 의미와 비슷하나 창문은 좀 더 감정과 관련이 있다. 대인관계, 세계와의 접촉 및 상호작용 능력에 대한 주관적인 감정과 경험을 나타낸다.

- 창문을 그리지 않는 경우 : 대인관계에 대해 주관적으로 불편하고 심리적 위축과 대인관계 철회, 상당한 편집증적 경향성을 나타냄.
- 많은 창문 : 과도한 자기개방과 타인에 대한 과도한 접근을 통하여 타인에게 인정받고 싶은 소망을 나타냄.
- 커텐이나 창가의 화분 : 창을 가리지 않는 범위라면 환경에의 접촉에 좀더 능동적으로 개입함을 의미하나 창문이 가려질 정도라면 대인관계에서 상처 받지 않으려는 방어적인 태도나 자기 은폐를 나타냄.
- 작은 창문 : 대인관계에서의 심리적인 거리감, 수줍음을 나타냄.
- 스테인드 글라스 : 죄의식 및 더럽혀진 존재 또는 아름다움에 대한 정신적 탐색을 시사함.
- 닫힌 덧문 : 극단적인 철회를 의미함.

그림 4-3 • 10세 남아로 많은 창문은 타인과의 관계에서 많은 개방을 하고 싶은 욕구와 인정받고 싶은 욕구를 표현함.

그림 4-4 • 15세 여아로 2층의 작은 창문과 문위의 작은 창문과 창가의 작은 화분은 대인관계시 수줍은 접촉을 능동적으로 행하고자 하는 마음을 의미함.

③ 지붕

지붕은 사람의 머리에 해당하는 부분으로 내적인 공상 활동 특히 내적인 인지과정과 관련이 있다.

지붕에 관련된 해석은 다음과 같다(김동연 외 2006; Jolles, 1964).

- 지붕생략 : 사고장애 및 현실검증능력의 장애를 시사함.
- 지붕 강조(덧칠하기, 그물무늬나 빗금, 음영) : 공상에의 몰두, 집착, 공상을 통한 욕구충족, 공상에 대한 과잉 통제와 관련됨.
- 작은 지붕 : 내적인 인지활동이 활발하지 않음을 나타냄.
- 지붕에 문과 창문을 그린 그림 : 세상과 접촉하는 주된 방식이 공상이나 사고활동임을 의미하며 자폐적인 공상세계 속에 몰두해 있는 정신분열증과 관련됨.
- 지붕이 허물어지거나 금이 감 : 자신의 통제력을 완전히 능가한 힘에 의해 자신이 압도되었다는 감정을 상징적으로 나타냄.
- 담 너머 지붕만 보이는 그림 : 자아의 붕괴를 감지하고 현실과의 접촉이 불성실한 것을 나타냄.

④ 벽

벽은 집을 지탱해주고 집의 내부와 외부의 경계를 말하며 집의 내부를 보호하는 역할을 하므로 자아강도와 자아통제력, 자아붕괴와 관련이 있다.

적절한 수준의 자아강도와 자아통제력은 직선으로 그려진 벽, 선의 연결이

그림 4-5 • 12세 여아로 큰 지붕은 공상을 많이 하고 있고 이를 통해 욕구를 충족시키고 있음을 의미함.

그림 4-6 • 13세 남아로 지붕의 그물무늬 음영은 죄의식 및 공상에 대한 과잉통제를 의미함.

잘 되어 있거나, 투시적으로 표현되지 않는 그림이다.

- 견고해 보이는 벽 : 강한 자아를 나타내지만 견고함이 지나치게 강조되어 있는 벽은 위협받는 자아에 대한 두려움과 자아통제에 대한 과도한 욕구를 나타낼 수 있음.
- 얇은 벽, 허술한 벽 : 약한 자아, 상처입기 쉬운 자아를 나타냄.
- 부서진 벽, 선이 연결되지 않는 벽, 벽을 안 그린 그림 : 분열된 성격, 현실 왜곡, 자아의 붕괴, 자아통제력의 와해, 현실검증력의 손상을 나타냄.
- 정면과 측면 그림, 2차원적인 그림 : 신경학적 손상이나 사고장애, 현실검증력의 장애를 가질 소지가 큼.
- 벽돌이나 통나무 : 사소한 것에 대한 과도한 집착, 완벽주의적 성격 경향을 시사함.

⑤ 굴뚝

굴뚝은 가족 내의 온정적인 분위기, 가족간의 애정과 교류에 관한 정보를 제공해주며, 굴뚝의 연기는 이러한 애정과 관련된 욕구, 상실감, 좌절감, 우울감 등을 시사한다.

굴뚝과 관련된 해석은 다음과 같다(Buck, 1948; Jolles, 1964; Hammer, 1858).

- 굴뚝의 생략 : 따스한 가족관계를 맺는데 대한 상당한 수동성, 양가감정을 나타냄.

그림 4-7 • 11세 남아로 지붕과 벽을 벽돌모양으로 쌓아 강박증적이고 완벽주의적인 성향을 보여줌.

그림 4-8 • 9세 남아로 벽을 통나무로 무늬를 만들어 완벽주의적인 성향을 보여주고 지붕의 무늬는 공상에 대한 과잉통제를 보여줌.

- 연기 : 많은 연기를 진하게 그리는 것은 마음속의 긴장이나 가정 내의 갈등이나 정서 혼란이 있음을 시사함. 또한 남성성에 대한 성적 관심이나 권력에 대한 관심을 시사하기도 함.
- 연기의 방향 : 연기가 오른쪽에서 왼쪽으로 흐르는 것은 미래에 대한 염세적 견해를 나타내며, 왼쪽과 오른쪽 동시에 흐르는 것은 현실검증력이 결핍된 병적 경향을 나타냄.

⑥ 방

방은 일반적으로 특별한 방과 관련된 부정적 혹은 긍정적 경험이나 방에 대한 특별한 상징을 나타낸다(Burns, 1980).

방과 관련된 해석은 다음과 같다(Burns, 1980).

- 욕실을 강조 : 항문기적 성격, 청결에 대한 강박적 강조, 가족들과 긴장하며 싸운 아동기때의 경험, 가족 내에서의 은신처의 요구 등과 관련됨.
- 침실을 강조 : 침실은 우울증적 경향이 있는 사람을 위한 은신처, 성적 행위를 위한 장소, 병자를 위한 장소와 관련됨.
- 식당과 부엌을 강조 : 양육을 위한 장소로 애정에 대한 강한 욕구를 반영함.
- 거실을 강조 : 가족간의 상호교류에 대한 관심이나 욕구를 나타냄.
- 불결한 방 : 가정 혹은 자신에 대한 적개심을 나타냄.

그림 4-11 • 13세 남아로 가정으로 향하는 길을 표현함. 타인에게 자신을 보이고 싶은 감정과 회피의 양가감정을 보임(울타리, 길, 많은 창문).

그림 4-12 • 18세 여아로 집 주변에 큰 울타리를 쳐서 자신이 느끼는 안정감을 방해받고 싶지 않은 방어를 표현함.

⑦ 계단과 길

계단과 길은 세상과의 연결통로로서 타인과의 접촉과 근접성을 의미한다. 계단과 길에 관련된 해석은 다음과 같다.

- 계단 또는 길을 그린 그림 : '우리 집에 오신 것을 환영합니다'하는 사회적 상호관계의 환영을 뜻함.
- 집을 향한 꾸불꾸불한 길 또는 긴 도로 : 타인과의 접촉에 대한 접근과 회피의 양가감정이 있음. 즉 처음에서 접근하기 힘들어 하지만 나중은 접근에 적응을 할 수 있음

2) 나무그림의 해석

나무는 사람그림과 같이 피검자의 자아상을 나타내주는데, 특히 나무그림은 좀 더 깊은 무의식적인, 심층적인 수준에서의 자기와 자기개념에 대한 감정이 투사되는 반면, 사람 그림에는 좀 더 현실적으로 느끼고 있는 자기 자신에 대한 태도와 감정들이 투사된다. 또한 나무그림에 대한 해석은 먼저 전체를 직관적으로 바라보는 것이 중요한데 이를 통하여 피검자의 정신적 성숙도를 추측해 볼 수 있다.

또한 나무의 형태는 뿌리와 줄기와 가지가 표현되는 수관으로 이루어진다. 그리는 순서는 보통 줄기부터 시작하여 잎으로 그려가지만, 화가 또는 통합되어 있는 사람은 뿌리부터 그리기도 한다.

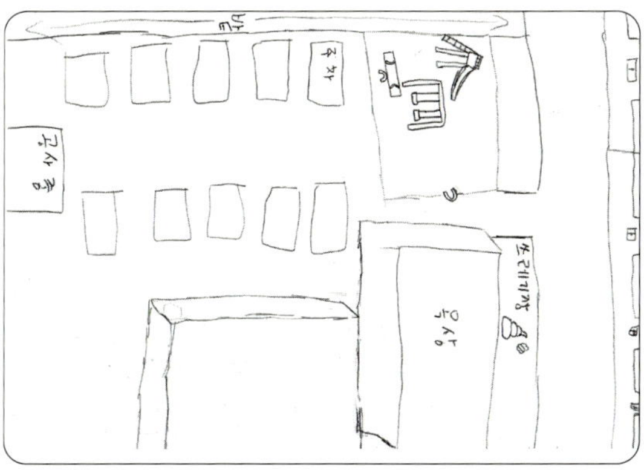

그림 4-13 • 13세 남아로 아파트 조감도를 통해 자신이 우월한 존재임을 알리고자 하고 자신의 가정에 대한 불만을 보여줌.

그림 4-14 • 16세 여아로 특수한 집은 가정에 대한 불만을 보여주고 많은 창문은 대인관계의 적극성을 보여주고 갖가지 모양은 여성이거나 부드러운 사람임을 의미함.

나무그림에 대한 해석은 다음과 같다.

- 지면의 선을 먼저 그린 그림 : 지면의 선을 먼저 그리고 나무를 그리는 것은 타인에게 의존적이며 타인으로부터 인정받고 싶어하는 사람임. 한편 나무를 그린 후에 지면의 선을 그리는 것은 행동에 있어서 처음에는 침착하지만 곧 불안해지며 타인의 인정을 구하는 사람을 의미함.
- 잎을 먼저 그린 그림 : 잎을 맨 먼저 그리는 것은 마음에 안정감이 없고 표면적인 허영과 허식을 구하는 경향이 있음을 나타냄.

① 뿌리

뿌리는 생명의 원천으로 현실이나 세상에 안정되게 설 수 있는 기초를 제공하며 나무를 지탱하는데 필요한 영양분을 만들고 확고한 힘을 제공한다. 뿌리는 피검자가 내적으로 느끼는 자기 자신에 대한 안정감, 자기 자신의 근본적인 모습에 대한 이해, 현실을 지배하는 능력과 관련이 있음.

- 뿌리 강조 : 보통 뿌리를 강조하는 사람은 미성숙하거나 과거에 고착되어 있으며, 자기 자신에 대한 불안정감의 보상과 관련이 있음. 정신병자나 알코올 중독자들은 뿌리를 크게 그리는 경향이 있는데 이는 현실에 발판을 붙이기 어렵거나 정신적 발판이 약한 사람들이 강하게 발판을 찾는 것과 같다고 볼 수 있음. 또한 유아들이 뿌리를 강조하여 그리는 경우는 자기

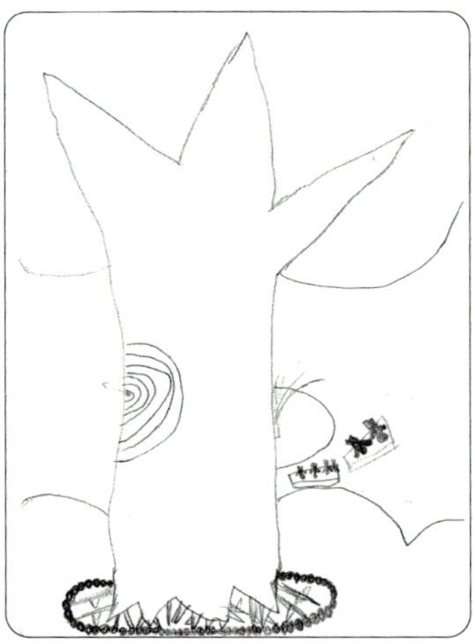

그림 4-15 • 12세 남아로 뿌리를 강조함으로써 안정감을 갖고 싶은 마음을 표현하며 현실검증력이 부족함을 보여줌.

그림 4-16 • 9세 남아로 뿌리 대신 커다란 기둥을 지면 하부의 선까지 내려 그려 불안감을 없애고 싶은 마음을 표현함.

자신에 대한 안정감을 찾고 싶거나, 부모에 대한 부정적인 감정을 가지고 있어 자신의 부모가 맞는지를 의심하는 경향을 보이기도 함.

② 나무기둥(줄기)

나무줄기는 성장과 발달과정에서 획득한 힘, 활력, 생명력, 성격구조의 견고성, 자아강도에 대한 주관적인 느낌을 반영한다(Buck, 1948).

- 줄기의 윤곽선이 지나치게 진한 그림 : 자아가 혼란되고 분열되는 것에 대한 두려움과 이에 대한 방어적 경향성을 의미함
- 줄기의 윤곽선이 연한 그림 : 지나치게 연하게 그린 경우 자아붕괴에 대한 불안감이나 위험성을 의미함
- 나무기둥을 안 그린 그림 : 자아강도가 극도로 약화되어 있거나 와해되어 정신증적 상태에 있거나 심한 자기 부적절감, 지나친 억제 경향성, 수동성을 의미함
- 줄기를 너무 넓게 그리거나 높이 그린 그림 : 약한 성격구조와 자아강도에 대한 불안감의 보상으로 볼 수 있음.
- 어린나무 그림 : 미성숙, 공격성을 나타냄.

그림 4-17 • 12세 남아로 줄기의 진한 음영은 외계와의 사이에서 긴장감을 가지고 있으며 우울한 기분과 불안을 표현함.

그림 4-18 • 12세 남아로 줄기에 상흔은 다람쥐 집이라고 함. 상흔은 피검자가 알고 기억하는 외상경험이고 다람쥐는 어릴적 자신이 어머니로부터 연속적으로 박탈경험이 있음을 나타냄(한 살 차이의 쌍둥이 동생들에게 밀려서 자라옴)

③ 가지

가지는 성장을 위해 뻗어나가는 부분으로 환경으로부터 만족을 추구하는 부분이다. 또한 피검자의 능력, 양육과 성장을 위해 환경과 접촉하려는 노력, 현재 상황에 대처할 수 있는 능력, 성취하고자 하는 소망을 이루기 위한 노력을 의미한다. 일반적으로 가지는 조직화되고 조화롭게 형성되며 가지들이 균형을 이루면서 활발하게 자라는 그림을 그린다(Hammer, 1960; Jolles, 1964).

- 꺽여져 있거나 잘려진 가지 : 내적, 외적 자원에 대한 좌절감과 무력감, 외상 혹은 거세에 대한 감정을 나타냄.
- 죽은 가지 : 생활속에서의 상실감이나 공허함을 나타냄.
- 버드나무처럼 아래로 늘어진 가지를 그린 그림 : 과거에 집착하는 사고, 현실에서의 우울증을 호소하고 있음.

④ 수관

수관은 나무 잔가지와 잎들로 이루어지는 것이 보통이다. 수관을 장식하는 잎, 꽃, 열매들은 나무에서 가장 불안정한 요소로써 일시적인 장관으로 깊은 인상과 감명을 주지만 시간의 흐름에 따라 사라짐을 뜻한다.

꽃을 그린 경우는 자아도취적이고 피상적인 성향과 허영심이 많고 성급한

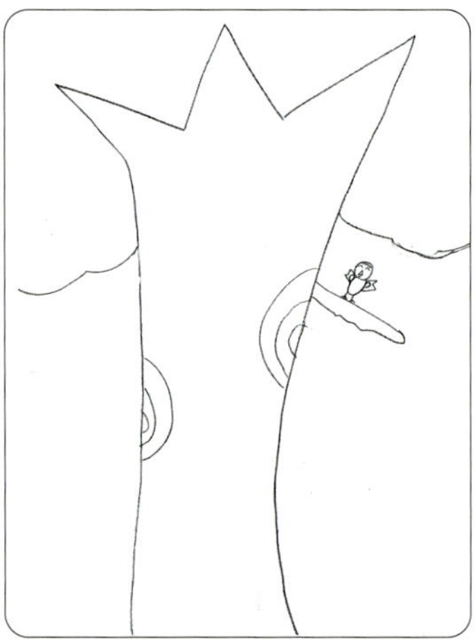

그림 4-19 • 10세 남아로 가지 끝에 줄기에서 새로 뻗어나온 가지는 새로운 희망이나 신뢰하는 환경을 향한 새로운 움직임으로 분석됨.

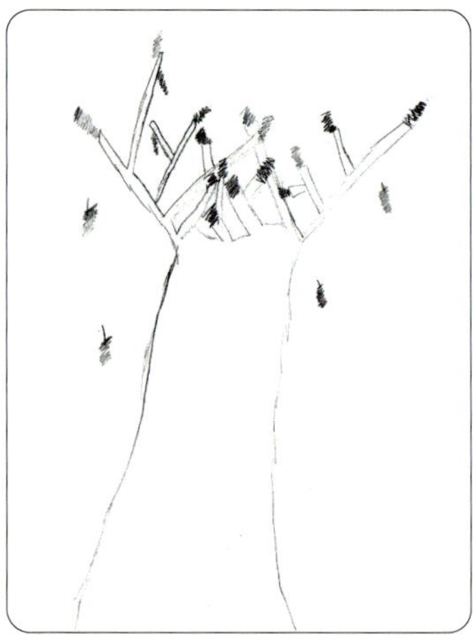

그림 4-20 • 10세 여아로 가지끝이 예리한 창처럼 그려진 것은 비판성과 감수성이 강하고 공격적 충동성이 있음을 의미함.

결실을 바라며 계획성이 부족하고 성취보다는 허식이 많은 사람과 관련이 된다. 또한 커다란 잎은 부적합성과 의존성을 나타내며(Burns, 1972; Burns & Kaufman, 1972; Jolles, 1964) 떨어지고 있거나 떨어진 열매는 상실감이나 죄의식을 나타내며 종종 강간과 같은 외상 후에 보여지기도 한다(Jolles, 1964).

- 줄기의 부분이 길고 수관을 적게 그리는 나무 : 아동이나 노인들의 그림에 많이 나타나며 이것이 성인이나 청소년들이 그린 경우에는 정신의 발달이 지체되어 있고 퇴행함을 의미함.

⑤ 나무에 있는 동물

나무에 그린 동물들은 그림을 그린 피검자의 동일시 할 수 있는 속성을 나타낸다(Jolles, 1964).

- 다람쥐를 그린 그림 : 다람쥐는 나무 안에서 가장 흔하게 볼 수 있는 동물로 흔히 '비축' 행동을 함. 다람쥐 그림은 안전감을 걱정하는 사람들이 자주 그림. 즉, 자신의 행동에 대해서 연속적으로 박탈 경험을 가지고 있는 경우에 종종 그림
- 나무속의 새, 나무 구멍 그림 : 새가 흔히 둥지 속에 있는 것으로 그리는 사람은 대개 은신처에서 보호받는 것을 좋아하는 의존적인 경향을 갖고

그림 4-21 • 10세 남아로 수관이 몇 개의 영역으로 나누어진 것은 자기 자신이 의도한 것을 은폐시키며 조심성이 많은 것을 나타냄.

그림 4-22 • 7세 여아로 수관에 그려진 꽃은 자아도취적이고 자신을 바라봐주기를 바라는 마음을 표현함.

있음. 그리고 밖으로 뻗어 있는 가지 위에 앉아 있는 새를 그린 경우 자유에 대한 열망과 연관됨. 본능적으로 따뜻하고 보호적인 자궁 속에 있는 것의 상징으로 안전한 곳을 찾고자하는 경우임.

- 옹이 구멍 안의 동물 그림 : 일시적인 퇴행으로 자궁으로의 회귀를 통해 손상되고 고갈된 자아를 회복하고 싶은 욕구를 나타냄.

⑥ 나무의 나이

나무의 나이는 피검자에게 질문지를 통해 얻을 수 있는 것으로 좀 더 정서적, 심리적, 성격적 성숙의 정도의 정보를 얻을 수 있다.

나무를 자신의 현재 나이보다 어리게 말한 것은 미성숙한 상태를 의미하며, 나무의 나이를 자신의 현재 나이보다 너무 많게 말하는 것은 피검자의 내적인 미성숙함을 부인하거나 과시적인 태도를 통해 보상받고자 하는 가능성이 있다. 즉 노인의 경우 자신이 늙었다는 것에 대한 보상으로 아주 어린 나이를 말하는 경향이 강하다.

⑦ 나무의 주제

나무의 그림 중 소나무나 삼목 등의 상록수를 그리는 사람은 자신을 활력이 넘치는 존재로 보며, 그와 같이 행동하고 싶다는 소망을 나타낸다. 특히 삼목을 그리는 사람은 성취하고자 하는 욕구가 강하며, 자기를 통제하고 질서

그림 4-23 • 12세 남아로 나무의 구멍은 다람쥐의 집이라고 하며 다람쥐나 작은 동물들은 행동에 대해 연속적으로 박탈 경험을 가진 사람들이 자주 그림.

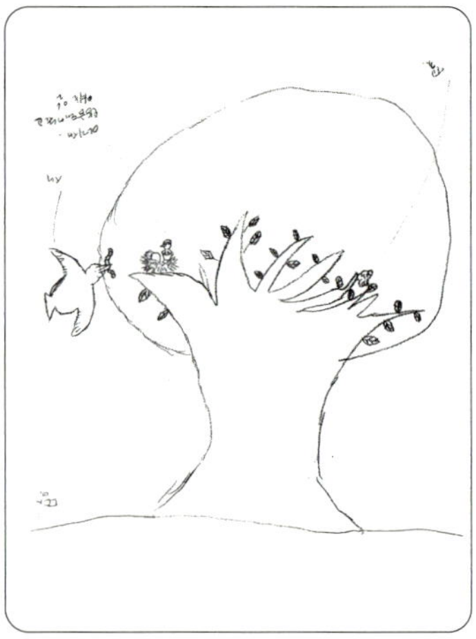

그림 4-24 • 37세 여성으로 나무의 비둘기는 평화를 상징하는 것으로 새로운 생명에 대한 잉태와 보호를 의미함.

정연한 성격이다.

낙엽수를 그린 사람은 자신이 외계의 힘에 의해 움직여지고 있다고 생각하며 버드나무와 같이 밑으로 처지는 나무를 그린 사람은 현실에 대해 폐쇄적이고 우울증을 가진 경향이 많다.

고목나무는 열등감, 무력감을 나타내며 고목나무가 완전히 말라죽었으면 부적응의 징후이다. 고목나무가 말라 죽은지 얼마나 되었는지를 피검자에게 질문함으로써 피검자의 부적응감, 실망감 등이 어느 정도 계속되었는지를 알 수 있다. 고목나무에 몇 개의 잎이 있다면 외계의 힘에 대해 자신의 통제력이 남아 있음을 나타낸다. 또한 밑둥치만 남은 고목에 몇 개의 잎만 나온 그림은 피험자의 힘으로는 어떻게 할 수 없는 심적 외상이 있음을 나타내며 동시에 무의식 중에 새로운 출발을 하려는 노력을 뜻한다.

⑧ 나무의 위치

- 집 꼭대기에서 자라고 있는 나무

  나무가 집의 꼭대기에서 자라고 있는 것은 의미있는 애착이 있음을 시사한다. 가족에게 의존하거나 가족이 없이는 아무것도 할 수 없는 '상실감'을 갖고 있는 사람들이 그리곤 함.

- 집 쪽으로 나무가 흩날리며 구부러져 있는 그림

그림 4-25 • 15세 남아로 나이가 500년 된 소나무를 그려 자신이 소나무처럼 강하고 활력있는 존재가 되고싶음을 표현하고 외계에 적응하고자 하는 욕구를 나타냄.

그림 4-26 • 35세 여성으로 수관에 잎을 그리는 것은 인정욕구가 강하거나 쾌활한 성격과 예리한 관찰력을 가지고 있음을 의미함.

집 쪽으로 구부러져 있는 나무는 가정의 안전감과 안정감을 갈망하는 특성으로 이것은 과거로의 퇴행과 과거에 고착되어 있음을 나타냄.

- 나뭇가지가 아래쪽으로 처져 있게 그린 그림.
  그림에서 나뭇가지가 아래쪽을 향하고 있는 것으로 그려진 경우는 과거에 해결되지 못한 문제가 있어서 에너지가 과거를 향하고 있는 경향을 가진 사람들에게서 나타남. 또한 가지를 축 늘어뜨린 버드나무는 흔히 우울증이나 과거에 고착되어 있는 것을 나타냄.
- 나무가지가 위쪽으로 뻗어 있게 그린 경우
  나무가 땅에 잘 뿌리내리고 있는 것처럼 그려진 그림은 높은 목표를 두고 삶을 잘 지속시켜 나가는 경향을 갖고 있는 사람들에 의해 그려지곤 함.
- 나뭇가지가 밖으로 뻗어 있게 그린 경우
  은신처를 제공하는 것처럼 그려진 나무는 대개 타인을 보호하거나 잘 보살피는 성향을 갖고 있는 사람들이 그림.

⑨ 과일나무

- 과일이 떨어진 것을 그린 경우
  경쾌한 느낌을 주면서 과일이 가득히 달린 과일나무를 그린 경우 과일은 집과 나무와 사람의 그림을 윤택하게 해주는 부분으로 각별한 보살핌을

그림 4-27 • 9세 남아로 수많은 과일은 강한 의존 욕구를 가지고 있음을 의미함.

그림 4-28 • 7세 여아를 밝은 느낌의 과일은 양위적인 환경을 나타내고 꽃은 자신을 바라 봐주길 바라는 마음을 나타냄.

상징함. 그러나 전체적인 그림이 비교적 빈약하게 그려진 경우의 과일나무는 양육을 받았던 과거로 되돌아가고자 하는 소망을 나타냄.

이런 경우 나무에 매달린 많은 사과들은 고착시기와 관련된 숫자를 나타낼수 있음. 과일이 떨어진 것을 그린 경우는 의식적으로 자신이 '타락했다'고 느끼거나 죄책감에 시달리는 사람들에게서 가장 흔히 나타남.

- 썩어가는 과일

  죄를 범했다는 것과 관련된 우울증과 타락감을 나타냄.

- 열매가 있는 나무의 그림은 아동에게 있어서 강한 의존욕구와 지속성의 결여를 나타내며 성인에 있어서는 유아기에의 고착이나 미성숙성을 나타내고 자기 현시적이고 과시적인 사람이 많음.

그림 4-29 • 10세 여아로 아동의 그림에 나타나는 동물은 자신과 동일시 하는 대상을 의미하며 아동그림에서는 많이 나옴.

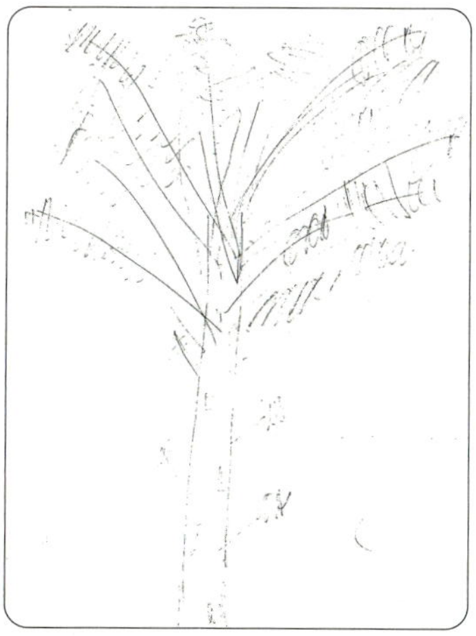

그림 4-30 • 45세 여성으로 작은 줄기는 무력감 부적응감을 가지고 있음을 의미함.

5) 특수한 표현 해석

(1) 집그림에서 특수한 표현 해석

표 현	해 석	표 현	해 석
집그림	피검자가 성장해 온 가정상황을 나타내며 자신의 가정생활과 가족관계를 어떻게 인지하며 그것에 대해 어떤 감정을 갖고 있는가를 보여주는 경우가 많다. 따라서 집그림은 피검자가 현재의 가정을 어떻게 바라보고 있는가 하는 것 외에 이상적인 장래의 가정과 과거의 가정에 대한 소망을 나타낸다.	지붕이 없음, 양쪽 끝의 벽을 한 개의 선으로 처리한 높이가 없는 지붕	공상력이 없는 사람에게서 흔히 보여진다. 정신지체인에게 많이 보여지며 보통의 지능을 가지고 있으면서 이러한 지붕을 그리는 사람은 위축된 성격을 갖고 있으며 구체적인 것만을 추구하는 경향을 보인다.
특수한 집	교회, 절 등 특수한 집을 그린 경우에는 반드시 그린 후의 질문'을 해야 한다. 자신의 가정에 대해 불만이나 갈등을 가지고 있는 경우가 많다.	지붕이 벽을 겸하고 있음	언제나 공상에 열중하고 있는 것. 이것이 극단적이면 현저한 분열적 성격이나 정신분열증으로 의심할 필요가 있다.
지붕	정신생활, 특히 생활의 공상 영역을 상징한다.	지나치게 큰 지붕	공상에 열중하며 외면적인 대인관계로부터 도피하려는 경향
지붕이 허물어지고 금이 가 있는 그림	자신의 통제력을 완전히 능가한 힘으로 인해 자신이 압도되었다는 감정을 상징적으로 나타낸 것이다.	지붕과 기와를 세밀하게 그리는 것	집착적인 사람들에게서 흔히 나타난다.
지붕이 흐리고 약한 선으로 나타남	공상을 통제하는 힘이 약해져 있다는 것을 상징한다.	담과 담너머 지붕만 보이는 것	자아의 붕괴를 감지하고 현실과의 접촉이 적절하지 못하다는 것을 나타낸다.
강한 필압으로 보강하거나 지붕의 윤곽만을 반복하여 그리는 것	공상적인 경향이 자신의 통제를 벗어나는 것을 두려워하고 자기를 방어하고자 하는 사람에게서 자주 나타난다.	약하고 힘이 없는 선으로 그려진 벽의 윤곽	성격의 붕괴가 임박하였다는 느낌과 자아의 통제가 약하다는 것을 의미함. 이것은 병적 상태를 피하고자 노력하기 보다는 수동적으로 참고 나가자는 태도를 나타낸다.
벽의 경계선을 강조함	자아의 완전함과 통제를 유지하고자 하는 의식적인 노력, 정신병의 초기에 자주 나타난다.	무너진 벽, 망가진 벽	붕괴하고 있는 자아를 가진 환자들의 그림에서 자주 보여진다.
지붕에 그물무늬의 음영넣기	강한 의식과 수반된 죄의식을 나타낸다.	벽의 선	벽의 선은 자아의 강도와 관계있다.

표 현	해 석	표 현	해 석
벽의 지면선이 없는 것	현실과 접촉이 불충분한 것을 의미한다.	벽을 통하여 집의 내부가 투시된 그림	성인의 경우에는 비판력과 현실검증이 부적당하고, 될 수 있는 한 장면을 구조화하려는 강박적인 욕구를 나타낸다.
벽의 지면선이 강조된 것	현실수준에서의 불안을 의미한다.		
벽의 한면과 다른 면이 적절히 결합되어 있지 않을 경우	기질적인 질환으로 의심되며, 원시적인 충동이 통제되지 않는다.	두 개의 옆벽이 동시에 나타나는 것으로 그 벽이 좁은 것	유아에게는 보통이지만 성인의 경우는 기질장애를 의심하게 하는 정신지체나 퇴행의 경향을 나타낸다.
벽의 한 면만을 그린 것	도피적인 사고, 우울경향, 대인관계에 시기심이 많고 반항적인 경향이 강한 것을 의미한다.	벽에서 수직선이 강조된 것	만족을 공상에서 구하며 현실과 접촉이 적다.
벽에서 수평선이 강조된 것	현재보다는 과거와 미래를 중요하게 생각하며 환경으로 부터의 압력으로 인해 상처받기 쉬운 경우와 정서적 문제가 있거나 잠재적인 동성애로 간주되기 쉽다	집의 가장자리에 그려진 문, 손잡이가 없는 문, 격자가 쳐진 창이 있는 문	도피적이며 외계에 대한 의심과 경계성을 나타낸다. 자신의 공간이 침범당하는 것을 원치 않는 사람들의 그림에서 나타난다.
문	피검자의 대인관계에 대한 태도를 보여준다.	손잡이가 지나치게 강조 된 것	남성 성기에 관심이 있음을 나타낸다.
작은 문	환경과의 접촉을 꺼리고 우유부단함에 지배되고 있음을 나타낸다.	문에 자물쇠나 경첩을 붙이는 것	의심이 많고 방어적임을 보여준다.
문의 생략	가정환경에서 타인과 접촉하지 않으려는 감정, 외계와의 교류를 원치 않은 냉정한 사람에게 많다.	지나치게 큰 문 폭이 넓은 문	아주 의존적인 사람에게서 보이며 적극적인 사회접촉을 통해 타인에게 인상적인 존재가 되고 싶은 욕구를 나타낸다.
열린 문	외부로부터 정서적인 따뜻함을 얻고 싶어하는 갈망과 노출 경향을 보여준다.	문이 가려져 있는 경우	도피적 경향을 나타낸다.
덧문	특히 닫힌 덧문은 극단적인 철회를 나타낸다.	문에 들여다 보는 구멍이 있음	신중하거나 의심이 많은 사람들에 의해 그려진다.
이중 문	가정에서 이중의 역할을 좋아하는 사람들에 의해서 그려진다. 배우자를 지키려는 사람들의 경우가 많다.	격자가 많은 창문	회의감, 외부세계로부터 자기를 멀리하려는 것을 의미한다.
움푹 들어가거나 숨겨진 문	타인을 자신의 생활공간으로 들어오게 할 때 신중한 사람, 신뢰하기 전에 검사하는 사람이다.	창문에 자물쇠를 그림	외계로부터의 위험에 대처하려는 강한 공포감과 격의를 가진 사람에게서 보여지며 편집증적인 경향의 사람에게서도 보여 진다.

표 현	해 석	표 현	해 석
X표로 둘러싸인 문	자신의 생활 속으로 어떤 사람을 들어오도록 하는데 있어 커다란 어려움을 가진 여성들의 경우가 많다.	커튼이나 차양이 있으나 창문을 가리지 않음	환경에 대해서 약간의 불안을 가지지만 일반적으로 자신을 통제하고 빈틈없이 행동하는 것을 나타낸다.
창문의 틀을 강조함	구순적 성격의 특징을 나타내는 경우가 많다.	창문이 수직선으로 이분되거나 삼각형인 것	여성생식기에 대한 고착이나 지나친 관심을 의미된다.
창문의 크기가 다른 것	그 방에 사는 사람에 대한 지나친 관심을 갖는 경우가 있다.	스테인드 글라스의 창문	죄의식 혹은 "더렵혀진 존재", 아름다움에 대한 정신적 탐색등을 반영한다.
지나치게 장식적인 문	히스테리 환자의 경우에 보여진다.	창문의 생략	철회와 상당한 편집증적 경향성을 반영한다.
커텐이 쳐진 창문	가정에서의 아름다움에 대한 관심. 수줍은 접근을 나타낸다.	많은 창문	개방과 환경적 접촉에 대한 갈망을 나타낸다.
두 개 이상의 수직선과 수평선들이 있는 창문	자신의 집이 안전하기를 원하거나 자신의 집을 감옥처럼 생각하는 사람들에 의해 그려진다.	굴뚝이 다른 것에 가려 전혀 보이지 않는 것	거세 불안, 자극을 주는 감정을 피하려는 것을 의미한다.
대단히 작은 창문	심리적인 거리감, 수줍음을 나타낸다.	굴뚝	보다 친밀한 인간관계로서의 따뜻함과 남성성기의 상징이다.
반원이나 원형의 창	여성, 신사 혹은 부드러운 사람들에 의해 그려진다.	집 뒤편의 지붕에 붙어있는 굴뚝	항문적 가학성을 의미한다.
연기가 진하게 뭉게뭉게 나오는 굴뚝	피검자의 마음속에 긴장이 존재하며 가정환경내에 갈등이나 정서 혼란이 있음을 나타낸다.	오른쪽에서 왼쪽으로 흐르는 연기	미래에 대한 염세적인 생각을 가지고 있는 것을 의미한다.
한 가닥의 옅은 선의 연기	가정의 따뜻함의 결여나 요도에로티시즘의 정신-성적 발달 단계를 보여준다.	양쪽으로 동시에 흐르는 연기	현실 검증력이 결핍된 병적 경향을 의미한다.
방	그 방과 관련된 경험을 반영한다.	굴뚝에서의 보강이나 크기에 의한 강조	가정에서의 심리적 온정에 대한 지나친 관심, 남성에 대한 성적관심, 힘에 대한 관심, 창조력에 대한 높은 관심, 노출 경향성을 나타낸다.
욕실의 강조	인색하고 성을 잘 내며 아는 체를 잘한다. 청결에의 강조, 숨는 장소를 의미한다.		
침실의 강조	아주 조용하고 우울해 보이는 경우 : 우울증적 경향이 있는 사람을 위한 은신처, 성적 행위를 위한 장소, 병자를 위한 장소로 여겨진다.	식당과 부엌의 강조	양육을 위한 장소, 애정에 대한 강한 욕구를 가지고 있다.
불결한 방	가정 혹은 자신에 대한 적개심을 보여준다.	거실의 강조	사회화를 위한 장소를 의미한다.
		하수구	높은 방어와 깊은 의심을 의미한다.

표 현	해 석
울타리	자기가 느끼고 있는 안전을 방해받고 싶지 않다는 것을 의미한다.
처마에 강한 그림자	명백한 시기심과 경계심, 가정으로부터 거부된 감정, 문제 징후로 간주된다.
집을 가리키고 있는 나무	의존에 대한 강한 욕구, 양친에게 지배되고 있다는 감정을 나타낸다.
집 그림에 산이 자세히 그려짐	어머니의 보호를 구하며 안전의 욕구를 지니고 있다.
출입문으로 통하는 도로	균형이 잘 이루어진 경우는 어느 정도 통제력을 가지고 타인과 빈틈없는 접촉을 하고 있는 사람이 그리는 경우가 많다.
출입문 쪽에서 매우 좁아진 길	타인으로부터 멀리하고 싶은 기본적 욕구를 표면적인 우정으로 은폐시키려는 시도로 보인다.
계단과 보도	사회적 상호관계의 환영을 말히며 창도 없는 벽에 기대어 있는 계단은 접근과 관련된 갈등을 나타낸다.
집과 연결되지 않은 도로	타인과의 교섭을 즐겨하지 않고 별개의 세계에 살고 싶다는 바람을 나타낸다.
창문도 문도 없는 것	정신분열증의 징후로 볼 수 있다.
창문이 없는 것	외계에 대한 관심의 결여와 적의, 폐쇄적인 사고, 상당한 편집증적 경향성을 나타낸다.

표 현	해 석
흠통	높은 방어와 깊은 의심, 요도에로티시즘, 남성 성기에 대한 관심을 나타낸다.
숲	집둘레에 숲을 그리는 것은 방어벽을 만들려는 것을 나타내며 산책길에 연결하여 그려진 숲은 어느 정도 불안이 있으나 그것을 통제하고자 하는 의식적인 시도로 여겨진다.
집그림에 나타난 관목과 꽃	사람을 나타낸다.
길고 꼬불꼬불한 도로	대인관계에 있어서 처음에는 타인과의 접촉이 어려우나 점차 따뜻한 인간관계를 맺는 사람의 그림에 많다. 그러나 너무 긴 도로는 타인과의 접촉을 피하려는 경향을 나타낸다.
무너질 것 같은 집, 벼락이 떨어진 집	병적인 경우가 많다. 외부의 압력과 무의식의 욕구에 의해 자기가 지배되며, 그것을 자신의 힘으로 통제 할 수 없다는 감정을 나타낸 경우가 많다. 또한 이런 그림은 성격의 붕괴를 막연하게 느끼고 있는 정신분열증 환자에게서도 볼 수 있다.
창문이 커튼이나 차양으로 막혀져 있는 것	타인과의 교섭을 싫어하고 강박관념, 의심, 폐쇄적인 사고의 경향이 있음을 나타낸다. 한편으로는 가정의 아름다움에 대한 관심, 수줍은 접근을 나타낼 수도 있다.
엄중한 격자가 있는 창문이 많은 것	심한 강박경향 때로는 항문적 가학관념을 나타낸다.

(2) 나무그림에서 특수한 표현 해석

표 현	해 석
나무그림	피검자의 기본적인 자아상을 나타내며 피검자가 자신의 마음상태에 대해 어떻게 느끼고 있는가를 무의식적으로 반영하며, 정신적 성숙도를 표시하고 있다.
상록수 (소나무 삼목 등)	자신을 활력이 넘치는 존재로 보며 그와 같이 행동하고 싶다는 소망을 나타낸다. 특히 삼목을 그리는 사람은 달성욕구가 강하며, 자기를 통제하고 질서 정연한 사람인 경우가 많다.
낙엽수	자신이 외계의 힘에 의해 움직여지고 있다는 감정을 가지고 있는 경우가 많다.
버드나무	버드나무와 같이 밑으로 처지는 가지의 나무를 그리는 사람은 폐쇄적인 경향으로 자기주장이 약한 것을 나타낸다.
고목나무	열등감, 무력감, 우울감, 죄책감, 폐쇄적인 사람, 신경증이나 정신분열증 환자에게서 보여진다. 성범죄자가 적절한 성욕의 대상을 이탈한 경우에 많이 그린다.
줄기가 앞쪽으로 갈수록 급하게 가늘어지는 것	유년기의 환경에 따뜻함과 건전한 자극이 없었고 정신적으로 충분히 성숙하지 않은 경우가 많다.
줄기의 끝부분이 더 굵은 것	병적 징후로 통제하기 힘든 충동이 존재하며 자아의 붕괴를 나타내는 것이다.
줄기	생명력과 에너지를 상징한다.

표 현	해 석
말라죽은 고목	부적응의 징후, 그중에서도 벼락 등 외부의 힘에 의해 말라죽어었다고 말하는 경우에는 자신의 문제 원인이 외계에 있다고 인지하고 있고 심리적 외상이 존재하며 타인을 비난하는 경우가 많다. 한편 말라죽은 이유가 줄기가 썩었거나 내부의 원인에 의한 것은 피검자가 자신을 불건전하고 수용할 수 없는 존재로 생각하는 경우가 많다. 이 경우가 더 병적 상태가 강하고 죄책감이 강한 것으로 나타난다. 고목의 경우에는 말라 죽은 지 얼마나 되었는가를 물어봄으로써 피검자의 부적응감, 공허감, 실망감이 어느 정도 계속되었는지 알 수 있다.
바람으로 인해 잎이 다 떨어져 고목이 된 그림	피검자의 감수성이 강하고 외부의 압력을 의식하면서도 자신의 통제력이 미치지 못한다는 느낌을 갖는 경우이다.
그루터기	피검자의 힘으로는 어떻게 할 수 없는 심적 외상이 있음을 나타내며 새싹을 덧 붙여 그리는 것은 무의식중에 새출발하려는 노력을 뜻한다.
한 개의 선으로 그려진 줄기	무력감, 결단력 상실, 부적절한 만족을 추구하는 것을 나타내며 때때로 뇌기질 장애가 의심되기도 한다.
몇 개의 잎이 달려 있는 고목	외계의 힘에 대해 자신의 통제력이 남아있음을 나타낸다.
좁은 나무줄기	무력감 부적응감을 갖고 있다.

표 현	해 석	표 현	해 석
현저하게 굵은 줄기	환경에 대하여 적극적으로 움직이며 현실과 공상에서 공격적으로 행동하려는 경향을 나타낸다.	줄기가 밑으로 굽어진 나무그림	현실장면을 도피하며 자폐적인 경향을 나타낸다.
전봇대처럼 굵기가 일정한 줄기	성격은 융통성이 없고 생동감이 결여되어 있으며 겉치레만을 제일로 여기는 경직된 사람으로 외계에 잘 적응하지 못한다. 단, 지능이 높은 사람일 경우에는 객관성을 중시하며, 순수한 사고를 하고, 추상능력이 높은 것을 나타내는 경우도 있다.	줄기의 뿌리부분이 지나치게 강조되어 있는 경우	느리나 착실한 사람으로 이해력이 둔하다. 줄기의 왼쪽 뿌리부분이 큰 경우는 과거에는 고착이 강하며 오른쪽이 큰 경우에는 외계에 대한 불신감, 비협조성을 나타낸다.
분재처럼 수평으로 그려진 가지	외계로부터 압력을 느끼고 있으며 달성욕구를 상실하고 표면적으로 복종하고 있으면 된다는 체념상태를 나타낸다.	수직으로 되어 있거나 약간 좌우로 기울어진 것이 아닌 현저하게 정상이 아닌 줄기	성장과정에서 외계의 억압을 경험하고 있는 경우가 많고 자칫하면 충동적으로 행동하려 하면서도 지나친 통제력을 작용시키는 경우가 많다.
줄기를 그린 양쪽의 선이 각각 위로 올라가 서로 결합되지 않은 채 분리된 줄기	이성과 감정의 균형을 상실하고 있음과 자아의 방어가 파괴되어 내적 충동이 외계로 흘러나오는 위험을 감지하고 있음을 의미한다. 정신분열자나 정신지체인의 그림에 많다.	줄기의 윤곽선을 강조	피검자가 성격의 통합을 유지하려고 노력함을 의미한다.
		줄기의 윤곽이 약하고 희미한 것	자아의 외계가 명확하게 의식되어 있지 않거나 성격붕괴가 가까웠다고 느끼고 있거나 불안이 있음을 나타낸다.
줄기의 윤곽선이 파형으로 그려짐	활동적이며 자기중심적인 사람이다.	바람에 흔들리는 줄기	환경에서의 압력과 긴장들을 의미한다.
나무껍질	자신이 타인, 외계와 접촉하는 부분을 상징한다.	줄기에 있는 상처	심리적 외상을 반영하는 경우도 있다.
나무껍질을 검게 칠함	외계와의 사이에 긴장을 가지며 우울과 불안을 가지고 있음을 의미한다.	왼쪽에만 음영을 나타내는 수피	내향적 몽상적이며 감동하기 쉽고 자신을 타인에게 나타내지 않으려는 사람인 경우가 많다. 반면 오른쪽만 음영을 나타내는 사람은, 사고적이며, 환경에 적응하려는 적극적인 의욕을 가지고 있음을 반영한다.
상세하게 그린 나무껍질	환경과의 관계에 강한 관심을 가지며 자신을 강박적으로 통제하려고 하는 것이다.		
비늘모양, 거칠거나 톱니모양의 선을 사용한 수피	거칠고 고집스러우며 불만이 많고 성을 잘 낸다는 것을 의미한다.	나무껍질의 선이 둥글고 곡선적인 선으로 그려진 것	타인과의 접촉을 원활히하며 외계에 적응하려고 하는 욕구를 나타낸다.

표 현	해 석	표 현	해 석
나무껍질이 벗겨진 경우	어렵고 난폭한 생활을 반영한다.	나무줄기의 상흔, 옹이구멍, 속이 빈 구멍을 그린 것	피검자가 알고 있거나 기억해 낼 수 있는 외상 경험, 줄기의 더러워진 것 같은 표현과 같이 불안이나 갈등을 나타내는 경우가 많다. 단, 단순히 학습된 그림이 아닌지 주의해야 한다.
진한 나무껍질	불안을 반영한다.		
지나치게 상세히 그려진 나무껍질	강박감, 완고함 통제하기 위한 조심스러운 태도이다.		
줄기에 속이 빈 구멍이 있으며 그 속에 동물을 그리는 경우	성인 그림의 경우 자아의 통제력을 잃고 있음을 나타내며, 간혹 피검자가 자신을 나무가 아니라 구멍 속의 동물로 동일시하며 따뜻하게 보호되면 자궁내를 동경하며, 자폐적인 경향을 나타낸다.	가지	환경에서 타인과 교섭하며 무엇인가를 달성하고자 하는 힘을 상징, 피검자가 자신이 소유하고 있는 능력, 가능성, 적응성을 어떻게 보고 있는가를 나타낸다.
줄기의 아래 부분	유년기의 경험에 관련성이 있다. 아래쪽의 상흔은 유년기의 외상경험을 나타낸다고 할 수 있다.	끝으로 갈수록 굵어지는 가지	외향적이며 충동과 본능을 완전히 밖으로 표출해내고, 앞뒤 생각 없이 함부로 행동하는 활동력을 가진 사람이다.
줄기에서 갈라진 가지가 점차적으로 세분되게 그리는 사람	감수성이 풍부하고 외계로부터의 자극에 잘 반응하는 사람이다.	줄기에서 곧바로 나온 단선의 가지	학령기 이후 아동의 경우에는 지능과 성격면에서 가벼운 지체가 있는 것, 성인의 경우에는 퇴행을 의미한다.
가지가 잘려져 가지의 끝부분이 전혀 닫혀 있지 않은 나무	자기의 발전과 활동이 억제되고 개방적이며 여러 가지에 흥미를 가지지만 자신의 충동을 적절히 통제하지 못하는 것을 나타낸다.	가지의 일부가 말라 죽어서 밑으로 처져 있거나 꺾어지거나 잘려져 있는 것	심리적 외상으로 인한 상처, 무력감, 위화감, 수동성 등을 나타낸다.
가지의 끝이 예리하게 창끝처럼 그려지거나 줄기에 붙은 가시처럼 그려진 것	비관성과 감수성이 강하며 적의와 공격적 충동이 강함을 의미한다.	가지가 바깥쪽이 아니라 안쪽으로 향하고 있는 것	자기 중심적, 내향적, 자폐적인 성격을 나타내며 강박 경향의 사람이 그리기 쉽다.
옆보다는 위로 뻗는 가지	감정이 고양되기 쉬움, 활동적, 현실무시, 사물에 열중하고, 억제력 부족과 성내기를 잘함, 현실보다는 공상에 만족, 내향적인 경우가 많다.	일정한 형태의 가지를 반복해서 그리는 것	시야가 좁고 자기 표현력이 부족하며 지능이 낮은 경우가 많다. 특히 좌우대칭인 경우에는 환경에 대한 양가감정을 나타낸다.
작은 가지가 큰 가지나 줄기를 깊이 찌르는 것 같이 그리는 것	새디스틱한 사람인 경우가 많다.	줄기에 비해 현저하게 큰 가지	환경에서 만족을 얻기위해 지나친 노력을 하는 부적절함을 타낼 수 있다.

표 현	해 석	표 현	해 석
오른쪽 줄기가 현저하게 강조됨	정서적 만족을 피하고 지적 만족을 얻으려는 경향을 의미한다.	왼쪽 줄기가 현저하게 강조됨	정서적인 만족을 지나치게 추구하는 경향을 나타낸다.
가지가 그다지 벌어져 있지 않은 경우	환경으로부터 만족을 얻으려고 하지 않는 사람을 나타낸다.	정면으로 돌출한 가지를 그림	독창성과 높은 지능을 나타내며 비지시적이며 제멋대로의 성격을 나타낸다.
가지에 적당한 음영을 칠하는 사람	타인과 표면적으로 잘 교제해 나가는 능력이 있음을 의미한다.	전혀 음영이 없는 가지	타인에게 굴종하지 않는 감정을 가지고 있음을 나타낸다.
나무가 집을 향해 심하게 비대칭임	가족이나 안정에 대한 관심, 애착을 나타낼 수도 있다.	위로 뻗어 올라간 가지들	환경 속에서 기회를 찾아가는 것을 말한다.
나무가 집에서 멀리 떨어진 것	가족들에게서 떨어져 독립적으로 성장한 경우를 나타내기도 한다.	줄기에서 뻗어 나온 새로운 성장	희망이나 신뢰하는 환경을 향한 새로운 움직임을 나타낼 수 있다.
죽은 가지들	생활 일부에서의 상실감이나 공허감을 나타낸다.	가지에서 그네를 타는 것	생활의 일부분을 타인의 희생에 초점을 두는 것에 대한 긴장을 나타낸다.
줄기에 접하지 않았거나 부러진 가지들	체계적이고 조직화된 양식에서 끝까지 해내지 못하는 꿈꾸는 사람이나 공상적인 사람을 나타내기도 한다.	가지 위에 지은 나무 집	위협적인 환경에서 보호를 찾기 위한 시도를 나타 낼 수 있다.
커다란 줄기에 비해 가느다란 가지	환경에서 만족을 얻을 수 없음을 나타낸다.	언덕 위에 있는 나무	종종 정신적인 의존성을 보여준다. 만약 나무가 단단하고 크다면 위로 올라가고자 하는 노력을 보여준다.
커다란 잎들	부적합성과 관련된 의존성을 의미한다.	어린나무	미성숙과 공격성을 나타낸다.
줄기가 길고 수관이 작다	유아의 그림에서 흔하게 보여진다. 만약 성인이나 청소년에게서 보여진다면 정신발달이 지체되어 있고 퇴행되어 있는 것을 의미한다.	가지가 수관 속에서 뼈대처럼 보이고 윤곽선으로 둘러싸인 수관	타인에 대하여 조심성이 많고 자신에 대하여는 충실치 못하며 정직성이 결여된 사람에게서 많이 보인다.
줄기가 짧고 수관이 큰 나무그림	자신감과 야망을 가지고 정열적으로 사물에 몰두하는 사람이다.	줄기가 아주 가늘고 수관이 지나치게 큰 그림	완전한 만족을 구하느라고 마음의 안정을 상실하는 것을 의미한다.
수관의 왼쪽을 크게 그리거나 음영으로 강조한 것	내향적이며 사려 깊은 사람, 사소한 일에 마음을 쓰는 사람이 그린다.	수관이 목화송이나 구름의 형태	보편적이다.
수관의 오른쪽을 강조한 그림	조심성이 부족한 사람, 자신감이 있는 사람일 경우가 많다.	수관이 직선적이며 모가 나 있다.	분열적 성격이며 정서는 안정되어 있으나 때로 완고하고 교만한 태도를 취하며 외계에 대한 적응이 곤란한 경우가 있는 사람이다.

표 현	해 석
수관의 양끝이 밑으로 쳐져서 자루처럼 줄기를 덮어씌우는 것 같은 것	의지가 약하고 결단이 느리며 감정이 움직이는 것을 나타낸다.
수관과는 떨어져서 줄기의 아래쪽에서 나온 줄기	아동에게서는 어느 정도 나타나지만 성인의 경우는 퇴행경향으로서 장소에 어울리지 않는 엉뚱한 일을 성급하게 행할 가능성이 있는 사람이다.
뿌리	피검자가 현실을 지배하는 자신의 능력을 어떻게 인지하고 있는가를 나타낸다.
지면을 통해 뿌리가 보이도록 그리는 것	현실검증력의 장애를 나타낸다.
나무뿌리의 강조	보통 미성숙이나 '뒤돌아 봄'을 의미한다. 이 '뒤돌아 봄'은 성장을 방해하는 것이다.
지면의 선을 과도하게 강조한 것	불안감과 강한 의존욕구를 나타낸다.
지면의 선이 왼쪽으로 내려가 있음	미래를 향하여 노력하고 있다는 감정을 나타낸다.
우측으로 내려가 있을 경우	미래가 위험하다는 느낌을 나타낸다.
지면의 선을 그리지 않더라도 용지의 하단의 선을 지면선으로 이용한 그림	불안한 감정을 해소하려 하며 우울한 감정을 품고 있는 경우가 많다.
나무의 잎	장식, 활력을 표시한다.
나무에서 잎이 떨어지고 있는 그림	외계의 압력에 자아의 통제력을 잃고 있는 사람이나 감수성이 강한 사람, 때로는 자기의 존재를 과시하려는 사람에게서 보여진다.
나무에 꽃을 그리는 경우	외면적인 체면을 중시하며 겉치레를 잘하려는 것 뿐만 아니라 통찰력이 없거나 자신을 찬미함을 의미한다.

표 현	해 석
수관이 몇 개의 영역으로 나누어 진 것	자기 자신이 의도한 것을 은폐시키며 현실과의 접촉을 두려워하며 조심성이 많은 것을 나타낸다.
명백히 말라죽은 뿌리를 그림	피검자가 자기의 생활력과 충동을 상실하고 현실을 다루는 일이 잘 되지 않는다고 느끼는 경우가 많다.
줄기의 선이 지면선처럼 연속된 나무그림	사물을 객관적으로 다루지 못하는 자의식이 결핍된 사람일 경우가 많다.
도화지의 가장자리에 그려진 뿌리	불안정감, 안정에 대한 욕구를 의미한다.
지면의 선이 수평이 아니고 언덕처럼 그린 다음 나무를 그린 경우	구순적 욕구를 강하게 품고 있으며 자신이 고독하다고 느끼며 자신을 보호해줄 여성적인 것을 구하고 있는 것. 이런 경우, 나무가 작게 그려져 있을 때는 피검자가 자신이 고립되어 있고 무력하며 모성적인 것에 의존하려는 경향이 있음을 나타낸다.
지면의 선이 줄기의 뿌리부분보다 위에 있을 때	피동적인 것을 나타낸다.
수관에 잎을 그리는 것	안정에 대한 욕구가 강하거나 쾌활한 성격과 예리한 관찰력을 가진 사람일 때가 많다.
열매가 있는 나무 그림	아동에게 있어서는 강한 의존욕구와 지속성의 결여를 나타낸다. 성인에 있어서는 유아기에의 고착이나 미성숙을 나타낸다. 자기현시적이며 과시적인 경우가 많다.
가지에 비하여 지나치게 큰 잎	무력감을 안고 있으면서도 표면적으로는 적응해 가고 있는 사람을 나타낸다.

표 현	해 석	표 현	해 석
열매가 떨어지고 있는 그림	자기가 거부되고 있다는 감정과 무엇인가 체념하여 포기해 버렸다는 감정. 죄의식, 거리감, 스스로 타락했다고 믿는 여성들의 그림에서 많다.	나무그림의 해	일반적으로는 해는 권위적인 인물을 나타내며 피검자가 무엇인가 권위적 인물과의 관계를 강하게 의식하고 있음을 나타낸다. 그러나 성인이 해를 그리는 것은 정신발달의 미숙함을 나타낸다.
지는 해	우울함과 관계있다.		
나무와 태양사이에 구름을 그림	피검자에게 의미있는 어떤 사람에 대해 불만을 갖고 있음을 나타낸다.	낮은 곳에 있는 큰 태양에 굴복한 것 같은 나무그림	양친의 지배를 두려워하고 있는 사람에게서 많다.
태양에 닿을 것 같이 그려진 가지	애정욕구가 채워지지 않기 때문에 피검자가 권위적인 인물로부터 온정과 지지를 구하려 한다.	태양의 광선이 나무에 집중되어 있는 것	권위적인 인물에 지배되고 있다고 느끼거나 지배되고 싶어 하는 것을 나타낸다.
태양으로부터 벗어나려는 인상을 주는 그림	자신에게 무력감을 안겨주는 사람에게 지배되는 것을 피하려는 사람이 그리기 쉽다.	달이나 별을 나무의 배경으로 그리는 것, 또는 바람	적적하고 외로운 감정을 나타내며 바람은 자신이 통제할 수 없는 힘에 지배되고 있다는 감정을 의미한다.
바람이 위에서 지면으로 부는 것	공상으로부터 현실로 돌아오려는 강박적 경향을 나타낸다.	바람이 지면에서 나무 위로 부는 것	현실로부터 공상으로 도피하고자하는 강박적 경향을 뜻한다.
여러 가지 풍경 속에 나무를 그리는 것	현실적이 아닌 몽상적 경향으로 풍부한 감정을 가진 사람의 경우가 많으나 현실 검증력이 결여된 직관적으로 사고하는 사람에게서도 보여진다.	열쇠구멍같이 생긴 나무	반항기의 아동에게서 자주 보이는 것. 성격이 경직되어 있고 강한 적의를 가지고 있으며 폭발적으로 행동하는 사람이나 반항적인 사람이 그리기 쉽다.
나무위에 있는 다람쥐	행동에 대해서 연속적으로 박탈경험을 가지고 있는 사람들에 의해서 종종 그려진다.	남근과 닮은 나무	초등학교 저학년의 아동에게서는 어느 정도 나타나지만 연령이 높은 경우에는 부적응의 상징이다.
줄기의 한 부분만 그리거나 굵은 가지를 그리는 것	통찰력이 부족하거나 정신병 환자들이 그리기 쉽다.	지나치게 커서 용지 밖으로 나와 절단된 느낌을 주는 나무	통찰력의 부족, 생활공간으로부터의 일탈과 회의, 적의 등과 관계가 있다.
나무줄기나 가지에 받침을 그리거나 분재 등을 그림	자주성의 결여와 불안정감을 나타내며 지지와 보호를 구하려는 사람에게 많다.	용지내에 들어가 있는 큰 나무	자기 확대의 욕구를 나타내며 공상보다는 현실적인 활동에서 만족을 얻으려는 것을 뜻한다.
너무 작은 나무	자신에 대해 열등감이나 무력감을 가지며 움츠려드는 경향이 있는 사람이다.	밖과 위를 향한 길과 같은 가지들	명확한 계획을 가지고 있으며 보통 그들이 시작한 것을 끝내는 사람들과 관련있다.

표 현	해 석	표 현	해 석
나무가 수직이 아니고 왼쪽으로 기울어짐	자기 방어적이며 내향적이고 자신에 대한 관심이 강한 것을 나타낸다. 감정을 억제하며 활동하는 것을 바라지 않고 미래를 두려워하고 과거에 집착하고 때로는 게으르고 타성적인 사람의 그림에서 나타난다.	원운동을 하는 가지나 수관	생활에서 '어디에도 갈 곳이 없는' 사람들과 연관된다. 그들은 어느 방향으로 정해지는 것이 아니고 그들의 생활처럼 "뱅뱅 돌아간다"
위로 갈수록 한점으로 좁아지는 가지들	'신경쇠약'과 관련된다. 목표가 단 하나이며 '목표지향적'인 사람. 그들이 꼭대기에 다다랐을 때 그들은 기대한 것을 발견하지 못하고 환멸과 실망을 한다. 또한 자살하고 싶은 충동을 느끼는 사람에게서 보여진다.	오른쪽으로 기울어진 나무	외향적이며 타인에게 접근하려하며 활동의욕이 있고 생활에 대한 적극적인 태도를 가지고 있으며, 불행한 과거를 잊어버리고 미래를 향해 나가지만 간혹 침착이 없고 외계의 자극에 의해 움직이기 쉬운 사람에게서 보여진다.
줄기가 꼭대기에서 확장되는 것	나이가 점점 들어가면서 그들의 관심들이 확장되고 보다 활기찬 생활을 하는 사람들과 관련된다. 만일 줄기가 꼭대기에서 넓어진 '통로'모양의 가지들이 있다면 그 같은 해석은 적절하다	바람에 휘어진 나무나 낙엽이 떨이지고 있는 나무	외부의 압력과 무의식의 욕구에 의해 자기가 지배되며 그것을 자신의 힘으로 통제할 수 없다는 감정을 나타내는 경우가 많다. 이런 그림은 성격의 붕괴를 막연하게 느끼고 있는 정신분열증 환자에게서도 볼 수 있다.
줄기의 밑바닥 부분에 가지가 성장된 것	우울하고 '아무것도 기대할 것이 없는' 퇴행적인 사람에게서 보여진다.	줄기가 없는 나무	살려는 의지를 잃은 우울하고 자살하고 싶은 충동을 가진 사람들에게서 보여진다.
넓은 줄기	높은 에너지를 지닌 사람과 관련된다.	좁은 줄기	낮은 에너지와 종종 살아가려는 의지가 부족한 것과 관련된다.
날카로운 잎들	비양육적인 예민한 사람과 관련된다.	손같이 생긴 잎	'접촉하려는' 온정적인 사람들과 관련된다.
집에서 먼 쪽으로 가지와 잎이 무성한 나무	가족이나 집의 다른 가치들을 거절하거나 경시하고 그들 자신의 성장에만 에너지를 투여함을 의미한다.	지면의 선을 먼저 그리고 나무를 그리는 것	타인에게 의존적이며 타인으로부터 인정받고 싶어하는 사람이다.
집의 꼭대기에서 자라는 나무	자신의 생활을 가족들에게 의존하고 있는 사람들, 혹은 가족 없이 '어찌 할 바를 모르는' 사람들을 나타낸다.	나무를 그린 후 지면의 선을 그리는 것	행동에 있어서 처음에는 침착하지만 곧 불안해지며 타인의 인정을 구하는 사람이다.

표 현	해 석	표 현	해 석
잎은 맨 먼저 그리는 것	마음의 안정성이 없고 표면적인 허영과 허식을 구하는 경향이 있음을 나타낸다.	수양버들 가지처럼 아래로 처진 가지	다른 사람의 영향을 받기 쉽고 활발하지 못하며 원기가 없으며 저항력이 약하고 피로하기 쉬운 사람. 우울증의 경향이 있는 사람에게서 많이 보여진다.
둥글고 부드러운 인상을 주는 수관	조울적 성격의 사람으로 밝고 사교적이지만 때로는 기분파의 면을 보이는 경우가 많다.		

(3) 기타 그림에서 특수한 표현 해석

표 현	해 석	표 현	해 석
불균형감	정신분열증의 초기. 끊임없이 변하고 불안정한 상태의 성격을 나타낸다.	지나치게 기울어짐	정서장애를 나타낸다.
완성되지 않은 그림	우울, 회피, 성취의 낮은 기준, 아동, 정신지체인, 신경증적 압박감을 의미한다.	지면선	피검자는 지지를 필요로 한다. 그러므로 피검자는 의지할 수 있도록 인물들을 위한 지면선을 그린다.
투시화	정서적, 기질적 원인으로 인해 성격의 통합을 상실, 현실검증의 장애로 자기와 외계와의 관계를 바르게 다룰 수가 없어 양자가 구별되지 않는 상태, 일반적으로 투시화는 병적인 징조이며 정신분열증 환자에게 나타나기 쉽다. 의복을 입었는데도 유방이 비치거나 몸속의 내장을 그린 것 등의 투시화는 정신분열증으로 의심이 가지만, 옷의 소매에 팔이 비치도록 그린 것은 수정을 충분히 하지 않은 것일 수도 있다. 그러니 취학 전의 아동이 그린 것은 당연한 일이다.	원근법 (Wom's eye new-아래에서 올려다 본 그림)	환경에 접근하기 어려워 하는 감정, 피검자가 가정으로부터 거부당하고 있다는 감정과 자신이 근접할 수 없는 가정에 가까이 가고 싶은 욕구를 나타내는 경우가 많다. 자신이 열등한 존재라는 감정, 자기 비하적인 평가, 위화감 등을 가지고 있으며 가정으로부터 행복을 전혀 얻지 못하고 있다는 폐쇄적인 사고의 소유자에게서 보여진다(집그림의 경우).
		강하고 진하게 그린 지면선	불안을 나타낸 것이다.
조감도(위에서 내려다 본 그림)	피검자가 환경에 전적으로 방관자적인 태도를 보이는 것은 집그림일 경우 피검자가 자신을 우월한 인간으로 보며 가정에서 벗어나 있음을 보여주는 경우가 많다. 이것은 가정이나 가정환경에 부여된 가치를 근본적으로 거부하는 사람에게서 자주 나타난다.	멀리 보이는 그림	움츠려드는 사고와 타인에게 근접하기 어려운 감정을 나타내는 사람이나 자신의 가정환경을 극복할 수 없다고 믿고 있는 감정과 가족에게 위로를 받을 수 없다는 감정을 지닌 사람이 그린다.

표 현	해 석	표 현	해 석
가까이서 보이는 그림	가정에 도달할 수 있는 따뜻한 감정의 사람이 그린다.	용지를 제시한 방향과 다르게 회전	공격성과 거부경향, 1회 이상의 회전은 병적인 것을 의미할 수 있다.
오른쪽이 올라가는 경사가 있는 지면선	미래를 향하여 노력하고 있는 것을 의미한다.	오른쪽이 내려가는 경사가 있는 지면선	미래가 불확실하여 위협을 느끼고 있음을 의미한다.
날씨가 표현된 것	피검자가 자신의 환경에 대해 갖고 있는 감정을 표시함, 외적 환경이 자신에게 적의를 가지고 있거나 압력을 가하고 있다고 느끼는 사람은 궂은 날씨로 표현하는 경우가 많다.	지면의 선	피검자가 불안을 안고 있으며 무엇인가 필요한 틀을 그림으로써 안정감을 얻으려고 하는 것이다.
지면의 선이 비탈을 이루며 양끝이 내려간 것	자신이 고립되었고 몸을 드러내 놓고 있다는 감정과 어머니에 대한 의존심, 때로는 노출증의 경향을 나타낸다.	그림에 태양을 첨가하여 그린 경우	태양은 권위상으로서 부나 모를 나타내며 피검자가 그것에 특별한 감정을 가지고 있음을 나타낸다.

(4) 태양에 대한 표현 해석

표 현	해 석	표 현	해 석
	태양의 크기에 따라 욕구의 크기와 비례하며 소유욕이 강하다.		태양의 위치가 낮을 때 아버지와 정신적 거리가 있다.
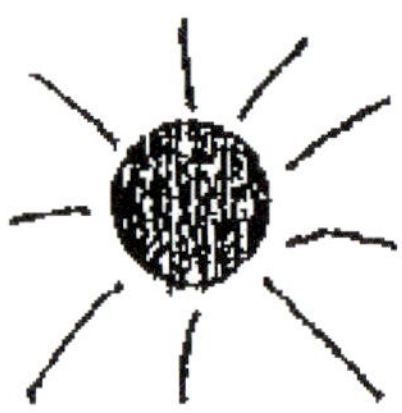	긴 빛살의 태양은 자아의식과 획득 욕구가 강하다.		강한 빛살의 태양은 자기 과시와 독점욕이 강할 때 나타난다.
	일방적 빛살은 애정의 요구이다.		태양 윤곽의 검은 선은 대인관계 불량과 정신의 불안정, 병적인 아버지이다.

표 현	해 석	표 현	해 석
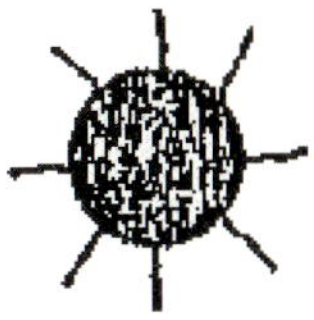	정상적인 아버지이나 완고하다.	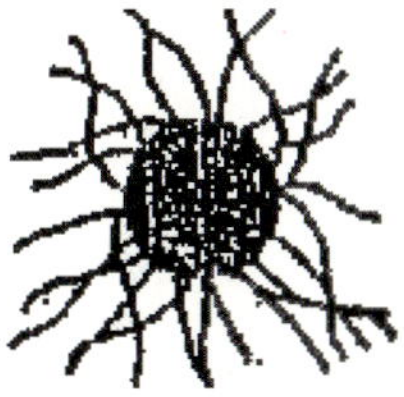	태양의 빛살이 엉클어진 표현은 무서운 아버지, 화를 잘내는 아버지이다.
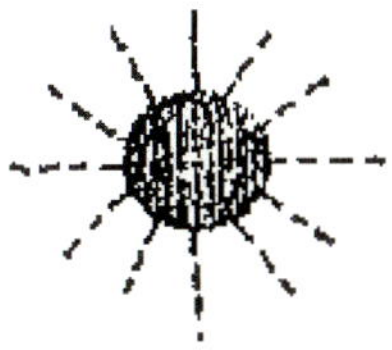	빛살이 점선으로 나타날 때에는 아버지의 애정부족, 사망, 병환중, 부재중을 의미한다.		빛살이 수양버들처럼 늘어진 표현은 귀찮게 하고 행패부리는 아버지를 의미한다.
	빛살이 굵고 톱니처럼 표현될 때는 권력적인 아버지이다.		태양은 있고 빛이 없을 때는 애정이 적고 부재중인 아버지를 의미한다.
	태양의 빛살이 ㄱ형으로 나타날때는 애정이 적은 아버지, 사망한 아버지에 대한 추억을 의미한다.		태양이 화면 구석에 그려졌을 때는 아버지의 사망, 부재중을 의미한다.
	조각으로 그려졌을 때 환경에 대한 욕구불만, 애정이 적은 아버지, 멀리가 있는 아버지를 의미한다.		태양이 둥근 산머리에 걸쳐 있을때는 애정이 적은 아버지, 아버지의 부재중, 먼곳에 계신 아버지, 곧 돌아온다는 희망을 의미한다.
	물에 비친 해는 아버지의 병환, 또는 사망이다.		구름이 가린 태양은 가정내에 문제가 생겼을 때, 무엇인가 애정이 차단되어 있는 아버지를 표현한 것이다.
	태양이 둘 이상 나타났을 때는 아버지의 사망, 부모에 대한 의혹과 불만을 의미한다.		아버지에 대한 거리감이 있고, 아버지의 애정이 멀어져 가고 있다는 암시적 표현이다.

chapter

5

아동미술치료 ●●●

동적 집, 나무, 사람그림 검사(KHTP)

1. 이론적 배경

아마도 인간이 인간발달을 묘사하기 위해 가장 흔히 사용한 보편적인 상징은 나무일 것이다. 나무는 거의 모든 종교, 관습, 전설, 종교적 문헌, 미술, 시, 꿈 등에서 은유적으로 사용되었다. 나무 그림에 있어서, 나무는 그리는 사람의 개인적 변화과정을 반영해 준다. 인물화에서 사람은 나무와 상호 작용함으로써 그림 그리는 사람의 자신이나 자아기능을 더 많이 반영해 줄 수 있다. 집은 개인 생활의 물리적 측면을 반영한다. 따라서 집, 나무, 그리고 인물과의 상호작용 및 상호관계는 그리는 사람에 의해서 표출되어지는 시각적 은유를 반영해 주며 말의 한계에서 벗어난 자유로운 표현이 된다. 그러나 행동과 집, 나무, 사람 사이의 은유적 의미는 그림이 각각의 종이에 그려졌을 경우에는 분명하게 나타나지 않는다.

인간을 이해하기 위해 그림을 이용한 것은 19세기 말부터이며, 대표적인 학자는 굿이너프(Goodenough, 1926)를 들 수 있다. 굿이너프(Goodenough, 1926)는 아동기에서 청소년기까지 규준이 되는 인물화의 발달과정을 연구했으며, 그림과 지능의 발달 관계를 규정했다. 후에 해리스(Harris, 1963)는 굿이너프(Goodenough)의 연구를 더욱 발전시켰다. 그리고 우리나라에서는 김재은· 여광응이 "인물화에 의한 간편지능검사"로 표준화작업을 하여 보급시켰으며 현재도 정신지체인의 지능검사에 유용하게 사용되고 있다.

1949년 맥코버(Machover)는 아동의 그림에 대한 임상적 해석 기준을 마련하여 '인물화에 의한 성격검사'의 기반을 마련하였으며, 벅(Buck, 1948)과 햄머(Hammer, 1969)는 집-나무-사람(House-Tree-Person)그림을 발달적, 투사적인 측면에서 연구했다. 또한 졸레스(Jolles, 1964)는 집, 나무, 그리고 사람에 대한 특성을 매우 상세하게 기술했다.

그리고 햄머(Hammer, 1971)는 투사적 그림의 임상적 적용을 더욱 폭넓게 확대시켰다.

여러 임상가들은 HTP를 임상에 적용시켜 사용해 왔으며, HTP의 임상적 유용성을 인정했지만, HTP의 임상적 가치의 제한점을 다음과 같은 세 가지로 지적하였다.

① HTP는 "정신 병리학적 상황에 있는 환자들로부터" 표준화된 것이다. HTP문헌들의 대부분이 '기질성 정신분열증' 등과 같은 정신 병리적 명명의 진단적 사용에 중점을 두었다.

② HTP에 대한 지시들은 각각의 종이에 집, 나무, 사람을 그리도록 했다. 따라서 각각 그려진 그림들은 행동이나 상호작용을 나타낼 수 없었다.

③ 본질적으로 프로이드 학파에 기초를 둔 HTP의 해석은 프로이드 학파의 정신분석학 내에서만 적합하도록 모든 자료와 상징들을 제한했다.

따라서 이러한 HTP의 단점을 보완하기 위해서 번즈(Burns)는 역동성을 부여하도록 동적 집-나무-사람(House-Tree-Person KHTP)기법을 발전시켰다. HTP에 역동성을 도입시킨 동적 집-나무-사람그림은 그림을 통해서 얻을 수 있는 정보의 양적 증가와 질적 향상을 가져왔다. 또한 KHTP의 해석에 있어서도 메슬로우(Maslow)의 발달적 관점을 도입하여 인간의 성장과 잠재력을 함께 고찰하고 이해하도록 하였다.

이상에서 살펴본 바와 같이, 앞으로 논의될 각각의 KHTP 그림은 자기 창조적인 시각적 은유와 줄거리를 우리에게 이야기 해준다. 이중, 언어적 은유는 다른 것들에 의해서 제한되어 사용되는 반면, 시각적 심상은 우리를 언어적 사고 이상의 넓은 세계로 데려다준다. 즉 한 장의 그림은 백 마디 말보다 낫다.

KHTP 연구는 희미하게 감지된 경험을 보다 분명히 느끼도록 해 준다.

뛰어난 정신분석가인 벅(Buck)은 나무 상징의 일반성에 일반적 인물상을 결합시켰고, 그리고 각 개인이 그의 생활의 힘을 보는 견해를 함축시킨 시각적 은유를 형성하는 형태를 만들었다.

번즈(Burns)의 KHTP는 HTP에 동적 차원을 가미시켜 형성한 것이다. KHTP는 KFD(Kinetic Family Drawing)와 KSD(Kinetic School Drawing)와 관계가 있다. KFD는 가족의 역동을 바탕으로 자신에 대한 시각적 은유를 부여해 준다. KSD는 학교생활을 바탕으로 하여 자신에 대한 시각적 은유를 부여해 준다. 이들 세 가지 역동적인 기법들에서 오는 정보를 결합시킴으로써 각각에 의해서 창조된 것보다 큰 시각적 은유를 우리에게 보여주게 된다.

몇몇 사람들은 그림을 그리는 사람의 기술에 달려있다고 말하지만, 4세 정도의 아동들은 KFD들에서 분명히 가족 역동성을 묘사할 수 있다는 것이 증명되어졌다(Burns, 1982). 따라서, 심한 운동장애를 가지고 있지 않고 4세 정도의 정신 연령을 가지고 있는 사람은 누구라도 의미 있는 동적 그림을 그릴 수 있다.

투사적 기법들을 분석하기 위한 발달적 접근은 아브라함 메슬로우(Abraham Maslow)와 같은 인본주의자의 연구에 의해 도움을 받았다(Chiang & Maslow,

1969). 만다라 같은 그림의 시각적 은유의 사용은 융(Jung, 1979)에 의해서 탐색되었고 토의되었다.

메슬로우(Maslow)와 융(Jung)은 내적 탐색을 위해 Kundalini Yoga의 차크라와 같은 동양적 사상 체계에서 영감을 얻었다. 차크라 발달적 체계는 메슬로우(Maslow)의 욕구 체계와 매우 유사하다. 그림 분석과 마찬가지로 대부분의 융(Jung)의 꿈 분석도 동양적 사고에서 영감을 얻었던 것이다(Coward, 1985).

투사적 기법들은 서양 학자들로 하여금 인간의 잠재력에 대한 내적 탐색에 공헌하도록 하고 있다. 상대적으로 폐쇄된 체계들이나 내적 탐색을 부인하는 체계들에 대한 집착은 투사의 사용과 이해를 방해해 왔다. 우리는 KHTP를 다음의 4가지의 목적을 가지고 소개하고자 한다.

① 자기, 가족 그리고 학교 에너지들의 기반속에서 개인들을 이해하는데 유용한 서로 관련되는 역동적 그림들, 즉 KHTP, KFD 그리고 KSD에 대한 상호 관련성을 좀 더 발달시키기 위해서이다.
② 개인과 가족 치료에서 인간을 이해하는데 있어서 KHTP의 유용성을 증명하기 위해서이다.
③ 투사적 기법들과 발달심리 사이에 하나의 다리를 제공하기 위해서이다.
④ 투사적 기법들과 동양적 사고 사이에 하나의 다리를 제공하기 위해서이다.

우리가 개인에게 영향을 주는 힘들에 대해 우리의 견해를 넓혀감에 따라서 다른 역동적 그림 기법들을 탐색할 수 있을 것이다(Knoff & Prout, 1985). 예를 들면 다음과 같은 것들이 있다.

(1) 동적 업화(KBD : Kinetic Business Drawing)

지시 : "당신의 상사, 둘 혹은 그 이상의 고용인 그리고 당신 자신이 무엇인가를 하고 있는 것을 그리시오. 사람은 전체를 그리되 만화 혹은 막대와 같은 사람을 그리지 마시오."

이 검사에서는 일본인과 미국인의 일에 대한 관점이 다른 것처럼, 문화적 배경을 잘 고려해야 한다. 사람이 수평적 차원으로 그려졌는가, 수직적 차원으로 그려졌는가를 봐야하고 "이 그림을 보고 어떤 이야기를 할 수 있겠습니까?" "당신은 여기에서 일하고 싶습니까?" 등에 대해 물어볼 수 있다.

(2) 동적 종교화(Kinetic Religions Drawing)

지시 : "당신의 목사(랍비, 수도사, 지도자 등), 두 명 혹은 그 이상의 신자와 당신 자신이 무엇인가를 하고 있는 그림을 그리시오. 만화나 막대와 같은 사람을 그리지 말고 사람 전체를 그리시오. 모두 무엇인가를 하고 있는 그림을 그리는 것을 명심하시오."

무슨 종교가 가장 희망을 갖게 하는 것으로 보여지는가? 가장 위협적으로 보이는가? 등을 물어볼 수 있다.

(3) 동적 정치화(KPD : Kinetic Political Drawing)

지시 : "당신의 대통령(수상, 인민위원, 왕 혹은 여왕 등), 두 명 혹은 그 이상의 시민들, 대상들, 동료들과 당신 자신을 포함해서 무엇인가를 하고 있는 그림을 그리시오. 만화나 막대와 같은 사람은 그리지 말고 사람 전체를 그리시오."

어떤 정치적 체계에 있는 사람들이 전체 사람, 막대기 같은 사람, 또는 얼굴 없는 사람을 더 많이 표현하는가? 그 중에서 지도자가 가장 큰가? 혹은 자신이 가장 큰가? 가장 자유로운가? 보다 덜 불안한가? 등을 살펴본다.

그러나 동적 사업화, 동적 종교화, 동적 정치화 같은 부분에서는 아직도 연구가 이뤄지지 않고 있다. 앞으로 이러한 분야에 대해서 보다 깊이 있는 연구가 필요하다.

2. 실시방법

각각의 집, 나무, 사람을 보고도 어느 정도의 정보를 얻을 수는 있지만 한 장의 종이 위에 집, 나무, 사람을 그리게 함으로써 집, 나무, 사람을 서로 비교하면 내담자에 대한 더 많은 정보를 얻을 수 있다.

1) 검사도구

- 준비물 : A4용지 1장, 4B연필, 지우개

2) 실시방법

"이 종이 위에 집, 나무 그리고 어떤 행동을 하는 사람의 전체 모습을 그리세요. 사람의 전체 모습을 그릴 때 만화 혹은 막대기와 같은 모양의 사람은 그리지 마세요."

만약 피검자에게 위와 같이 지시를 했음에도 불구하고 만화나 막대 인물상을 그릴 경우 다시 한 번 그리게 하는 것이 좋다. 그러나 다시 한 번 그리게 하였을 경우에도 역시 만화적으로 그리거나 막대형의 그림, 또는 추상적인 그림일 경우에는 HTP에서와 마찬가지로 해석적인 유의미성을 지닌다고 할 수 있다. 즉, 검사에 대한 거부감이나 저항의 표시일 수 있다.

▶ KHTP 분석시 고려해야 할 사항

첫째, 검사자가 KHTP를 분석 할 때 가장 먼저 고려해야 할 점은 그림에 대한 전체적인 느낌들이다. 그 그림은 무엇을 이야기 하는가? 당신의 첫째 느낌은 무엇인가? 당신은 무엇과 누구를 보는가? 당신은 무슨 일이 일어나고 있다고 생각하는가? 그 그림은 따뜻한가? 차가운가?

둘째, 집, 나무, 사람의 각각의 그림에서는 어떤 느낌을 받는가를 살펴보아야 한다. 집은 적대적인 세계로부터 숨을 수 있는 안전한 장소로써 묘사되어 있는가? 집은 신체 상징들에 대한 묘사인가? 집은 성공함과 부유함을 나타내는가? 맨션인가? 집이 가정으로 보이는가? 어떤 가족이 살고 있는 듯이 보이는가? 그 집은 당신이 살고 싶은 가정인가?

사람이 공격적이거나 적대적으로 보이는가? 사람이 멍청해 보이거나 맥이 빠져 있거나 혹은 풀이 죽어 있는가? 사람이 활기가 있어 보이는가? 사람이 매력적으로 보이는가? 사람이 슬퍼 보이는가? 신체의 어떤 부분이 숨겨져 있거나 혹은 생략되어 있는가? 사람은 중요하거나 성공한 사람으로 보이는가? 사람은 야만적인가? 사람이 온정적이고 양육적으로 보이는 사람인가? 사람이 유쾌하며 활기차 보이는 사람인가? 당신이 좋아할 수 있는 사람인가?

나무는 죽었는가? 살아 있는가? 나무가 위협받고 있는 듯이 보이거나 또는 적대적으로 보이는가? 나무가 약하거나 부러져 있는가? 성적 특성이 있는가? 나무가 연속적인가? 혹은 절단되는가? 가지들이 위로 향해 있는가? 아래로 향해 있는가? 줄기의 꼭대기가 점점 가늘어지는가? 혹은 넓게 펴져 있는가? 나무가 생명력이 있어 보이는가? 없어 보이는가? 나무가 방어적으로 보이는가? 양육적으로 보이는가? 행복해 보이는가? 슬퍼 보이는가?

나무는 균형이 잡혀 있는가? 나무가 너무 완전하게 그려져 있는가? 나무가 잘려있거나 상해 있는가? 줄기에 옹이 구멍들이나 상처가 있는가? 나무가 집을 향해 기울어져 있는가? 집에서 멀리 떨어져 있는가? 나무가 집을 보호하는가? 사람을 보호하는가? 만일 당신이 나무라면 당신은 여기 그려져 있는 나무이고 싶은가?

셋째, KHTP에서 가장 큰 영향력(크기, 운동, 압력)을 나타내고 있는 것은 무엇인가? 집인가? 나무인가? 사람인가?

넷째, KHTP에서의 거리와 배치는 어떠한가를 살펴보아야 한다. 집 다음에 무엇이 있는가? 나무는 집과 사람에게서 멀리 떨어져 있는가? 나무에 사람이 있는가? 집안에 사람이 있는가? 집과 나무가 밀착되어 있는가? 집, 나무, 혹은 사람의 상대적 크기는 어떠한가? 사람은 나무와 상호작용하고 있는가? 집과 상호작용하고 있는가? 긍정적 상호작용인가? 부정적인가? 태양이나 달이 집, 나무 혹은 사람 위에 그려져 있는가?

다섯째, 그림의 양식은? 도화지의 하단에 일렬로 나타나 있는가? 상단에 일렬로 있는가? 구분되어 나눠져 있는가? 가장자리에 그림들이 그려져 있는가? 조감도인가? 포위되어져 있는가?

또한 어떤 상징들이 나타나 있는가? KHTP의 행동, 양식, 그리고 상징들은 KFD와 KSD와 같은 동적 그림기법에 있어서의 행동, 양식, 그리고 상징들과 어느 정도 관련성이 있는가?

3. 밀착부분에 대한 점수 기입

밀착부분의 유무를 다음의 표에 기록하시오.

표 5-1 • 밀착

밀 착	유 무
H – T	
H – P	
P – T	
H – T – P	
아무것도 밀착되어 있지 않음	

표 5-2 • 자기상 이외의 인물들에 대한 점수 기입

숭배하지 않는 사람	
부 모	
친 구	
우 상	
친 척	
모르는 사람	
기 타	

표 5-3 • 덧붙인 인물들에 대한 점수 기입

죽은 사람	
아 동	
부 모	
친 구	
우 상	
친 척	
모르는 사람	
기 타	

4. KHTP에서 그리는 순서

일부 사람들은 지시에 따라서 열을 지어 집, 나무, 그리고 사람을 그린다. 그러나 대부분의 사람들은 KHTP에 그들 나름대로의 순서로 그림을 그릴 것이다. 여기에 순서가 무엇을 뜻하는가에 대한 몇 가지 가정이 있다.

1) 나무를 가장 먼저 그리는 경우

나무를 가장 먼저 그리는 사람은 생활 에너지와 성장을 가장 중요하게 생각한다. 이것은 성장하려고 하는 사람이나 살아있는 전형적인 사람들의 유형이다. 그러나 때로는 자살하고 싶은 충동을 가진 사람 혹은 "살려는 의지"를 잃어버린 사람들도 종종 나무를 먼저 그린다. "위로 향하고자, 즉 성장하고자" 하는 사람들 또한 나무를 먼저 그린다. 물론, 해석을 가치 있게 하려면 전체 KHTP의 부분으로서 나무를 보아야 한다. 나무가 밀착되어 있는가? 죽었는가? 어느 쪽을 향해 굽어있는가? 이와 같은 정보는 '의미'를 보다 분명하게 해준다.

2) 집을 먼저 그린 경우

KHTP에서 집을 먼저 그리는 것은 다음의 것을 나타낼 수 있다.

① 세상에 소속되고자 하는 욕구 : 생존을 위한 욕구
② 신체에 소속되고자 하는 욕구 : 신체 욕구 혹은 강박 관념을 나타낼 수 있음.
③ 사회에 소속되고자 하는 욕구 : 집은 성공이나 혹은 성공에 대한 멸시를 보여줌.
④ 양육을 위한 가정
⑤ 양육을 주고받기 위한 가정 : 창조적이고 즐거운 장소

3) 사람을 먼저 그린 경우

사람을 먼저 그리는 것은 다음과 같은 것을 나타낸다.

① 세상에 대한 소속감의 통제와 관련된 관심
② 신체를 드러내거나 혹은 숨김
③ '성공'을 보여주거나 혹은 '성공'에 대한 경멸
④ 양육적인 사람
⑤ 즐겁게 주고받는 사람
⑥ 만일 자신이외의 사람을 그린다면 그것은 특별한 사람, 예를 들면 죽은 가족성원, 사랑하는 사람, 증오하는 사람, 영웅 혹은 영웅적이지 못한 인물에 사로잡혀 있다는 것을 반영할 것임.

5. KHTP에서 그림의 양식에 대한 해석

투사적 그림들에서의 양식들은 번즈(Burns)와 카우프만(Kaufman, 1972)에 의해서 처음으로 상세히 설명되어졌다. 최근에 Burns(1982), Knoff와 Prout(1985) 등이 동적 그림들 가운데서 이 양식들에 관한 것들을 보다 자세히 설명해 주었다.

다른 동적 그림 기법체계(KFD와 KSD)에서 뿐만 아니라 KHTP에서도 보여지는 몇가지 기본 양식들이 있다.

1) KHTP에서 나타나는 양식들

(1) 밀착(둘 혹은 두 개 이상의 그림들)

공생적 관계는 그림 그린 사람이 보통 성장을 방해하는 뒤얽힌 인생의 두가지 면을 가지고 있는 경우에 종종 발견된다.

(2) 밀착(3개의 그림 모두)

그림 그린 사람이 성장을 방해하는 복잡한 그물 같은 망에 걸려 있다고 생각하는 경우 그림에서 종종 자주 발견된다. "인생이 너무 복잡하다"는 뜻. 단순화가 필요하다.

(3) 조감도

이것은 KHTP 전체에서는 상대적으로 드문 양식이지만 사람이나 집과 같은 개별적인 그림들에서 보여 질 수 있다. 이 양식은 거리에 비례하여 불안을 반영하고 로-샤와 같은 기법들에서 보여지는 깊이 반응들과 유사하다(Burns, 1982).

(4) 구분화

그림에 있어서 하나 혹은 둘 이상의 직선들을 사용하여 그림들을 의도적으로 분리시키는 특징이 있다. 예를 들면 : 집안에 있는 사람.

- 사람들은 고립을 시도하고 구분화를 통해서 다른 사람들로부터 그들 자신, 그리고 그들의 감정들을 철회함(Burns, 1982 : Burns & Kaufman, 1970, 1972 : Reynolds, 1978).
- 다른 사람들에 의한 거부감이나 타인들에 대한 두려움(Burns & Kaufman, 1970, 1972 : Reynolds, 1978)
- 중요한 감정들에 대한 거부나 혹은 의미 있는 감정들을 수용하기 어려움(Burns & Kaufman, 1970, 1972 : Reynolds, 1978).
- 개방적으로 의사소통을 할 수 없음(Reynolds, 1972).
- 나이 어린 소년들은 나이 든 소년들보다 적게 구분화 하는 경향이 있음(Meyer, 1978).

(5) 가장자리

도화지의 두 군데 혹은 그 이상으로 가장자리에 그려진 모든 그림들로 기술되는 양식(예를 들면, 검사지 각 테두리를 밑면으로 혹은 윗면으로 생각하고 그림)

- 직접적인 상호작용이나 개입없는 수동적 욕구(Burns& Kaufman, 1972)
- 문제나 토론의 주변에서 머물고, 보다 친밀하거나, 보다 깊은 수준에 관련되는 것을 저항하는 방어적인 사람(Burns & Kaufman, 1972 : Reynolds, 1978)

(6) 포위

하나 혹은 그 이상의 그림들이(그러나 전부는 아니고) 대상을 둘러싸는 선들에 의해서 에워싸이게 될 때(예를 들면 줄넘기 줄, 혹은 집, 혹은 도화지의 가로로 뻗어있지 않은 선들에 의한 것) 존재한다.

- 위협하는 개인들을 고립시키거나 제거할 필요가 있을 때 사용됨.

(7) 도화지 상단에서 잘려지는 대상

가장 많이 그려지는 것은 나무이다. 힘이나 우월에 대한 갈망과 관련된다. 또한 현실적인 것을 싫어하는 환상적인 사람의 경우에 많다.

(8) 도화지 하단에서 잘려지는 대상

사람이 가장 많이 그려진다. 현실적이거나 소속되고자 하는 갈망과 관련된다. 또한 신체부분을 숨기고자 하는 사람의 경우에 보여진다. 종종 죄의식이나 열등감과 관련되어진다.

(9) 도화지 하단에 줄지어져 있는 그물눈의 음영 넣기

매우 불안정한 가족과 안정에 대한 갈망을 가리킨다(Burns & Kaufman, 1970, 1972).

(10) 위쪽에 줄지어 있는 것

그림의 꼭대기 부분에 그려진 선들 또한 폭풍우를 실은 구름을 포함한다.

- 격심한 불안 혹은 만연된 걱정이나 두려움(Burns & Kaufman, 1972, Reynolds, 1978).

- 정서적으로 혼란된 소년들은 정서적으로 안정된 소년들보다 상단에 줄지어 그린다(Burns & Kaufman, 1972 : Meyer, 1978).

(11) 도화지 하단의 지면선

- 강한 기초나 안정감을 필요로 하는 불안정한 가족들과, 스트레스를 받고 있는 사람들의 특징(Burns & Kaufman, 1970, 1972 : Klepsch &Logie, 1982 : Reynolds, 1978)
- 정서적으로 혼란된 소년들의 경우 정서적으로 안정된 소년들에게서 보다 더욱 자주 발견된다(Burns & Kaufman, 1972).

(12) 개별적 그림들의 지면선

집 아래의 선들이나 혹은 음영, 나무나 사람은 보통 그리는 사람의 생활에 대한 이런 관점을 안정시키기 위한 시도를 나타낸다.

(13) 시작한 그림을 거부하고 전체 그림을 다시 그리는 것

사람은 첫 번째 그림의 내용이나 역동성으로 인해 위협을 받게 되면 '보다 안전한' 두 번째 그림을 다시 그린다(Burns & Kaufman, 1972).

2) 나무 그림의 양식들

에너지의 흐름 : 손으로 그리거나 다른 투사적 그림 기법들에서처럼 사람들은 나무들을 그리는 것에서 그들의 특성을 드러낸다. 다음의 몇 가지 일반적 양식들은 매우 흔히 볼 수 있다.

〈가지들〉

원운동

생활에서 '어디에도 갈 곳이 없는' 사람들과 관련된다. 그들은 어느 방향으로도 정해지는 것이 아니고 그들의 생활처럼 '뱅뱅돌아'간다. 매우 흔한 양식이다.

아래로 향한 운동

과거로 에너지를 옮기는 사람과 관련된다. 고착, 외상들, 끝내지 못한 일, 좋았던 옛날에 대한 갈망등은 이 양식을 사용하는 사람들의 특색이다.

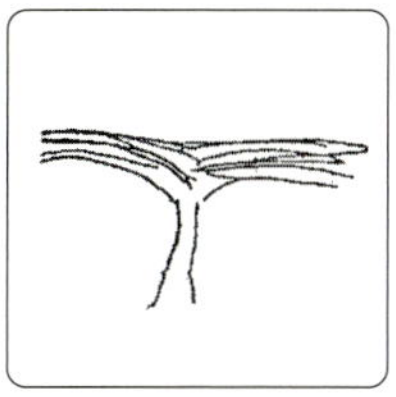

수평적 움직임

다른 사람들에 대해서 양육적이고 보호적이며 '접촉하려는' 사람들과 관련된다.

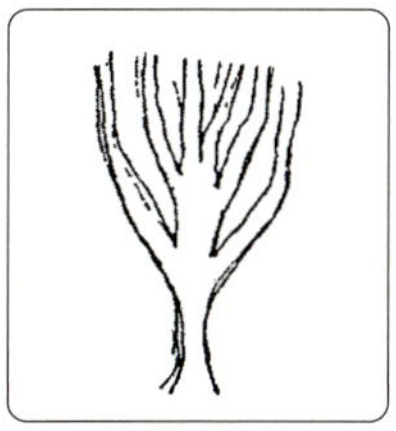

위로 향한 운동

'위로 향한 운동'에 대한 가능성을 신장시키고 탐색하고 있는 사람들과 관련된다.

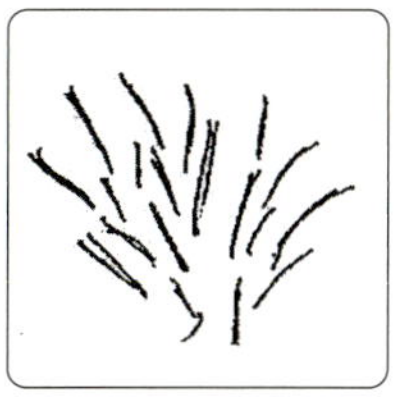

조각난 가지들

아이디어를 가지고는 있지만 그것을 실행하지 못하는 사람들과 관련된다. '너무 많은 방법들로는 아무것도 완성하지 못한다'

부러진 가지들

자신의 노력이 방해받았거나 좌절되었고 달성의 희망이 없다고 느끼는 사람들과 관계있다.

밖과 위로 향하는
길과 같은 가지들

명확한 계획을 가지고 있으며 보통 그들이 시작한 것을 끝내는 사람들과 관련있다.

엄격하게 좌우대칭을 이루고 있는 가지들

통제를 위한 강박적인 요구를 나타냄. 특히 집을 향해 있는 좌우비대칭은 가족이나, 안정에 대한 관심, 애착을 나타낼 수도 있다. 집에서 멀리 떨어진 것은 가족들의 접촉에서 멀리 떨어져 독립적으로 성장한 경우를 나타내는 경우도 있다.

〈줄기들〉

한점으로 좁아지는 것

'신경쇠약'과 관련된다. 목표가 단 하나이며 하나의 '목표지향적' 사람. 그들이 꼭대기에 다다랐을 때 그들은 기대한 것을 발견하지 못하고 환멸과 실망을 한다. 또한 자살하고 싶은 충동을 느끼는 사람들에게서 보여진다.

꼭대기에서 확장되는 것

그들의 나이가 점점 들어가면서 그들의 관심들이 확장되고 보다 활기찬 생활을 하는 사람들과 관련된다. 만일 줄기가 꼭대기에서 넓어진 '통로'모양의 가지들이 있다면 그 같은 해석은 적절하다.

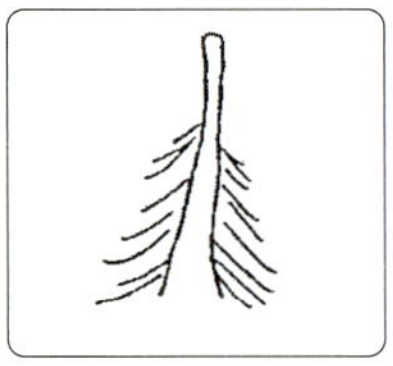

밑바닥 부분이 성장

우울하고 '아무것도 기대할 것이 없는' 퇴행적인 사람들과 관련된다.

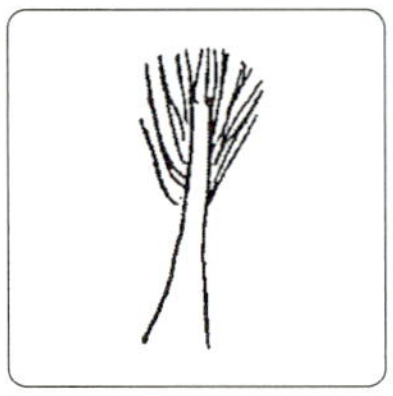

꼭대기에서의 작은 성장

미래에 대한 꿈을 가지고 있으며 과거나 현재에 거의 에너지를 쏟지 않는 사람들과 관련된다.

넓은 줄기

높은 에너지를 지닌 사람과 관련된다.

좁은 줄기

낮은 에너지와 종종 살아가려는 의지가 부족한 것과 관련된다.

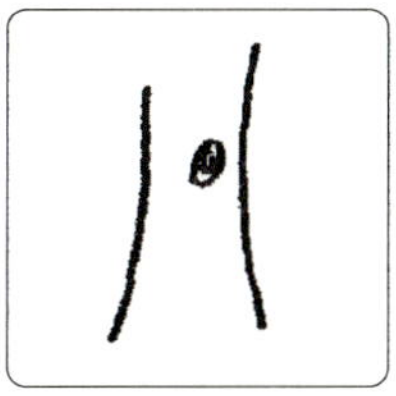

옹이 구멍들

옹이구멍은 그 발달 단계의 외상과 종종 관련된다. 극단적인 문제의 재해결에 대한 '혼란한'사고를 하는 이 단계에서 에너지가 발생한다. 예컨대 부모의 이혼 후에 그려진 아동의 나무에서 흔히 나타난다.

줄기가 없음

살려는 의지를 잃은, 우울한, 자살하고 싶은 충동을 가진 사람들에게서 보여진다. 그들의 수액은 흐르지않고 있다.

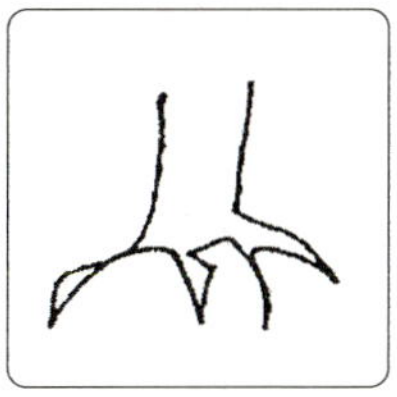

뿌리에 대한 강조

현재 그들이 누구인가를 확실하게 해주는 과거(뿌리)에 대해 파고드는 사람들과 관련된다.

〈잎들〉

커다란 잎들

의존성과 관계된다.

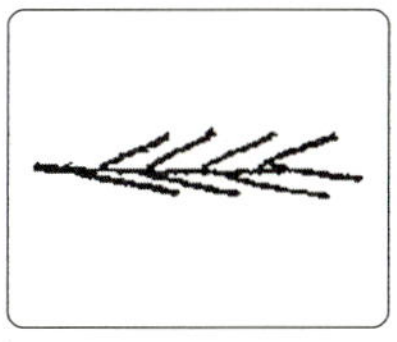

날카로운 잎들

비양육적인 예민한 사람과 관련된다.

손같은 잎들

'접촉하려는' 온정적인 사람들과 관련된다.

3) 집그림 양식들

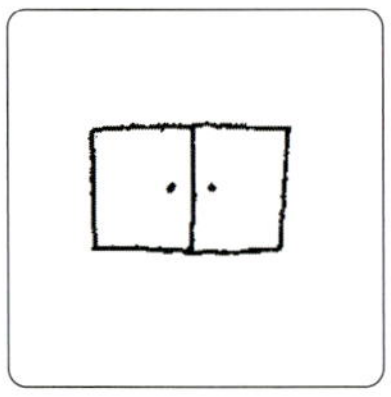

이중문

가정에서 이중의 역할을 좋아하는 사람들에 의해서 그려진다. 배우자를 구하거나 혹은 배우자를 지키려는 성인들의 경우에 흔하다.

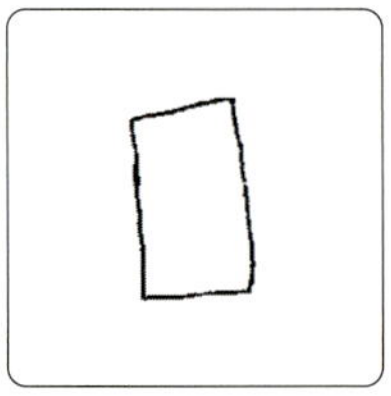

손잡이가 없는 문

사생활을 지키기를 원하며 자신의 공간이 침범당하는 것을 원하지 않는 사람들과 관계된다.

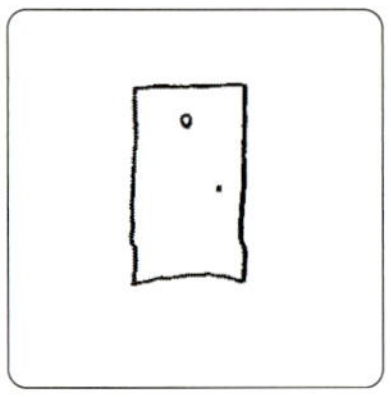

들여다 보는 구멍

신중하거나 의심이 많은 사람들에 의해 그려진다.

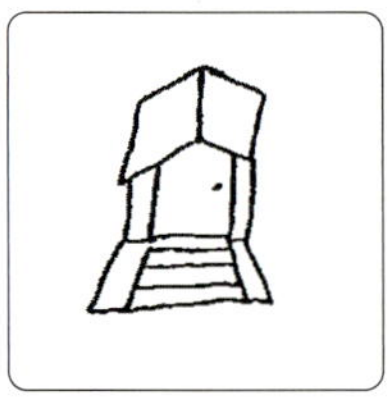

움푹 들어가거나 숨겨진 문

타인을 자신의 생활공간으로 들어오게 하는데 있어 신중한 사람과 관계있다. 타인을 신뢰하기 전에 '검사'하는 사람들이다.

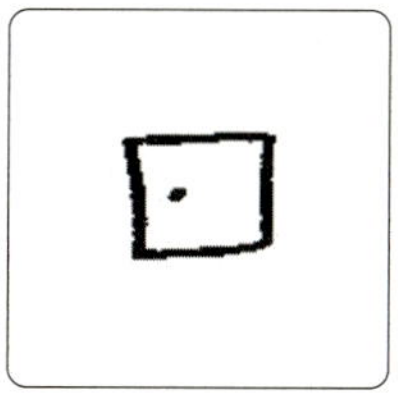

작은 문

자신의 생활공간에 타인이 들어오는 것을 원하는 척 하지만 실제로는 나가기를 원하는 사람과 관련된다.

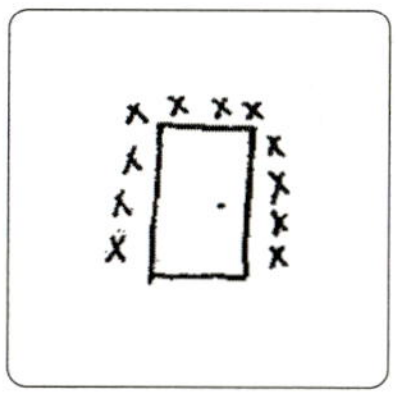

X표로 둘러싸인 문

자신의 생활 속으로 어떤 사람이 들어오도록 허용하는데 있어 커다란 어려움을 가지고 있는 사람과 관련된다. 특히 심적인 어려움을 가진 여성들의 경우에 보여진다.

〈창문〉

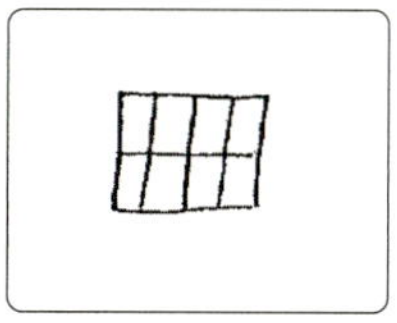

격자가 되어있는 창문

두 개 이상의 수직선과 수평선들이 창문에 나타나 있는 경우로 자신의 집이 안전하기를 원하거나 집을 감옥처럼 생각하는 사람들에 의해 그려진다.

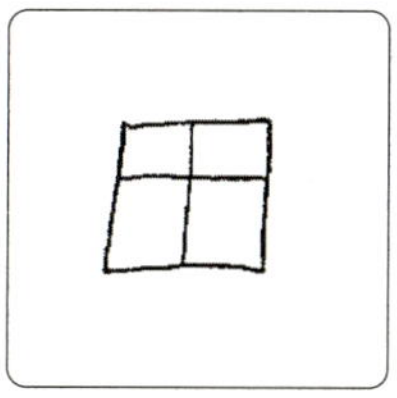

교차된 창

거의 의미를 가지고 있지 않은 흔한 양식, 종교적인 의미를 가지고 있을 수도 있다.

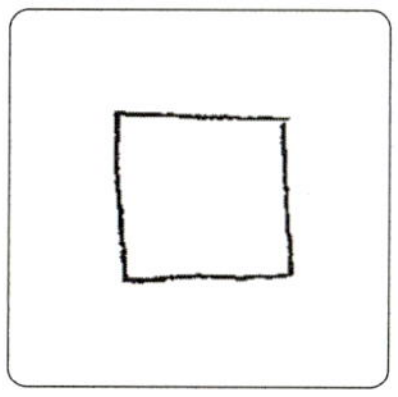

열린 창문

'텅 비었음'을 나타내는 경우에 그려진다.

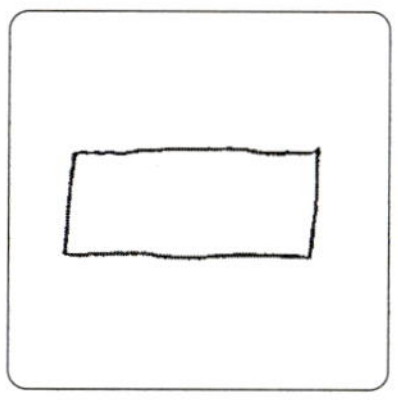

전망창

개방되기를 원하는 사람들에 의해서 그려진다. 전망창에서의 대상은 그리는 사람이 보고 있는것, 예를 들면 촛불, 식물 등의 의미가 될 것이다.

반원 혹은 원형의 창

여성, 신사 혹은 부드러운 사람들은 원형의 모양을 그린다.

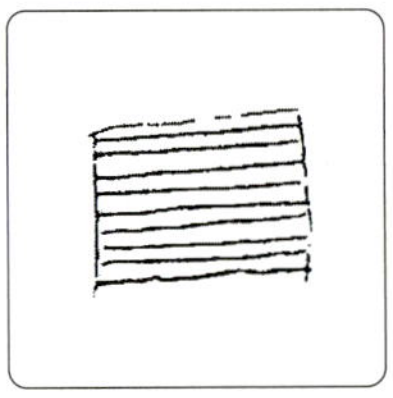

덧문

닫혀있다면 우울증과 관계 있다. 그리는 사람은 집에 빛을 차단하기 위해 그린다.

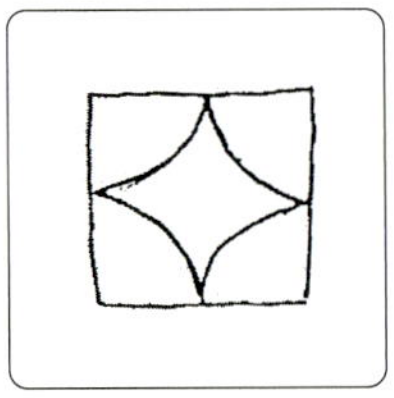

별모양의 창

대부분의 여성들이 이 모양의 창문을 그린다. 여성다움의 상징

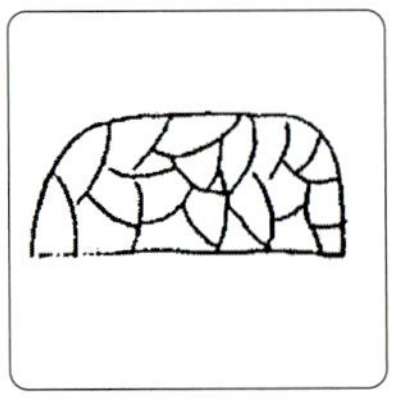

스테인드 글라스

오염되었거나 더럽혀졌다고 느끼는 사람들이 자주 그린다. 때때로 아름다운 분위기를 내려는 사람들에게서도 볼 수 있다.

6. KHTP에 대한 전체 상징들

다음은 KHTP에 나타나는 상징에 대한 해석들이다.

1) 고양이

어머니에 대한 양가감정(Burns & Kaufman, 1970, 1972). 고양이에 대한 몰두는 어머니나 여성과의 상호작용 동일시에 있어서 갈등이나 경쟁의 상징이다(Burns & Kaufman, 1972).

2) 광대

심각한 열등감을 갖고 있는 아동들이 나타내는 선입견(Burns & Kaufman). 가족 가운데서 가족을 '위로하기 위한', 격려되어져야 하는 가족에 있어서 우울증이나 병력을 나타내는 사람에게서 종종 보여진다.

3) 구름

'불안이 사람의 머리 위에 걸려있는' 어떤 것이다. 구름의 수는 가족의 수 혹은 사랑의 삼각관계에 있는 사람의 수와 관계된다.

4) 구유

가족 사이에서 (새로운)형제에 대한 질투를 나타낸다(Burns & Kaufman, 1972).

5) 그림자(음영)

특정한 그림에 그려져서 불안이나 "암울한 기분"을 나타낸다. 이것은 구름으로 상징되어지는 "왠지 모르는" 불안과 현저하게 다르다.

6) 기차

보통 소년들이 그림에서 과장하거나 강조하고자 할 때, 힘에 대한 욕구나 인식을 상징한다(Burns & Kaufman, 1972).

7) 꽃

아름다움에 대한 사랑, 사랑과 아름다움의 추구/욕구를 표현한다. 허리 아래 부분에 그려진 꽃은 여성과의 동일시를 나타낸다(Burns & Kaufman, 1972).

8) 나비

도피적인 사랑과 아름다움을 추구하는 것과 관련된다(Burns & Kaufman, 1972).

9) 난로

양육 및 구강적 욕구와 관련된다(Burns & Kaufman, 1972).

10) 냉장고

박탈과 박탈에 대한 우울증과 관련된다(Burns & Kaufman, 1972).

11) 너무 크거나 정교한 단추

의존성이나, 충족되지 않은 욕구와 관련된다. 양육적인 면을 기대하는 사람이 그릴 것이다(Burns& Kaufman, 1972).

12) 눈(그리고 다른 "차가운" 상징들)

우울증 및 자살과 관계된다(Burns & Kaufman, 1972).

13) 눈사람

정서적인 박탈과 관련된다.

14) 달

우울증과 관련된다(Burns, 1982).

15) 램프

사랑, 온정, 혹은 성적인 문제들과 관련된다(Burns & Kaufman, 1972).

16) 말

흔히 소녀들이 그린다(Burns & Kaufman, 1970).

17) 멈춤표시(또한 "출입금지" 표시)

충동 통제에 대한 시도(Burns & Kaufman, 1972)

18) 물 주제(물과 관련된 대상들의 형태. 예를 들면, 못, 풀장, 바다 등)

환상적 사고 활동(Burns & Kaufman, 1972). 심각한 우울증에 경향들과 관련된다(Burns & Kaufman, 1972).

19) 물에 떠있는 그림

종종 물에 떠 있는 그림은 우울증에 빠져 있거나, 우울증 경향을 가지고 있다(Burns & Kaufman, 1972).

20) 뱀 : 성적 긴장을 나타내는 남성의 상징(Burns & Kaufman, 1972)

아동들의 경우 요충을 제거해 주는 것이 필요하다(Burns & Kaufman, 1972).

21) 벌

박탈(신체적 혹은 정서적)과 관련된다(Burns & Kaufman, 1972).

22) 북

아동이 개방적으로 표현하는데 가진 어려움을 치환시킨 분노의 상징과 관련된다(Burns & Kaufman, 1972).

23) 불 주제

종종 분노와 온정에 대한 욕구와 관련된다(Burns & Kaufman, 1972).

24) 불타고 있는 잎

충족되지 못한 의존적 욕구 그리고 그 결과로서 생겨난 분노 혹은 양가감정을 나타낸다(Burns & Kaufman, 1972).

25) 비

우울증의 성향과 관련된다(Burns & Kaufman, 1972).

26) 빗자루

가족의 청결을 강조하는 인물을 나타내는 최근의 상징(Burns & Kaufman, 1972)

27) 사다리

긴장과 불확실한 균형과 관련되어진다. 사다리와 인물들 사이가 가까운 것은 중요한 관계나 혹은 상호작용을 말하고 있다(Burns & Kaufman, 1972).

28) 새

자유를 추구하거나 도피를 하려할 때 혹은 위로 성상하려는 경우에 흔하다. 새 둥지는 보금자리의 안전을 열망하는 퇴행된 사람의 경우에 흔하다.

29) 수집된 잎들

부모나 혹은 중요한 다른 사람들로부터 온정이나 양육 혹은 사랑을 수집함을 의미한다(Burns & Kaufman, 1972).

30) 숫자

종종 동적 그림에서 대상의 수는 그림 그리는 사람을 탐색할 수 있는 의미를 갖고 있다. 흔한 상징으로. 예를 들면, 이혼중인 가정의 아동들이 그린 그림에서 4개의 구름은 가족 가운데서 4사람의 불안한 사람들을 상징한다. 꽃들은 때때로 가족 구성원을 나타낸다.

31) 쓰레기

새로운 형제의 탄생에 대해 당황한 아동들이 그린 그림에서 종종 발견되어진다(Burns & Kaufman, 1972). 종종 질투 때문에 퇴행적이거나 경쟁적인 행동을 나타낸다(Burns & Kaufman, 1972). 그것은 (보다 어린)형제들에 대한 경쟁의식이나 양가감정에 대한 심각한 죄의식과 관련된다(Burns 1982).

32) 쓰레기를 집어내는 인물들

가족들의 존재 가운데서 원하지 않는 지저분한 부분(사람 혹은 사람들)들을 집어내고자 하는 소망과 관련되어진다(Burns&Kaufman, 1972).

33) 연(때때로 풍선들)

구속하는 가족 환경에서 도망가고 싶은 갈망(Burns & Kaufman). 사람이 자신의 연을 날리며 다른 사람에게 근접해 있는 그림은 구속되거나 벌을 받고 있는 것으로 개인이 인식하고 있다는 것을 말한다(Burns & Kaufman, 1972).

34) 열(예를 들면, 태양, 불), 빛(예를 들면, 백열전구, 램프, 투광조명 등), 따뜻함(예를 들면, 다리미질, 햇살)

온정과 사랑에 몰두하거나 온정과 사랑에 대한 욕구를 보여준다(Burns, 1982 : Burns & Kaufman, 1972).

35) 오토바이

힘, 우월성과 관련된다(Burns, 1982).

36) 원

환상적인 그림이나 사물에 대한 몰두. 정신분열증적 성격을 나타낸다(Burns & Kaufman, 1972).

37) 위험한 물건들

위험한 물건들이 많이 있는 것, 예를 들면, 망치, 칼 등은 분노(사람을 가르키고 있을 때)나 혹은 수동적 공격적 분노(간접적으로 사람을 가르킬 때)를 나타낸다(Burns, 1982 ; Burns & Kaufman, 1972).

38) 잎들

의존성과 관련되어질 때; 양육의 원천에 집착하는 경우를 상징한다(Burns & Kaufman, 1972 ; Burns, 1982).

39) 자전거

보통의 아동들이 묘사하는 활동이며 너무 강조되었을 경우는 아동의(보통소년의)남자답기 위한 노력을 반영한다(Burns & Kaufman, 1972).

40) 잔디깍는 기계(때때로 자귀, 도끼, 날카로운 도구)

소년들의 그림에서, 보통 아버지와의 경쟁과 동시에 거세의 두려움을 나타내는 상징의 주제이다(Burns & Kaufman, 1972).

자화상에 관련될 때 : 경쟁심, 지배욕, 통제의 시도(Burns & Kaufman, 1970, 1972). 지배적인 역할에 대한 욕구 충족(Burns & Kaufman, 1972).

다른 인물과 관련될 때 : 우월한 존재에 대한 두려움 혹은 공포심이나 경쟁심(Burns & Kaufman, 1972).

41) 전기

사람의 생각을 왜곡하거나 독점하고 있는 온정, 사람, 힘에 대한 큰 욕구(Burns & Kaufman, 1972; Reynold, 1978). 힘과 통제에 대한 욕구를 나타낸다(Burns & Kaufman, 1972)

42) 줄넘기를 하고 있는 (자기 이외의)인물

그 사람에 대한 심각한 경쟁의식이나, 질투를 나타냄(Burns & Kaufman, 1972)

43) 줄넘기의 줄

그림에서 중요한 심리적 상호작용들/문제에서 다른 사람들로부터의 방어(Burns & Kaufman, 1972)

44) 진공청소기

그 자체로 구강적 박탈 혹은 충족되지 않은 의존적 욕구의 경험을 지니고 있는 아동과 관련된다.; 그 자체로 장(腸)의 상징(intestinal symbol) (Burns & Kaufman, 1970).

- 힘과 통제의 상징 : 진공청소기를 사용하는 어머니는 힘이 있거나 통제력 있는 인물로써 보여진다(Burns & Kaufman, 1972).

45) 침대

침대를 그린 것은 상대적으로 드물며 성적인 것이나 우울증적인 주제와 관련된다(Burns & Kaufman, 1972).

46) 태양

고정 관념에 따라 그림을 그리는 어린 아동들의 그림에서 종종 보여지며 진단적 중요성이 거의 없다(Burns & Kaufman, 1972). 성인의 그림에서는, 온정에 대한 욕구 혹은 주장을 말한다.

47) 태양을 향해 기울어져 있는 인물들

수용과 온정에 대한 욕구(Burns & Kaufman, 1972). 태양에서 보다 멀리 떨어져서 그려진 인물, 태양에서 먼 쪽으로 기울어져 있거나 혹은 멀리 떨어져서 태양을 보고 있는 인물들은 거부감을 나타낸다(Burns & Kaufman, 1972).

48) 통나무

지나친 남성미의 추구 혹은 남성미를 갖추려는 노력과 관계있다(Burns & Kaufman, 1972).

49) 페인트 붓

종종 손의 확장, 그리고 고통을 주는 인물과 관련된다(Burns & Kaufman, 1972).

50) 풍선

우월의 상징, 지배나 도피에 대한 갈망과 관련된다(Burns, 1982).

51) 흐려진 태양

우울증과 관련있다(Burns & Kaufman, 1972).

52) "×"표 증후군(음영이나 선의 강화를 통해서 ×표를 대상 속에 끼워 넣으며 그리고 그림 속에서 누군가와 관련되는 대상에 그려 넣는다)

(1) 강한 성적인 충동들을 통제하려는 시도/욕구(Burns & Kaufman, 1970 : Reynold, 1978).

(2) 강한 의식 또는 초자아의 존재(Burns & Kaufman, 1972)

(3) "×"표를 한 곳은 갈등의 상황 속에서 힘과 반대되는 힘을 정의/규명할 수 있을 것이다(Burns & Kaufman, 1972 : Reynold, 1978).

(4) 그림을 그린 사람이 양가감정을 느끼고 있는 개인들을 규명할 수 있을 것이다(Burns & Kaufman, 1972).

(5) 공격적 경향들을 통제할 필요가 있다(Burns, 1982).

chapter

6

아동미술치료 ●●●

색채에 의한 성격진단

아동화의 색채에 대한 연구는 많은 학자들에 의해 시도되었다. 대표적인 것으로는 램케(Lembke), 리이드(Read, H), 나폴리(Napoli), 아슐러(Alschuler, R. H), 블레이크(Blake, W), 해트윅(Hittwick, L. K)과 같은 연구가들이 아동화에 나타난 색채를 심리학적 바탕에서 분석하고 판단하였다.

1. 알슐러·해트윅(Alschuler and Hattwick)의 연구

1) 색채의 사용방법

아동의 그림 속에서, 아동의 정서 생활이나 그 표출(表出)의 강도를 특히 잘 반영하는 것이 색채이다. 그림 속에 나타나고 있는 특징적인 색채는 그 때의 아동의 강한 정서와 거의 일치한다.

충동적인 아동은 색채에 강한 흥미를 보인다. 충동적이고, 정서적인 생활에서부터 비교적 자기 통제가 잘 된 생활로 옮아감에 따라, 즉 적응행동으로 변화해감에 따라 색채에 대한 흥미가 줄어든다.

남아에 비해서 여아들이 색채에 관한 흥미가 강하고 또 오래 지속된다. 색채에 관심이 있는 아동에 비해서 형(形)에 더 많은 관심을 보이는 아동은, 자기방어를 하려는 경향이 더 강하게 나타난다는 것이다. 따라서 색채는 감정과 관계가 깊다.

따뜻한 색과 차가운 색 아동들은 따뜻한 색(溫色) 즉, 빨강, 노랑, 오렌지 등을 즐겨 사용하는 아동들과, 차가운 색(冷色) 즉 파랑, 청록, 검정, 초록 등을 즐겨 사용하는 아동들로 구별할 수가 있다.

따뜻한 색을 즐겨 쓰는 아동들은, 일반적으로 자유로운 감정적인 행동, 따뜻한 애정적인 관계나, 이 나이의 아동들에게 어울리는 자기중심적인 태도를 가진 아동들이다. 이들의 두드러진 행동을 보면, 다른 사람에 대해서는 동정적이며, 다른 사람의 애정에 기대며, 놀이에서는 협동적이며, 잘 적응하고 있다는 말로 성격을 묘사할 수가 있다.

차가운 색을 즐겨 쓰는 아동들은, 일반적으로 고도로 자기 스스로 자제하는 경향이 있으며, 지나칠 정도로 순응되어 있는 경향이 있다. 그들은 비판적이고, 자기주장이 강하거나, 또는 다른 사람에 대해서 솔직히 털어 놓지를 않는 타입이다.

이들의 두드러진 행동은, 계획을 세워서 행동하며, 지적인 일에 흥미를 가지고 있으며, 다른 사람에 대해서 공격적이며, 확고한 의지를 가지고 있음을 보여주며, 이기적이며, 혼자서 놀고, 성인에게 대해서 관심이 적으며, 또 성인에게 의지하지도 않는 성격 특징을 가지고 있는 것으로 묘사할 수 있다.

빨강을 선호하는 아동 이 아동들은 대체로 따뜻한 색을 좋아하는 아동들과 비슷한 행동경향을 보인다. 비교적 자유로이 느낀 대로 표현하고 행동한다. 일방적으로 사회적 규범 같은 것은 그리 마음에 두지 않고, 연령에 어울리는 건전한 적응을 보이고 있다. 이런 아동들은 〈성인이나 친구들과 사이가 좋다〉, 〈잘 협동해서 논다〉, 〈일반적으로 좋은 적응을 보인다〉던가 하는 행동적 특징을 들 수가 있다.

그러나 일반적으로 언제나 빨강은 행복한 적응상태를 보여주는 것이라고 말 할 수는 없다. 크레용의 사용법을 스트로크(strokes)라고 말하는데 빨강을 써서 둥글둥글한 스트로크 그림을 그리는 경우에는, 애정이나 기분이 좋은 상태를 말하는 것이나, 수직이나 수평방향으로 직선적으로 쭉 뻗게 그린 무거운 스트로크나, 길고 폭이 넓은 스트로크로 덮는 경우나, 다른 색 위에 겹쳐서 빨강을 덧칠한 경우들의 빨강은 자기주장을 나타내는 것으로 볼 수도 있다. 결국 빨강은 애정에 관한 각종의 감정을 표현하는데 사용되어지며, 스트로크의 상태에 의해서 애정에 찬 행복한 상태에 있을 때와, 기쁨에 찬 격한 심리상태일 때에 나타나는 두 가지 비교적 상반된 경향이 있음을 주의해야 한다.

파랑을 선호하는 아동 파랑은 불안이나 공포심을 품고 있을 때 잘 나타난다. 파랑은 어떻게 쓰느냐에 따라 두 가지 그룹으로 나누어진다. 한 쪽 그룹은, 기본적으로 받아들일 수 없는 외적 규범(즉 명령, 금지, 규칙 등)에 일단 어울리는 행동을 보이는 아동들이 있다. 이 아동들은, 파랑을 긴장된 날카로운 스트로크로 사용하거나 아니면, 집중적인 물감의 덩어리을 사용하는 경우가 많은 데 이것을 매스(masses)라고 표현한다. 이 경우는 〈통제된 불안〉을 나타내는 것이라 볼 수 있다. 또 다른 한 그룹은, 외적인 규범에 맞는 행동을 보여주며, 분명히 그들 규범을 받아들이는데 별로 어려움 같은 것이 없다는 기분을 표현한다. 성격적으로는 명랑하고 활동적이며, 적응활동을 보이는 일이 많다.

즉, 파랑은 아동들이 〈성인들의 규준에 맞추려고 한다〉, 〈더 크고 싶다〉, 는 욕구를 나타내며, 노랑은 이와 반대로 〈성인들의 규범에 맞추고 싶지 않다〉, 〈좀 더 어린 아이이고 싶다〉라는 욕망을 나타낸다. 파랑이 노랑 위에 칠해질 경우에는, 이 아동은 좀 더 컸으면 하는 욕망을 나타내며, 노랑이 파랑 위에 칠해질 경우에는, 그 아동은 아직도 어린 아이이고 싶다는 욕구를 가지고 있다고 보는 것이다.

노랑을 선호하는 아동 노랑은 앞에서 말한 바와 같이, 파랑과 함께 사용되어질 경우, 〈어린 아이이고 싶은 욕구〉와 관계가 있다는 것으로 볼 수 있다. 단독적으로 사용한 경우에는, 의존적인 아동들이 많다. 정신발달이라는 관점에서 보면, 이 아동들은 다소 정신적으로 지체되어 있는 듯이 보이며, 행동도 정서에 의해서 좌우되는 아이들이 많다. 비교적 노랑을 잘 쓰는 아이들에게는 〈다른 아이들과 사이가 좋다〉, 〈인기가 있다〉, 〈평판이 좋다〉는 행동 특징을 가지고 있다. 이와 같이 단독적으로 노랑이 사용되었을 때에는, 유아적 행복감에 찬 상태를 보인다고 하겠다.

초록을 선호하는 아동 이 아동들은 분명히 정서적인 표현을 하지 않는, 즉 자기 자신을 몹시 자제하는 아동들로서, 그들의 행동 특징으로서는 〈자기만족적인〉 〈주의 깊은〉 〈잘 생각해서 행동하는〉 등과 같은 점을 들 수 있다.

초록은 빨강과는 반대로, 충동적이 아니며, 이 충동을 통제하는 타입의 아동들이 초록을 잘 사용한다. 파랑을 즐겨 쓰는 아동들과의 차이를 보면, 파랑이 자기의 욕구의 억제인 반면, 초록을 즐겨 쓰는 아동들은, 그런 면이 없거나 또는 의식적으로 회피하고 있음을 의미한다.

지저분한 초록색을 때로는 구성(構成)이나 그림의 일부를 더럽히기 위해서 사용하기도 하지만 이것은 노랑을 사용했을 경우와 같이 생각해도 좋다. 즉 이와 같이 그림을 더럽히기 위해서 초록을 쓰는 아동들은 가정에서 지나치게 엄격한 훈육을 받고 있는 경우가 많다.

검정을 선호하는 아동 이런 아동들은 정서적인 행동이 결여된 아동들, 즉 자유로운 감정의 흐름이 없는 아동들이 검정을 사용하는 것을 고집하는 경향이 있다. 공포나 불안에 의해서 생겨난 자기의 억압(repression)을 반영하는 일이 많다.

이와 같은 아동들은, 엄격한 교사나 양친, 힘이 센 다른 어린이와 같은 사람에 대한 공포나, 자기의 가정상황(즉 결손가정과 같은)이나, 자기의 신체적 결함에 대한 공포를 검정으로 표현한다. 더구나 이와 같은 공포와 싸워 이기려는 의욕을 거의 상실한 위축된 아이들인 것이다. 밖으로 보기에는 순종하고 온순하며 적응된 행동을 보이지만, 내면 생활에 있어서는 자기를 과도하게 통제하고 있다.

회색을 선호하는 아동 대인 관계가 원만치 못하며 경계심이 강하고 열등 의식이 많은 아동들이다. 가정에서 억압을 당한다는 느낌을 만성적으로 갖고 있는 아동이며 지속적으로 불안감을 갖고 있다고 하겠다. 심한 질책과 제재는 자기 의사의 분명한 표현을 차단당하고 또한 더 강한 질책을 염려하는 마음에서 그것을 회피하려는 심리가 작용하고 있기 때문인 것으로 보인다. 또한 행동에서도 분명하지 못하여 모호함이 많고 용기가 부족하여 소극적인 양상을 보인다.

주황색을 선호하는 아동 이런 아동들 중에서는 주위 환경에 잘 순응하는, 즐겁고 명랑한 기분을 가진 아동들이 많다. 그러나 자기의 강한 감정을 입 밖으로 나타내는 것을 주저하는 겁쟁이, 소심한 아동들이 주황색을 사용하는 일이 많다. 내적인 불안의 출구로서 사용되고 있다고 본다. 또 상상적인 놀이에 빠져버려서, 실제 생활에서 도피하려는 아동에게도 주황색이 자주 나타난다.

고동색을 선호하는 아동 이 아동들은 소수의 예에 불과해서, 집단적으로 보아서, 다른 색을 좋아하는 아동들과 비교할 수가 없었다. 고동색을 즐겨 쓰는 아동 중에는 너무 일찍부터 용변훈련을 받았거나, 청결 습관을 과도하게 강요하는 가정 환경에서 자란 아동들이 많다.

보라색을 선호하는 아동 보라를 늘 쓰는 아동은 많지 않다. 알슐러(Alschuler) 등이 연구의 대상으로 한 150명의 어린이 중에서, 단 3명만이 보라색을 사용하고 있음을 볼 수 있다. 그런데, 이 아동들은 모두 가정적으로 불행한 아동들이었고, 친구들로부터 버림받은 아동들이였다.

혼색을 선호하는 아동 적극성을 갖고 있으며 자유롭게 자기를 나타내거나 감정 표현에 거침이 없는 아동이다. 다른 아동들과의 융화도 좋은 편이어서 대체로 인기 있는 아동이며 지적 수준이 높고 사물이나 상황 판단에 적절한 대응을 잘하는 아동이다.

색의 가짓수가 적은 아동 감정적인 적응이 부족하거나 생활 경험의 부족으로 창조성이 적다. 또한 망설임이 많고 표현의 폭이 넓지 않으며, 적극성이 떨어지는 아동이라고 할 수 있다.

필요 이상으로 덧칠을 하는 아동 열등감이 많고 자기의 감정을 감추기 위한 상징으로 나타낸다. 검정에서 보여주는 심리적 바탕과 유사한 양상을 보인다고 할 수 있으며 인정받지 못하는 것에 대한 회피 활동으로 또는 마음에 들지 않는 것을 감추려는 의식에서 나타나기도 하는 것이다.

3) 김재은 · 임형진의 연구

아동들이 자유화에서 사용하는 색채와 그들의 성격과의 관계를 연구한 김재은·임형진의 연구(1972) 결과 자유화를 1주일 간격으로 3개 그리게 해서, 그 그림에 나타난 색채 중 가장 큰 면적을 차지하고 있는 색채와 아동들의 인성검사(퍼스낼리티 테스드) 결과를 소개하면 내략 다음과 같다.

① 일반적인 활동성이 높은 아동의 특징은 다음과 같다.
즉, 남아에 있어서는 파랑, 초록색, 황토색, 검정, 고동, 노랑, 주황, 빨강, 보라 등을 비교한 결과, 이들 색채 사이에 의미 있는 차이가 나타나지 않았으나, 여아에 있어서는 꽤 커다란 차이가 나타났다. 여아에 있어서는 〈일반적인 활동성〉이 높은 아이들은, 황토, 보라, 고동, 파랑의 색채보다는 초록색을 더 많이 쓰는 경향이 있다. 또한 보라색보다는 황토색을 좋아한다. 파랑은 일반적인 활동성이 높은 아이들이 즐겨 쓰지 않는 색으로 나타났다.

② 정서적 안정감이 높은 아동의 색채사용 특징은 다음과 같다. 즉, 주황색을 좋아하는 남자아이들은 노랑이나, 검정이나, 황토나, 초록이나, 파랑색을 좋아하는 아동들보다 더 정서적으로 안정되어 있으며, 기타의 색(고동, 빨강, 보라)과는 그리 큰 차이가 없다. 그런데 여자아이들의 경우는, 초록색을 좋아하는 아이보다 고동색을 좋아하는 아동들이 더 정서적으로 안정되어 있을 뿐, 기타 색들 사이에는 차이가 없었다.

③ 지배성이 높은 아동들의 색채사용을 보면, 남자의 경우, 황토색보다는 주황색을 좋아하는 아동들이 더욱 지배적이며, 기타 다른 색들 간에는 별로 차이가 없다. 여아의 경우는 보라색보다 파랑, 초록색, 고동색을 좋아하는 아이

들이 더 지배적이며, 빨강보다는 고동을, 황토보다는 초록색을 좋아하는 여아들이 더욱 지배적이다.

④ 충동성에 있어서는 주황색에 비해 황토색을 좋아하는 남자아이들이 더욱 충동적이며, 파랑, 초록, 황토, 보라, 고동색에 비해서 빨강을 좋아하는 여자아이들이 더욱 충동적이며, 초록, 황토, 보라, 고동색보다 노랑을 더 좋아하는 여아들이 충동적이라고 할 수가 있다. 그러니까 빨강과 노랑은 다분히 여아의 경우에는 충동적인 성격을 가진 아이들이 좋아하는 색이라 할 수가 있겠다.

⑤ 사려성에 있어서는 남아의 경우, 색채의 기호 간에는 변별이 불가능하며, 여아의 경우는, 빨강보다는 보라나 파랑을, 고동보다는 녹색을 좋아하는 여아들이 더 사려가 깊다고 하겠다. 그리고 다른 색채사이에는 별로 변별이 안된다.

⑥ 사회성이 높은 아동은, 파랑이나 황토보다 초록색을 좋아하는 남자아이와 파랑이나 노랑보다 오렌지를 더 좋아하는 남자아이가 더 사회성이 높으며, 여아의 경우는 파랑이나 노랑보다 빨강을 더 좋아하고, 노랑보다 파랑이나 초록색을 좋아하는 여자들이 더 사회성이 높다.

위의 결과를 종합해 보면, 보라색을 즐겨 사용하는 아이들이 성격요인 중 '활동성' '지배성' '충동성'이 약하다는 것을 알 수가 있었으며, 빨강을 많이 사용하는 것은 '사회성'이 높으며 특히 '충동성'이 높다는 것을 알 수 있다. 빨강을 적게 사용하는 것은 '사려성'이 높은 것과 깊은 관련이 있다. 노랑을 많이 사용하는 것은 충동성이 높고, 반면에, 빨강을 적게 사용하는 것은 '사회성'이 낮은 것을 의미한다.

고동을 많이 사용하는 것은 '지배성'이 높으며, 이 고동을 적게 사용하는 것은 충동성이 낮은 것을 의미한다. 오렌지색을 많이 사용하는 것은, '안전성'이 높으며, 황토를 적게 사용하는 것은 '지배성'이 낮은 것을 말한다. 또한 황토를 많이 사용하면 활동성이 높은 것을 뜻한다.

2. 아사리 색채진단법

1) 심신동형설

아사리의 「무조건 테스트」에 의한 묘화진단법은 매우 독창적인 착안에서 출발되었다. 아사리가 지도인 일본아동화 연구회는 많은 일선 교사들이 그 회원이 되고 있다. 그런데 이들은 개별적으로나 또 공동으로 연구를 하는 회원이 많으며, 또한 많은 연구 업적을 내었다. 이들은 모두가 아사리의 분석모형에 따라 내용과 색채진단을 하고 있다.

이들은 묘화원리 이종동형(isomorphism) 이론에 입각해서 만들어 내는데 여기서 말하는 이종동형설이란 심신(心身)의 현상을 같은 모형으로 설명할 수 있다고 보는 이론이다.

이 심신동형설(心身同形設)이란 심리적 현상과 생리적 과정 사이에는 그 구조(構造)에 있어서나 형태에 있어서 공통된 점이 있고, 서로 대응하거나 병행하는 현상이 있다고 보는 입장을 말한다.

더구나 이들은 정신분석학의 원리를 집어넣어서 그림을 해석 할 때에는 다음과 같은 가설들을 설정하고 있다. 이 가설은 같은 연구를 하는 동지 교사들에 의해서 다년간의 임상실험의 결과 적중률이 높은 의미 내용을 그 기초로 하고 있다고 보고하고 있다.

우선 「무조건 테스트」에 나타나는 색채의 심리적 의미를 아사리는 다음 〈표 6-1〉과 같이 설명하였다.

아사리는 색채에 의한 묘화분석에서 색채의 의미는 빨강에서 보라까지의 범위 내에서 인간의 감정이나 정서와 밀접한 관련성을 가지고 있다고 하였다.

개인적인 의미가 각 색채에 대응하는 감정에 깊게 관련되어 있어서, 색채의 의미와 감정, 이 두 가지는 결코 뗄 수가 없다. 그리고 이 개인적인 의미는, 인간임으로 해서 공통된 것이다. 색채를 느끼고 가시광선(可視光線)의 범위 안에서 희노애락(喜怒哀樂)의 감정을 자리 잡게 한다. 하나의 색이 어떤 감정을 야기한다고 하는 것은, 인간의 기능으로서 만인(滿人)에게 공통적이다. 내·외 환경의 자극에 의해서 감정이 만들어지기 때문에 그 감정에 결부된 색이 선택되어진다는 것은 모든 인간에게 공통된 현상이라 했다. 예를 들면, 질병으로 인해 야기되는 감정은 보라색을 택한다. 이것은 만인의 공통된 현상이다.

표 6-1 ● 아사리 색채언어(色彩言語)의 심리적 · 생리적 의미

	번 호	색 명	심리적 · 생리적 의미
색채	1	하양(White)	경계심 · 실패감
	2	검정(Black)	공포심 · 어머니의 히스테리
	3	빨강(Rad)	불만 · 비난 · 공격
	4	오렌지(Orange)	애정의 극도의 결핍
	5	노랑(Yellow)	애정요구
	6	고동(Brown)	욕구 · 식욕 · 물욕
	7	초록(Green)	허약 · 피로 · 비애
	8	파랑(Blue)	의무감 · 복종 · 순종
	9	보라(Violet)	질병상해와 그 영향
	10	분홍(Rosepink)	마음이 아프다(보라대용)
	11	회색(Gray)	불안(검정대용)
색채술어	12	검정 · 빨강	어머니의 꾸지람 · 부재(不在) · 사망
	13	검정 · 노랑	아버지의 꾸지람
	14	검정 · 고동	극도의 애정부족 · 도벽
	15	검정 · 파랑	체념 · 심술 · 나쁨
	16	검정 · 초록	반목 · 학대 · 계모
	17	검정 · 보라	어머니의 병적 히스테리
	18	검정 · 흰색	공포심
	19	빨강 · 파랑	질투심 · 부러움
	20	빨강 · 초록	성적관심
	21	파랑 · 오렌지	불결 · 우둔
	22	파랑 · 노랑	걱정 근심
	23	보라 · 흰색	부상 실패감 · 가해 죄악함
	24	보라 · 빨강	출혈 · 월경
	25	보라 · 노랑	질병 상해시의 고독감

2) 보라의 의미

아사리의 보라색 진단의 예를 들어보자. 보라의 탁색(濁色)은 본인의 질병 중 이미 계속되어 오던 질병이나, 가족의 질병과 관계가 있다고 했고, 인물의 복장중 세로나 가로 무늬 등에 보라가 칠해져 있으면 가족 중에 환자가 있음을 의미한다고 했다. 비(청소용)의 털 모양을 한 보라색의 가로의 스트로크는 〈소아천식〉임이 밝혀졌다고 한다. 여인의 상반신 그림(예컨대 선생님 그림)의 복장이 파랑색이고, 깃이 보라로 칠해진 그림이 있었다. 이 그림을 그린 아동은 〈소아천식발작〉환자였다. 두 장의 그림에 공통되게 턱 밑을 보라로 칠했다. 그리고 가슴에 보라를 칠했기 때문에 진단을 의사에게 의뢰했더니 〈패침윤(肺浸潤)〉이었다고 한다.

〈패침윤 : 결핵균이 폐 조직에 침입한, 폐결핵의 초기상태를 말함〉

3) 검정색의 의미

아사리는 학교에서 검정을 많이 사용하는 아동의 부모를 초청해서, 부모진단을 해보니, 다음과 같은 두 가지 형이 나타났다고 했다. 그 중의 하나는 자녀의 교육에 대해서 잘못된 적극성을 가진 어머니의 아동들이 검정을 많이 사용한다는 것을 알았다. 검정을 사용한 아동에게 물어보니, 그 날 아침이나 그 전날에 어머니에게서 심하게 꾸지람을 당한 아이들이 많았다고 한다.

검정을 계속해서 사용하는 아동은, 어머니가 일시적으로 화를 낸다거나 하는, 일시적인 현상에 그치지 않고, 성격화된 어머니의 히스테릭한 정서적 상태를 말해주는 경우가 상당히 많고, 그것 때문에 가정을 불유쾌한 분위기로 만드는 경우가 많았다고 한다. 화면의 일부를 온통 까맣게 칠하는 것은, 어머니의 히스테리에 대한 공포를 나타낸 것이기도 하다.

화면 가득히 검정을 칠하고, 한쪽부분을 공백으로 남겨놓고, 거기에 산(山) 같은 것을 그리고 있는 형(型)이 있을 때, 이 경우에는 대개 부친이 사망한 경우가 많다. 검은 색의 윤곽은 어머니의 훈육의 엄격, 검은 구름은 어머니가 화를 내지 않을까 하는 불안감을 의미한다.

4) 노랑의 의미

노랑은 그 단독적인 사용보다 검정과의 대비가 중요한 의미를 지닌다. 아동이

이 두 색의 대조를 계속 사용할 경우, 아버지가 사망한 아이들이 많았다고 한다. 아버지가 살아계시는 아동들일 경우에는, 아버지의 부재나 꾸지람을 나타냈다고 한다. 어른들의 경우도, 남편을 잃은 부인이 이 노랑과 검정의 대비를 잘 썼고, 검정과 황토, 검정과 고동의 대비도 가끔 나타냈다고 한다. 또 때로는 아버지의 사랑을 질투하는 경우도, 이와 같은 검정과 황토, 검정과 고동이 많이 나타났다고 한다.

5) 황토색의 의미

아사리는 황토색을 아뇨환경아(夜尿環境兒)의 특징이라 보았는데, 약 80%의 경우가 이에 적중했다고 한다. 특히 초등학교 1학년 정도가 되면 잘 나타났다고 한다.

오줌을 싸서 꾸지람을 들으면, 그날은 90%의 어린아이들이 황토를 쓴다고 한다. 이 아뇨아(夜尿兒)의 대다수는 부모에 대한 보복으로 오줌을 싼다. 특히 황토와 검정은 분명히 아뇨아(夜尿兒)들의 반응이라고 했으며, 그 이유로서는, 아마도 훈육에 대한 보복일 것이라고 보았다. 이 황토가 아뇨아(夜尿兒)보다는 〈아우샘〉이 훨씬 더 많음을 알았다. 대체로 유아들은 동생이 서로 태어나면 이에 대한 애정의 박탈을 안달한 나머지, 여러 가지 퇴행증(退行症)의 하나로서도 하지만, 애정에 대한 질투가 대부분인 것으로 보았다. 그리고, 때로는 소변불리(小便不利)의 어린아이들이 이 황토를 즐겨 쓰는 것을 상당 수 보았다. 즉 소변을 자주 찔끔 찔끔 보는 아이거나, 방광의 통제가 잘 안되는 아이, 그것이 때로는 보복의 기제(機制)로 나타나는 아이들에게서 볼 수가 있었다. 아사리는 황토가 나타나면 분명히 이것은 훈육과 관계가 있다고 한다.

6) 진고동 · 고동의 의미

진고동과 검정 또는 고동과 검정의 대비는 도벽(훔치는 습성이 있는 아동)을 가진 빈곤한 가정에서 자란 어린아이인 경우가 많다고 했으나, 빈곤해서가 아니라 부모가 물질 공급을 아이들이 요구하는 만큼 해주지 않을 때에도 나타나기 때문에, 빈곤으로만 진단할 수는 없다. 그러나 대체로 이 색들의 대조는 아버지의 사망 · 부재로 인한 극도의 애정 부족이 그 원인인 경우가 많다고 한다.

진고동과 고동의 아사리는 도벽환경아(盜癖環境兒)의 증거로 보고 있는 것이다. 고동계통의 색채는 교육적으로 중요한 의미를 지닌 색으로 본다. 노랑은 황토 → 고동 → 진고동색으로 변화하기 때문에, 이들을 고동계통이라고 한다. 고동이란 황토와 진고동 중간에 위치하지만, 이 세 가지 색은 거의 같은 의미로, 서로 연관되어 있다.

집안의 벽의 색을 고동으로 칠한 것 등은, 공복(空腹)을 호소하는 경우나, 음식을 훔쳐 먹는 아이들에게 잘 나타난다고 했다. 고동색의 복장은 극도의 애정 부족이나 물욕불만의 표시하기 때문에 빈곤색이라 했다.

7) 초록색의 의미

초록은 허약한 아이들이 즐겨 사용한다고 하였다. 그리고 또 피로한 경우에 잘 나타난다고 한다. 나무의 둥치를 초록으로 그리면 피곤하기 쉬운 아이임을 나타내는 것이고, 졸음이 올 때도 초록이 잘 나타난다고 한다. 병을 앓고 난 후에는 보라색을 쓰다가 다음에는 초록으로 변한다고 한다.

이와 같이 초록은 소극적인 의미를 가지고 있으나 다른 색채와의 대비를 이루면, 매우 적극적인 의미를 갖게 된다. 즉, 빨강과 초록의 대비는 성적(性的)관심을 표시하는 것이다. 어머니가 음식 유흥업을 하거나 어머니나 아버지가 바람을 피우는 사람일 때에는, 그림 속에 빨강·초록의 대비가 잘 나타난다는 것이다. 그러니까 도덕적으로 바람직하지 않는 직업을 가지고 있는 부모는 이런 두 색의 대비로 나타낸다는 것이다.

3. 아동화의 색채 분석 규준

1) 색채의 분석

(1) 색채의 일반적 특징

색의 선택	내 용
색의 가지수가 적다.	감정적 적응도가 약하다.
불필요한 색이 많다.	가난한 집에서 자란 아동의 욕구를 표시하는 경우가 많다. 일반적으로 마음을 개방시키지 않으려는 욕구를 표현한다.

색채의 사용방법	내용
배색의 고려없이 사용한다.	자기 통제력이 부족하다.
윤곽선을 강조한다.	검은색의 윤곽은 부모의 엄격한 훈육을 말한다.
필요이상으로 몇겹이고 덧칠을 한다.	열등감이 강한 것을 말하는데, 밑에 칠한 색은 자기 감정을 숨기는 것을 말한다.
색칠이 선명하지 않다.	부모의 훈육이 불충분하고, 무의식적으로 움츠리는 경향이 있다.
부분적으로 색칠을 해서 지워 버린다.	자신감의 결핍, 열등감
색을 문질러서 흐릿하게 한다.	그 대상물에 대한 불안을 표시한다.
선의 끝 부분에 힘이 빠져있다.	신체 허약, 퇴행적 경향을 나타낸다.
선보다는 색칠에 더 치중한다.	정서적인 움직임이 강하다
화면의 일부에 색이 엉켜있다.	말이 없고, 행동이 둔한 사람에게서 많이보게 된다. 때로는 반항의 표시이기도 하다.
밝은색에 어두운 색을 입히고 있다.	억압된 감정을 가지면서 희망을 잃어가고 있다
어두운색에 밝은 색을 입히고 있다.	희망을 버리지 않고 있다
한곳에 여러 가지 색이 몰려있다.	부모의 훈육이 불충분함을 표시한다. 때로는 훈육이 너무 엄격한 경우에도 나타난다.
화면의 둘레를 색으로 칠을 한다.	환경과의 단절상태를 표시하는 경우가 있다.
주된 상층의 색	환경을 나타낸다.
주된 하층의 색	내부적인 압력상태를 표시한다.
화면에 명암색 두 가지가 나타난다.	열등감의 표시이다.
여러 가지 색의 띠로 둘렀다.	소극적이고 도피하려는 경향이 있다.

(2) 색깔의 의미

색	의미
□(흰색)	경계심, 실패감, 지적 지체
□(회색)	인간관계가 나쁨, 경계심이 강함, 열등감, 불안감(검은색 대용)
□(검정색)	정서적 행동의 결핍, 때때로 개인(계부·계모 등)이나 환경(파괴된 가정이나 신체장애)에 대한 두려움을 표현, 일반적으로 감정이나 근심의 억제를 표현 – 절망·우울, 어머니의 히스테리
□(빨간색)	적개심 혹은 공격성 표현, 거세에 대한 두려움, 화면의 윗부분인 경우 –열등감, 불만, 비난, 공격
□(주황색)	동정과 우애를 구함, 수줍음을 타는 아동, 성숙하고 싶은 욕구 강함 애정을 구하는 도피 반응을 표시, 극도로 애정 결핍
□(고동색)	더럽히고 싶은 욕구, 유아적 경향, 방어적 반응 표시 욕구, 식욕, 물욕
□(황토색)	야뇨증이 80%, 형제간 애정의 경쟁 유아적 경향(특히 장기 환자)
□노랑색	유아적 경향 · 탐구력이나 대인관계가 부족 강한 적의적 태도, 애정을 구하며 도피하려는 경향 애정요구
□(녹색)	자제 · 자신감 · 조심성 등의 결핍 대소변과 음식 먹기에 어려움 허약 · 피로 · 비애 · 무기력 감정 불안 · 부모교육 불일치 등 환경적 문제 신경피로
□(파란색)	불안 조절 자기 향상 욕구 사용 · 의존적 경향을 취하는 수가 있음 의무감 · 복종 · 순종 부모의 높은 요구 수준을 압력으로 느낌
□(보라색)	거부적 불행한 아이 · 우울(Alschuler)함을 나타내고 싶은 욕구 신체장애수반, 질병 · 상해 환경적응 불량
□(분홍색)	마음이 아픔, 몸에 열이 있다. 열등감(보라색 대용)

(3) 색채의 조합

검은색과 흰색	공포심
검은색과 빨간색	양친 사이에 심적 거리가 있을 때 : 성적 호기심이 강한 태도 어머니의 꾸지람 · 부재 · 사망
검은색과 고동색	극도의 애정 결핍 · 도벽
검은색과 노란색	아버지의 꾸지람 · 부재 · 사망
검은색과 녹색	반목 · 학대 · 계모
검은 색과 파란색	인간관계 조화감이 낮고 반면 강한 반항심 가짐 체념 · 심술
검은색과 보라색	어머니의 병적 히스테리
검은색과 다른색	애정욕구 · 환경에 대한 불만 표시
고동색과 다른색	부모 훈육 방법에 문제가 많다.
노란색과 빨간색	적개심, 불안감 부모의 히스테리에 번민 · 애정 불만 상태 표시
노란색과 주황색	승인 받고 싶은 욕구
노란색과 파란색	유아적으로 남으려는 욕구(노랑색)와 성장하려는 욕구(파란색)와의 갈등, 걱정, 근심
녹색과 빨간색	열등감 강함 : 어머니에 대한 불만 표시 성적 갈등 및 관심
녹색과 주황색	부모 요구 수준이 높다.
녹색과 파란색	〈파란색에 더 강조〉 강한 기본 욕구를 승화시켜 표현 〈녹색에 더 강조〉 강한 기본 욕구 승화의 결핍, 혹은 의식적 회피
녹색과 고동색	대소변 문제
파란색과 빨간색	인간관계 조절감 나쁨 질투와 선망, 공격과 억제 사이의 갈등
파란색과 주황색	불결 · 우둔
파란색과 고동색	깨끗이 하려는 욕구(파란색)와 더럽히려는 욕구(고동색)와의 갈등 : 대소변가리기에 문제가 있다.
보라색과 흰색	부상 · 실패감 : 가해적 죄의식
보라색과 빨간색	출혈 · 월경
보라색과 노란색	질병 · 상해시의 고독감
보라색과 다른색	부모간의 문제 포함 : 때로는 신체장애 표시

(4) 색에 따른 아동의 인성 비교 조사

	알슐러, 하트비크	김정	김재은, 임형진	아사리
빨강	협동적이다. 엷게 칠한 경우 애정 상쾌, 수직방향으로 칠한 경우 공격적	남아보다 여아가 더 즐겨 사용하며 저학년일수록 더 좋아한다.	여아는 사회성이 높고 충동적임	불만 비판 공격
주황	명랑한 성격이며 주위환경에 잘 순응한다.		지배성이 강함	애정의 극도결핍
노랑	아동다운 느낌 대인관계는 좋으나 의존적인 경향이 짙다.	우리나라 아동의 경우 밑그림을 그릴 때 많이 사용하기 때문에 이 색의 사용이 과다한 인상이다.	활동적인 성격이며 여아의 경우 충동적인 경향이 짙다.	애정의 요구
파랑	불안, 공포심. 엷게 칠하거나 덩어리로 칠할 때는 규정에 맞추려고 함. 활동적임	여백의 공간을 파랑색으로 매꾸는 우리나라 아동의 경우 가장 많이 사용하는 색이다.	사려성이 높으며 보라, 녹색을 곁이 좋아한다.	의무감 복종심 순종감
초록	자기만족이나 스스로 확신을 가지는 성격. 생각해서 행동하며 주의 깊은 성격		지배성 강한 아동들이 많이 사용하며 여아의 경우엔 이러한 경향이 더 짙게 나타난다.	슬픔과 허약 피로
검정	감정이 결여된 상태나 공포 및 불안에서 압박반응이 반영됨		지배성이 강한 남아	애정의 극도결핍

Appendix

부 록

사례 1) 16세 여아로 자신이 원하는 이상형의 가정을 그림. 부모님과 여동생, 자신이 살 고 있는 현재의 집이며 정원에 꽃들은 사람을 나타내거나 사랑과 아름다움에 대한 추구로 볼 수 있고 행복하며 안정된 심리상태를 표현함.

사례 2) 14세 남아로 이 집은 자신이 미래에 설계한 집으로 자신과 자신이 만든 로봇들만이 살고 있으며 구름도 산도, 태양도, 모두 자신이 만든 것이라고 함. 이러한 특수한 집은 가정에 대한 불만과 자신이 전능한 존재가 되고픈 자이상을 반영한 것임. 울타리는 방어를 나타내고, 많은 창문은 환경에 대한 접촉을 갈망하고 있으나 사람은 자신밖에 없다고 해 현재 가정에서의 외로움을 표현함.

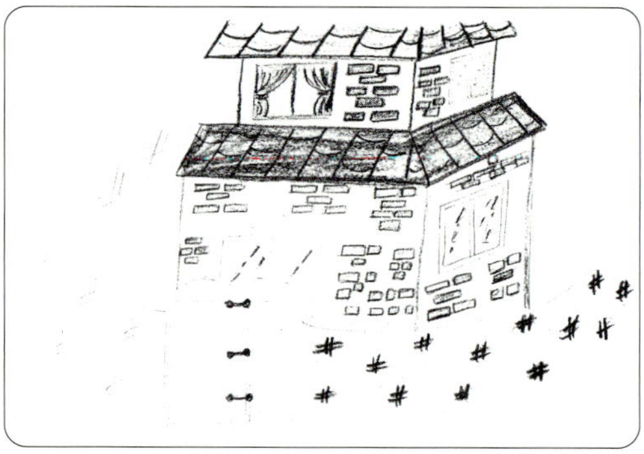

사례 3) 32세 여성으로 지붕의 그물무늬 음영은 공상에 대한 과잉 통제를 보여주고 세밀한 기와무늬는 집착적인 사람임을 보여줌. 벽의 벽돌 역시 강박적 성향이 있으며 집 둘레의 울타리는 자기 방어를 하고 있음을 보여줌

사례 4) 15세 남아로 문 앞의 자신은 뒷모습을 그려 자신에 대한 부정적인 이미지를 가지고 있음을 보여주고, 긴 울타리와 나무는 자기 방어적인 심리를 나타냄. 안쪽의 집에 측면에 있는 문은 현실 도피적이고 신중한 성향을 가지고 있음을 보여줌

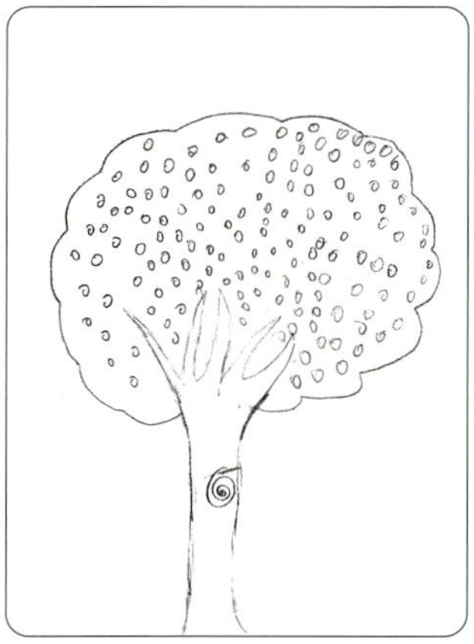

사례 5) 15세 남아가 그린 나무로 나무의 수많은 열매는 강한 의존욕구와 지속성의 결여를 보여주며, 줄기의 상흔은 내담자가 가지고 있는 마음의 상처로 어릴적 부모님의 이혼의 시기와 일치함.

사례 6) 9세 남아로 열쇠구멍과 같은 나무는 반항기의 아동에게서 자주 보이는 것으로 성격이 경직되어 있고 강한 적대감을 가지고 있으며 폭팔적으로 행동하는 사람이나 반항적인 사람일수록 그리기가 쉬움.

사례 7) 25세 여성으로 공중의 새는 자유에 대한 갈망을 보여주고 남근을 닮은 나무는 저학년의 초등학생에게서는 어느정도 많이 나타나고 특별한 의미를 부여하지 않으나 연령이 높은 경우에는 부적응의 상징임.

사례 8) 13세 남아가 그린 인물로 어머니가 어릴적 가출하신 이후 여성에 대한 적의감과 양가감정이 옆모습으로 표출됨. 22회기 상담 후 앞모습으로 바뀜.

사례 9) 32세 여성으로 적당히 큰 크기의 인물상을 그려 자아상이 바르게 형성되어 있음을 보여주고 바깥으로 뻗은팔은 애정과 사회적 상호작용을 위해 뻗고 있음을 의미함.

사례 10) 12세 여아로 좌측하단의 그림은 우울과 내향적 성향을 보여주고 위로 뻗은 손은 아동에게서는 흔한 그림이나 성인의 경우 타인과의 접촉을 제대로 하지 못하는 내담자에게서 많이 보여짐.

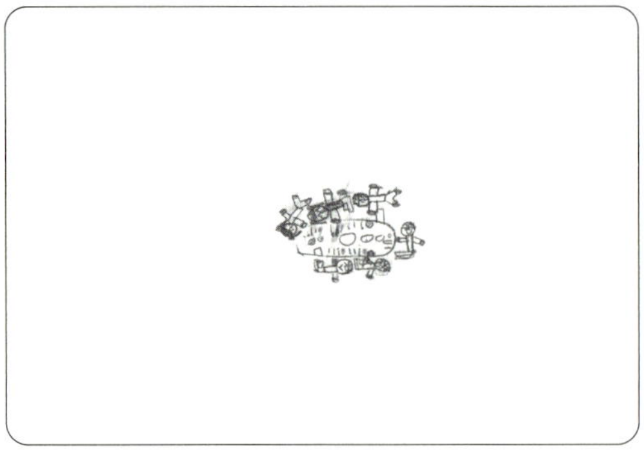

사례 10) 9세 남아로 KFD에서 가족이 모여 식사를 하고 있는 동적 가족화를 그림. 작은 인물상은 위축되고 열등감, 낮은 자아 존중감을 보여주고, 주먹쥐고 까맣게 칠한 손은 공격, 절도 등에 의한 죄책감을 표현함. 실제 아동은 도벽의 성향이 있어 상담에 의뢰됨.

사례 11) 14세 여아로 KHTP에서 하늘에 구름이 많이 떠 있음은 불안감을 나타내며 인물이 뒷모습을 보이며 혼자 고기를 굽고 있는 모습은 도피적인 성향을 보여주고 가정과 단절되어 있는 느낌을 줌. 조각난 해는 부친의 부재나 의사소통이 부족함을 보여주고 내담자는 현재 부모님의 이혼으로 어머니와 생활하고 있음.

사례 13) 9세 여아로 KFD에서 자신은 서랍장에 책을 갖다두고 있고 언니는 컴퓨터, 아빠는 TV를 보고 있다고 함. 가정 내의 상호작용이 부족한 것과 자신과 아빠에게는 양가감정을 느끼고 있는 반면, 언니에게는 부정적 감정을 가지고 있음을 뒷모습을 그려 표현했고, 교묘히 방석을 이용해 고립시킴.

사례 13) 9세 여아로 KFD에서 가족이 모두 각자의 방에 있다는 내용으로 가족을 직선을 사용하여 구분한 것은 다른 가족 구성원들로부터 자신의 감정을 철회하고 분리하려는 시도로 내성적인 아동이나 솔직한 감정 표현이 허용되지 않는 가정에서 보여짐.

사례 14) 10세 여아로 KFD에서 자신을 제일 먼저 그리고 자신은 인형을 들고 춤을 추며 아빠가 기타를 쳐서 노래를 불러주고 어머니는 요리를 하고 있고 동생은 컴퓨터를 하고 있다고 함. 자신과 아빠는 정면으로 긍정적인 데 반해 엄마는 옆모습으로 양가적 감정을 가지고 있고 동생은 뒷모습으로 사이가 좋지 않음을 암시함.

사례 15) 15세 여아로 KFD에서 아버지는 설거지, 어머니는 컴퓨터를 하고 있다고 하며, 자신과 동생은 tv를 보고 있다고 함. 아버지, 어머니, 자신은 뒷모습으로 부정적인 감정을 가지고 있고, 특히 어머니의 경우 의자로 포위시켜 정서적 단절을 보여주며, 동생과 자신은 밀착된 관계임을 보여줌. 맞벌이로 부모님께서 밤 늦게 귀가하시고 자신은 하루종일 동생을 돌보는 것이 힘들다고 함.

사례 16) 16세 여아로 동그라미 가족화에서 가족 모두 한 곳을 바라보고 있으나 가족의 하반신을 그리지 않아 성적인 부분의 혼란이나 불안을 상징하고 있음. 전신상을 그리라는 지시에도 불구하고 허리 아랫부분을 그리지 않은 것은 심각한 성적 혼란이나 병리적 위축을 상징하고 있음

사례 17) 36세 여성으로 동그라미 가족화에서 칸을 나누어 가족을 그려 넣음을 통해 가정 내에서의 정서적 단절과 개방적 의사소통의 어려움을 보여주고 있음

사례 1

〈HTP 검사 보고서〉

이 름 : 김민수 (가명)	나 이 : 18세	성 별 : 남	생년월일 : 1991. 12
주 소 :			집 전 화 :
직 업 : 고등학생(2학년)			직장전화 :
학 교 :	검사일시 :	검사장소 :	검사자 :
의 뢰 사 유			
심리검사결과가 궁금하고 상담의 필요성을 조금 느낌			
가족배경과 개인력			**FAMILY TREE**
• 부 : 회사원 • 모 : 통장 • 대체로 화목한 편이나 형과 사이가 나쁨(형의 이기심) 피험자는 머리가 늘 아프고 피부가 예민하여 치료 중			
검사시의 행동관찰			
· 거부반응 없이 제시하는 것을 흥미를 갖고 잘 진행함			
요약 및 검사자의 견해			
피험자는 현재의 자존감은 높은 편이다. 그러나 험악한 인상을 주는 남자그림이나 나무그림에서 아주 크고 강하게 그린 것은 자신의 약한 존재를 무의식으로나마 보상받고 싶은 욕구를 표현한 것으로 보인다. 그것은 대인관계에서 또는 학교생활에서 받은 상처를 잠재된 무의식 속에서 강하게 표출함으로써 타인에게 위험인물로 적개심을 주므로 자기를 방어하고 자신을 존재하고자 함으로 사료된다.			

인물상(남자상)

전체적 인상		아주 강한 인상으로 조폭의 일원으로 보인다. 이것은 약한 자신의 신체를 보상을 위한 심리적 욕구이다.	
항목		표현적 특징 및 해석	
형식적 분석	1. 소요시간	7분	
	2. 피검사자의 태도	흥미를 갖고 바로 그리기 시작함	
	3. 순서	위에서 아래로 일반적 순서를 지킴	
	4. 크기 및 위치	전체적으로 크고 한 중앙에 그림	
	5. 선의 종류와 필압	이마선을 그리다 지우고 강하게 다시 그림	
	6. 방향	정면	
	7. 대칭성	좌우 대칭	
	8. 생략과 왜곡	눈과 다리 발목이 왜곡됨. 어깨선이 넓음	
	9. 세부묘사	입술 주변	
	10. 투시화	배	
내용적 분석	항목	표현의 특징	해석
	1. 인물	남성	자화상 또는 그가 바라는 인물
	2. 성차의 표현	근육	남자답고 싶다는 심리적 욕구
	3. 팔과 손	팔이 건장	
	4. 얼굴	크고 상처를 표시	자신을 두려움의 존재로 되기를 원함
	5. 머리	깍두기 머리	
	6. 머리카락	없음	
	7. 입	치아를 그리고 수염 강조	구강적 공격성 및 남성에 대한 부적절성
	8. 귀	크고 귀거리 착용	타인의 말을 듣는데 민감하게 받아들임
	9. 목	없음	감정의 통제가 안됨
	10. 코	크게 강조, 삼각형	성적 미성숙
	11. 눈썹	짙음	공격적 성향
	10. 다리와 발	다리 근육강조, 발목 약함	자율성 상실 및 불안정감
	11. 어깨	어깨 지나치게 강조	자신의 신체의 약함을 보상
	12. 의복	운동복	
	13. 손가락	주먹쥔 모습	억압된 공격성
	14. 턱	각지고 다부짐	공상적
	15. 가슴	없음	
	16. 자세의 특징	가분수	불안정감
기타 사항		몸통이 큰 것으로 보아 현실에서 만족 못한 것을 무의식으로 나마 자신을 과시하고 싶은 욕구 강함	
그린 후의 질문		현재의 생각을 물어보니 누군가를 때리고 싶다고 함	

인물상(여자상)

전체적 인상		화려하고 S라인을 강조된 소녀의 모습
항목		표현적 특징 및 해석
형식적 분석	1. 소요시간	12분 정도
	2. 피검사자의 태도	남성상보다 더욱 진지하게 그림
	3. 순서	얼굴 윤곽을 그린 후 위부터 아래로 차례로 그림
	4. 크기 및 위치	머리가 유난히 크고 중앙에 그렸으나 하체가 약함
	5. 선의 종류와 필압	눈모양, 허리에 강한 필압
	6. 방향	중앙
	7. 대칭성	대칭
	8. 생략과 왜곡	눈동자와 귀 생략하고 다리 빈약
	9. 세부묘사	머리카락, 눈썹, 앞 머리
	10. 투시화	

	항목	표현의 특징	해석
내용적 분석	1. 인물	웃는 모습	자화상 또는 그가 바라는 인물
	2. 성차의 표헌	미리, 가슴	
	3. 팔과 손	팔길이 부조화, 뻗은 팔	대인관계에 접촉을 원함
	4. 얼굴	지나치게 크다.	
	5. 머리	머리가 크다.	지적욕구가 강하거나 정신의 중요성을 무의식 주의에 강조하며, 정서면에 문제가 있고 친구관계가 순조롭지 않음
	6. 머리카락	풍성하고, 양쪽으로 늘어짐	성적관심 많음
	7. 입	여러번 지우고 치아가 보임	유아기적 공격성 및 유아기로의 퇴행
	8. 귀	없음	다른 사람의 말에 귀 기울이지 않음
	9. 목	두껍고 튼튼	너무 통제가 강함
	10. 코	콧날만 그림	성적 미숙
	11. 눈썹	속 눈썹 상세히 표현	
	10. 다리와 발	상체에 비해 가늘고 빈약	정신적 미발달 및 불안정
	11. 어깨	좁고 구분 안됨	신체에 대한 열등감 내포
	12. 의복	야한 원피스	
	13. 손가락	짧다.	손으로 하는 것에 대한 갈등
	14. 턱	뾰족	사회적 무능력
	15. 가슴	강조	성적 관심
	16. 자세의 특징	불안정한 모습	
기타 사항		머리스타일에 신경을 많이 씀.	
그린 후의 질문		몸의 건강유무 질문에서 두통과 피부 알레르기 호소	

1. 그림의 느낌과 내용

그림의 전체적 느낌	학업에 대한 성과 및 결과에 대한 심리적으로 불안해하고 타인으로부터 인정받고 싶어하며 자신을 나타내려는 욕구가 강하다. 자신을 보호하기 위해 방어를 사용하고 있음

2. 개별그림 분석

집		유무	표현 특징	상징 및 해석
주 제				
필수요소	지붕	무	지붕이 없음	학습에 대한 위축 성격
	벽	유	벽을 통해 집의 내부 투시	비판력과 현실검증능력 부적절
	문	유	지나치게 큰문	타인에게 인상적인 존재가 되고픈 욕구
	창문	유	창문의 틀 강조	구순적 성격
기타요소	굴뚝과 연기	무		
	방	유		
	울타리	유		심리적으로 보호받고 싶고, 방어하고자 하는 경향
	길	무		
	계단과 보도	무		
	기타 및 행동 특성			

나무		유무	표현 특징	상징 및 해석
주제			이 세상에 하나밖에 없는 큰 나무	자기 확대의 욕구
필수요소	줄기	유	줄기선이 지면선처럼 연속	자의식 결핍
	가지	무		
	수관	무		
기타요소	뿌리	무		
	꽃, 열매, 잎	유	다양한 과일이 달림	여러 가지 일에 있어 성과 및 결과를 중요시하는 심리적 기저
	지면선	유		
	동물	유	새 한 마리 나무 옆에 그림	자유로움에 대한 열망
	옹이구멍	유	4개의 상흔	치유되지 않은 상처
	나무껍질			
	기타 및 행동특성		비가 오고 있고 전체적인 나무그림이 남근을 상징하는 것 같음	

DAP 질문지

성명	김민수 (가명)	생년월일	1991년 12월 1 일 (만 16세)
검사일자	2008 년 04 월 17 일	학년 고 2	성별 남

아동이 그린 그림을 보여주면서 다음과 같은 질문을 하여 기록하십시오.

		남자	여자
1	이 사람은 지금 무엇을 하고 있니?	기분이 나빠 인상을 찌뿌림	쇼핑을 막 하고 나옴(가방을 그리지 못함을 후회)
2	이 사람 나이는 몇 살이니?	약 15세 정도	21살
3	이 사람은 누구니?	상상속의 인물	나이 많은 조직보스의 여친
4	이 사람은 지금 어디에서 뭘하고 있니?	크게 싸우다가 옴	보스가 관장하는 나이트의 짱, 마담
5	이 사람은 지금 무슨 생각을 하고 있니?	싸운 상대방을 혼내줄 생각	비싼 명품 사는 것
6	이 사람은 기분이 어떠니?	매우 안 좋고 정신도 오락가락 함	아주 좋다. 방금 쇼핑을 하여서
7	이 사람 소원은 무엇이니?	무조건 복수에 성공하는 것	보스 급사 후 조직 관장
8	이 사람은 몸의 제일 나쁜 곳은 어디니?	어깨	무릎
9	이 사람은 제일 좋은 곳은 어디니?	배	가슴
10	이 사람은 잘 지내고 있니? 잘 못 지내고 있니?	잘 못지냄	잘 지냄
11	이 사람은 지금 무슨 걱정을 하고 있니?	적에게 당할까봐 걱정	걱정 없음
12	이 사람은 어떤 때 화를 내니?	시비를 걸거나 쳐다보는 것	화를 못냄(보스 때문에)
13	이 그림속의 날씨는 어떠니? 무슨 계절이니?	신선한 바람이 부는 맑은 가을	백화점에서 나와 약간 비를 맞음

House 그린 후의 질문지

질문사항	피검사의 답변
1. 이 집은 도심에 있는 집입니까? 교외에 있는 집입니까?	교외
2. 이 집 가까이에 다른 집이 있습니까?	아니오
3. 이 집은 당신에게서 멀리 있는 집입니까? 가까이 있는 집입니까?	멀리 있을 수도 있고 가까이 있을 수도 있다.
4. 이 집에는 누가 살고 있습니까?	나 혼자와 로봇들
5. 안에서 무엇을 하고 있습니까?	요리
6. 이 집을 보면 무슨 생각이 납니까?	나만의 자유를 느낄 수 있는 생각
7. 이 집을 보면 누가 생각이 납니까?	아이언 맨
8. 이 집은 당신의 집입니까?	나의 집
9. 당신의 방은 어디 입니까?	모든 곳
10. 이 집은 행복합니까?	네
11. 이 그림에 첨가해서 더 그리고 싶은 것이 있습니까?	배경에 출렁이는 파도와 바위들
12. 이 집이 가장 필요로 하는 것이 무엇입니까? 왜 그렇게 생각합니까?	이 집 주인인 나, 내가 없으면 집도 없으니까
13. 이 집의 날씨는 어떴습니까? 계절은 어는 계절입니까?	가을/화창하다.

Tree 그린 후의 질문지

질문사항	피검사의 답변
1. 이 나무는 어떤 나무입니까?(불확실할 경우에는 상록수 혹은 낙엽수인지 질문한다)	세계에서 한 그루 있는 주망나무
2. 이 나무는 어디에 있습니까?	맨날 장소가 바뀐다.
3. 한 그루만 있습니까? 여러 나무와 함께 있습니까?	한 그루
4. 이 그림의 날씨는 어떠합니까?	하루종일 화창하다.
5. 바람이 불고 있습니까? 바람이 분다면 어떤 바람이 어느 방향으로 불고 있습니까?	나무가 적당한 바람쪽으로 매일 찾아간다. 바람은 위에서 아래로 분다.
6. 이 나무는 몇 살입니까?	3101살
7. 이 나무는 살아있나요? 말라죽었다면 언제쯤 어떻게 말라 죽었나요?	절대 안 죽는다.

질문사항	피검사의 답변
8. 이 나무는 강합니까? 약합니까?	엄청 강함
9. 해가 떠 있습니까? 떠 있다면 어느 쪽에 떠 있습니까?	해는 오른쪽 바다에 뜨고 있다.
10. 이 나무는 누구를 생각나게 합니까?	과일들
11. 이 나무는 남자입니까? 여자입니까?	중성
12. 이 나무는 당신에게 멀리 있습니까? 가까이 있습니까?	맨날 바뀐다.
13. 이 나무에 필요한 것은 무엇입니까?	텔레포트
14. 이 나무는 당신보다 큽니까? 작습니까?	크다
15. (상흔 등이 있으면) 이것은 무엇입니까? 어떻게 해서 생겼습니까?	없다
16. 이 그림에서 더 첨가해서 그리고 싶은 것이 있습니까?	없다
17. (그림에서 이해하기 곤란한 부분에 대하여) 이것은 무엇이며 왜 그렸습니까?	과일은 매일 먹고 싶고, 새로운 것을 생기게 하고 싶다.

가족그림 질문지

질문사항	피검사의 답변
1. 가족들이 무엇을 하고 있습니까?	손잡고 눈을 맞고 있다.
2. 가족들은 지금 어디에 있습니까?	초원(눈오는 날)
3. 가족들의 기분은 어떠합니까?	행복하다.
4. 가장 친한 가족은 누구입니까?	엄마
5. 아빠, 엄마(부부)는 사이가 좋으니? 자주 싸우니?	좋다(자주 싸운다)

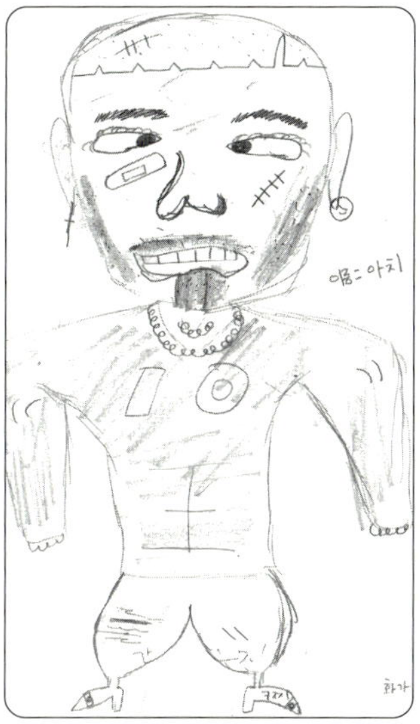

〈사례 1〉 남자

〈사례 1〉 여자

〈사례 1〉 나무 그림

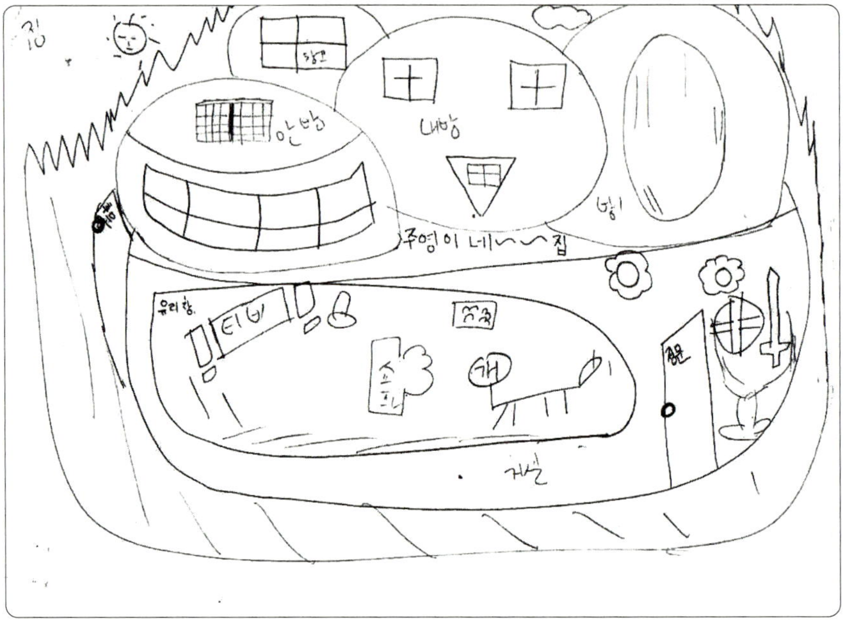

〈사례 1〉 집 그림

〈사례 1〉 가족그림

〈사례 1〉 풍경화 기법

사례 2

〈HTP 검사 보고서〉

<table>
<tr><td>이 름 : 소미소 (가명)</td><td>나 이 : 9세</td><td>성 별 : 여</td><td>생년월일 : 2000. 05</td></tr>
<tr><td colspan="3">주 소 :</td><td>집 전 화 :</td></tr>
<tr><td colspan="3">직 업 : 초등학생(2학년)</td><td>직장전화 :</td></tr>
<tr><td>학 교 :</td><td>검사일시 : 2008.05</td><td>검사장소 :</td><td>검사자 :</td></tr>
<tr><td colspan="4">의 뢰 사 유</td></tr>
<tr><td colspan="4">심리검사결과가 궁금</td></tr>
<tr><td colspan="3">가족배경과 개인력</td><td>FAMILY TREE</td></tr>
<tr><td colspan="3">• 1남 1녀 중 둘째
• 통제와 절제를 많이 강요하는 엄마
• 너무 우유부단하고 너그러운 아빠
• 상황판단과 적응력이 빠르고 덜렁대는 오빠</td><td></td></tr>
<tr><td colspan="4">검사시의 행동관찰</td></tr>
<tr><td colspan="4">아동은 무엇이든 신중하고 열심히 완벽하게 하려는 성향이 있는데 검사시에도 그러한 성향이 나타남</td></tr>
<tr><td colspan="4">요약 및 검사자의 견해</td></tr>
<tr><td colspan="4">아동의 성격의 외향적인 반면 환경의 통제로 낮은 자존감과 스트레스를 호소하고 있음</td></tr>
</table>

인물상(여자상)

전체적 인상		공주처럼 누군가의 시선을 받는 모습
항목		표현적 특징 및 해석
형식적 분석	1. 소요시간	약2분
	2. 피검사자의 태도	이른 아침이라 잠이 좀 덜 깨 꿈속에 있는 듯 함
	3. 순서	얼굴 → 이목구비 → 머리 → 몸 → 아래
	4. 크기 및 위치	작고 약간 위쪽에 위치
	5. 선의 종류와 필압	필압은 좋으나 지웠다 다시 그림
	6. 방향	정면
	7. 대칭성	
	8. 생략과 왜곡	발이 생략
	9. 세부묘사	머리카락 강조
	10. 투시화	

	항목	표현의 특징	해석
내용적 분석	1. 인물	작은 여자	자존감이 낮은 경향
	2. 성차의 표현	머리, 의복	머리와 의복으로 표현
	3. 팔과 손	몸 앞	타인에 대한 의심과 적의적 태도
	4. 얼굴		
	5. 머리		
	6. 머리카락	음영이 짙게 그림	공격성과 분노, 스트레스 호소
	7. 입	살짝 벌리고 웃음	아동들에게 흔히 나타나는 표현
	8. 귀	생략	타인의 말을 듣지 않음
	9. 목	가늘고 긴목	도전적, 의존적
	10. 코	1자로 표현	아동에게 흔히 나타나는 표현
	11. 눈썹	생략	
	10. 다리와 발	발생략	자기 통제 결여, 자율성 결여
	11. 어깨		
	12. 의복	웨딩드레스	의복적 자기애로써 외향적 성향
	13. 손가락	장갑	억압된 공격성 충동
	14. 턱		
	15. 가슴		
	16. 자세의 특징	결혼식 장면	
기타 사항		전날 모임에 친한 언니가 그린 그림을 연상해서 그린 듯 함	
그린 후의 질문			

인물상(남자상)

전체적 인상		수동적 방어적 태도로 억압적 경향이 있으며 자신을 나타내려는 성향이 보임	
항목		표현적 특징 및 해석	
형식적 분석	1. 소요시간	약 2분	
	2. 피검사자의 태도	조금은 편안한 상태에서 그림	
	3. 순서	여자상과 같다.	
	4. 크기 및 위치	중앙에 위치하고 있으며 약간 작은 그림	
	5. 선의 종류와 필압	조금은 거칠게 표현했으나 망설임 없이 그림	
	6. 방향	정면	
	7. 대칭성		
	8. 생략과 왜곡	귀	
	9. 세부묘사	머리카락 강조	
	10. 투시화		
내용적 분석	항목	표현의 특징	해석
	1. 인물	무대위에 있는 남자	자신을 드러내고자 함
	2. 성차의 표현	머리와 의복	머리와 의복으로 표현
	3. 팔과 손	몸에 붙은 경직된 팔	수동적, 방어적 태도이며 억압적 공격성 성향
	4. 얼굴		
	5. 머리		
	6. 머리카락	음영이 짙게 그림	공격성과 분노, 스트레스 호소
	7. 입	살짝 벌린 입	아동에게 흔히 나타나는 입
	8. 귀	생략	타인의 말에 귀 기울이지 않음
	9. 목	가늘고 긴목	의존적, 도전적
	10. 코	1자로 그림	
	11. 눈썹		
	10. 다리와 발	딱 붙인 다리	정신적 긴장감
	11. 어깨		
	12. 의복		
	13. 손가락	장갑	억압된 공격성 경향
	14. 턱		
	15. 가슴		
	16. 자세의 특징		
기타 사항		머리스타일에 신경을 많이 씀	
그린 후의 질문		몸의 건강유무 질문에서 두통과 피부 알레르기 호소	

1. 그림의 느낌과 내용

그림의 전체적 느낌	자기 방어적 성향이 강하며 학습으로 인한 스트레스 및 낮은 자존감

2. 개별그림 분석

집		유무	표현 특징	상징 및 해석
주 제		유		
필수요소	지붕			
	벽			
	문	유	작은문	소극적 환경 접촉
	창문	유		
기타요소	굴뚝과 연기	유	연기 나는 굴뚝	가정안의 갈등상황
	방			
	울타리			
	길			
	계단과 보도			
	기타 및 행동특성			
나무		**유무**	**표현 특징**	**상징 및 해석**
주제			활엽수(낙엽수)	자신이 외계의 힘에 의해 움직이고 있다는 감정을 가지고 있음
필수요소	줄기	유	수관보다 두꺼운 가지	자신을 지탱하고자 하는 의지
	가지	무	가지가 없다	외부세계와 접촉하고자 하는 의욕
	수관	유	구름모양	보편적인 그림
기타요소	뿌리	무		
	꽃, 열매, 잎	무		
	지면선	무		
	동물	유	새	자유로운 생활 갈망
	옹이구멍	무		
	나무껍질	무		
	기타 및 행동특성		나무 뒤에 또 작은 나무를 그리고 다시 그림	자신의 모습에 대한 갈등

DAP 질문지

성명	소미소 (가명)	생년월일	2000년 7월 1 일 (만 7세)
검사일자	2008 년 05 월 14 일	초등학교 2 여	
아동이 그린 그림을 보여주면서 다음과 같은 질문을 하여 기록하십시오.			

		남자	여자
1	이 사람은 지금 무엇을 하고 있니?	결혼식	결혼식
2	이 사람 나이는 몇살이니?	31세	38세
3	이 사람은 누구니?	결혼하는 사람	결혼식 하는 사람
4	이 사람은 지금 어디에서 뭘하고 있니?	결혼식장	결혼식장
5	이 사람은 지금 무슨 생각을 하고 있니?	집에 가고 싶은 생각	떨리는 마음
6	이 사람은 기분이 어떠니?	좋아요	빙그레 웃고 있다
7	이 사람 소원은 무엇이니?	이쁜 집이 있는 것	애기를 조금 낳는 것
8	이 사람은 몸의 제일 나쁜 곳은 어디니?	머리카락	발 냄새
9	이 사람은 제일 좋은 곳은 어디니?	얼굴	몸
10	이 사람은 잘 지내고 있니? 잘 못 지내고 있니?	잘 지내고 있다	잘 지내고 있다
11	이 사람은 지금 무슨 걱정을 하고 있니?	아이가 배를 차는 것	애기가 빨리 안 나오는 것
12	이 사람은 어떤 때 화를 내니?	애기가 때리고 귀찮게 할 때	모르겠다
13	이 그림속의 날씨는 어떠니? 무슨 계절이니?	결혼식 하기 좋은 날/ 봄	기분 좋은 화창한 날/ 봄

House 그린 후의 질문지

질문사항	피검사의 답변
1. 이 집은 도심에 있는 집입니까? 교외에 있는 집입니까?	도시
2. 이 집 가까이에 다른 집이 있습니까?	있다
3. 이 집은 당신에게서 멀리 있는 집입니까? 가까이 있는 집입니까?	햇빛이 쨍쨍한 날
4. 이 집에는 누가 살고 있습니까?	가까이
5. 안에서 무엇을 하고 있습니까?	가족
6. 이 집을 보면 무슨 생각이 납니까?	엄마가 요리하고 계신다.
7. 이 집을 보면 누가 생각 납니까?	엄마 생각
8. 이 집은 당신의 집입니까?	아니요
9. 당신의 방은 어디 입니까?	2층
10. 이 집은 행복합니까?	네
11. 이 그림에 첨가해서 더 그리고 싶은 것이 있습니까?	없다
12. 이 집이 가장 필요로 하는 것이 무엇입니까? 왜 그렇게 생각합니까?	돈이 많아지는 것
13. 이 집의 날씨는 어떠했습니까? 계절은 어느 계절입니까?	햇빛 쨍쨍/한 여름

Tree 그린 후의 질문지

질문사항	피검사의 답변
1. 이 나무는 어떤 나무입니까?(불확실할 경우에는 상록수 혹은 낙엽수인지 질문한다)	활엽수
2. 이 나무는 어디에 있습니까?	정원
3. 한 그루만 있습니까? 여러 나무와 함께 있습니까?	2그루
4. 이 그림의 날씨는 어떠합니까?	햇빛이 너무 쨍쨍해서 물을 줘야 함
5. 바람이 불고 있습니까? 바람이 분다면 어떤 바람이 어느 방향으로 불고 있습니까?	불지 않는다.
6. 이 나무는 몇 살입니까?	99살
7. 이 나무는 살아있나요? 말라죽었다면 언제쯤 어떻게 말라 죽었나요?	살아있다.

질문사항	피검사의 답변
8. 이 나무는 강합니까? 약합니까?	강하다
9. 해가 떠 있습니까? 떠 있다면 어느 쪽에 떠 있습니까?	네, 동쪽
10. 이 나무는 누구를 생각나게 합니까?	친구들
11. 이 나무는 남자입니까? 여자입니까?	남자
12. 이 나무는 당신에게 멀리 있습니까? 가까이 있습니까?	가까이
13. 이 나무에 필요한 것은 무엇입니까?	물
14. 이 나무는 당신보다 큽니까? 작습니까?	매우 크다
15. (상흔 등이 있으면) 이것은 무엇입니까? 어떻게 해서 생겼습니까?	
16. 이 그림에서 더 첨가해서 그리고 싶은 것이 있습니까?	새
17. (그림에서 이해하기 곤란한 부분에 대하여) 이것은 무엇이며 왜 그렸습니까?	

가족그림 질문지

질문사항	피검사의 답변
1. 가족들이 무엇을 하고 있습니까?	큰 줄넘기
2. 가족들은 지금 어디에 있습니까?	정원
3. 가족들의 기분은 어떠합니까?	좋다
4. 가장 친한 가족은 누구입니까?	우리 오빠
5. 아빠, 엄마(부부)는 사이가 좋으니? 자주 싸우니?	좋다

〈사례 1〉 여자

〈사례 2〉 남자

〈사례 2〉 집, 나무, 가족 그림

〈사례 2〉 풍경화 기법

사례 3

〈HTP 검사 보고서〉

이 름 : 소리소 (가명)	나 이 : 11세	성 별 : 남	생년월일 : 1998. 05
주 소 :			집 전 화 :
직 업 : 초등학생(4학년)			직장전화 :
학 교 :	검사일시 : 2008.05	검사장소 :	검사자 :
의 뢰 사 유			
심리검사결과가 궁금			
가족배경과 개인력			FAMILY TREE
• 1남 1녀 중 첫째 • 꼼꼼한 엄마와 수용하는 아빠 • 동생은 뭐든 잘하는 편이다.			
검사시의 행동관찰			
아동은 그림을 그릴 때 신중하기 보다는 재미있게만 하려했다.			
요약 및 검사자의 견해			
자존감은 있으나 공상적인 경향이 강하며 억압된 환경으로 편안하고 안전한 환경이 제공되길 원한다.			

인물상(남자상)

전체적 인상		억압된 환경안에서 정서적 도움이 요구되며 에너지가 많아 과잉충동이 나타나고, 이를 억제하기 위한 억압된 공격성이 내재됨
항목		표현적 특징 및 해석
형식적 분석	1. 소요시간	약 1분
	2. 피검사자의 태도	피곤한 상태에서 그림에 자신이 없다며.. 그리면서는 흥미를 가짐
	3. 순서	얼굴 → 머리카락 → 얼굴 → 팔, 다리
	4. 크기 및 위치	가로로 약간 위쪽에 그림
	5. 선의 종류와 필압	망설임 없이 선의 방향이 일정하나 진하게 그림
	6. 방향	정면
	7. 대칭성	몸에 비해 머리가 큼
	8. 생략과 왜곡	귀 생략
	9. 세부묘사	발가락을 그림
	10. 투시화	

	항목	표현의 특징	해석
내용적 분석	1. 인물	만화적 인물	낮은 자존감 형성
	2. 성차의 표현	바지	남자다움 표현
	3. 팔과 손	양팔을 뻗음	또래관계를 많이 원하고 형성하길 바람
	4. 얼굴	몸에 비해 크다.	자신의 나타내려고 하는 의지
	5. 머리	머리 표현 없음	학습 부진 및 학습에 대한 노력 및 압박
	6. 머리카락	3가닥으로 표현	
	7. 입	큰입	구강적 의존 욕구
	8. 귀	생략	타인의 말을 잘 듣지 않는 경향
	9. 목	길고 가늘다.	충동 조절 능력 부족 및 편식할 가능성
	10. 코	콧구멍 강조	공격적 충동성
	11. 눈썹	생략	
	10. 다리와 발	넓게 벌린 자세	안정에 대한 욕구
	11. 어깨		
	12. 의복	반팔, 반바지	
	13. 손가락	큰 손가락 강조	공격성 및 손으로 하는 것에 대한 불안감
	14. 턱		
	15. 가슴		
	16. 자세의 특징		

기타 사항	처음에는 스펀지밥 만화주인공을 그린 후 다시 남자상 그림을 그림
그린 후의 질문	

인물상(여자상)

전체적 인상		대인관계를 많이 원하며 억압된 환경속에서 정서적으로 안정되길 원함	
항목		표현적 특징 및 해석	
형식적 분석	1. 소요시간	약 1분 20초	
	2. 피검사자의 태도	그림에 자신이 없다고 함	
	3. 순서	남자상과 동일한 순서	
	4. 크기 및 위치	종이를 돌려서 그리며 크기와 위치는 적당함	
	5. 선의 종류와 필압	연필로 진하게 그림	
	6. 방향	일정한 방향	
	7. 대칭성	머리가 몸에 비해 크다.	
	8. 생략과 왜곡	코, 귀 생략	
	9. 세부묘사	묶은 머리를 집중해서 그리고 다시 지우고 그림	
	10. 투시화		
내용적 분석	항목	표현의 특징	해석
	1. 인물	강아지처럼 생긴 인물	
	2. 성차의 표현	머리, 의복	여성상을 표현
	3. 팔과 손	양팔을 뻗음	또래관계를 많이 원하고 형성하길 바람
	4. 얼굴	몸에 비해 크다	자신을 나타내려고 하는 의지
	5. 머리	가르마가 있는 묶은 머리	
	6. 머리카락	묶은 머리	
	7. 입	비스듬한 선으로 표현	
	8. 귀	생략	타인의 말에 귀 기울이지 않음
	9. 목	길고 가늘다	통제 능력이 약하며 편식할 가능성이 있음
	10. 코	생략	
	11. 눈썹	생략	
	10. 다리와 발	넓게 벌린 다리와 큰 발	안정감에 대한 욕구
	11. 어깨		
	12. 의복		
	13. 손가락	짧은 손가락	억압된 공격성 성향
	14. 턱		
	15. 가슴		
	16. 자세의 특징		
기타 사항		남자상보다는 신중하게 그림	
그린 후의 질문			

1. 그림의 느낌과 내용

그림의 전체적 느낌	환경과의 접촉에 어려움이 있으며 아기가 되어 사랑받고 싶어하고 안전하게 쉬고 싶어 하는 갈망이 내재되어 있다.

2. 개별그림 분석

집		유무	표현 특징	상징 및 해석
주 제				
필수요소	지붕	유	지붕의 윤곽만 반복	충동과 공상적인 경향이 있음
	벽	무	벽면에 지면선이 생략	현실과 접촉하는 데 어려움
	문	유	적은 문	환경과의 소극적 접촉
	창문	유	많은 창문	환경적 접촉에 대한 갈망
기타요소	굴뚝과 연기	무		
	방	유	2층방에 감기 걸린 아기가 누워 있음	아동의 에너지 고갈 및 안전하게 쉬고 싶어함
	울타리	무		
	길	무		
	계단과 보도	무		
	기타 및 행동 특성	무		
나무		**유무**	**표현 특징**	**상징 및 해석**
주제			느티나무	내적·외적 에너지 고갈로 우울증
필수요소	줄기	유		
	가지	유	가느다란 위로 뻗은 가지	활동적이나 비현실적
	수관	유	목화송이 같은 수관	아동에게 있어 보편적인 그림
기타요소	뿌리			
	꽃, 열매, 잎			
	지면선			
	동물			
	옹이구멍	유	다람쥐 집	안전하고 편안한 안식처를 원함
	나무껍질			
	기타 및 행동특성			

DAP 질문지

성명	소리소 (가명)	생년월일	1998년 5월 15일 (만 10세)
검사일자	2008 년 05 월 14 일	초등학교 4 남	
아동이 그린 그림을 보여주면서 다음과 같은 질문을 하여 기록하십시오.			

		남자	여자
1	이 사람은 지금 무엇을 하고 있니?	집에서 일어선 채 만화를 보고 있다(키가 작아서).	먹을 걸 보고 있다.
2	이 사람 나이는 몇 살이니?	11세	9살
3	이 사람은 누구니?	짠돌이	동생 미지
4	이 사람은 지금 어디에서 뭘하고 있니?	집에서 TV보고 있다.	헐-학교에서 집에 오고 있다.
5	이 사람은 지금 무슨 생각을 하고 있니?	전기, 세금 나갈까 걱정하고 있다.	얼른 집에 가는 것
6	이 사람은 기분이 어떠니?	너무 좋아	좋다
7	이 사람 소원은 무엇이니?	머리카락과 돈이 많아지길 바라는 것	머리에 혹이 2개 났으면 좋겠다는 생각
8	이 사람은 몸의 제일 나쁜 곳은 어디니?	머리	없다
9	이 사람은 제일 좋은 곳은 어디니?	머리카락	머리카락이 둥근 것
10	이 사람은 잘 지내고 있니? 잘 못 지내고 있니?	잘 못 지내고 있다.	잘 지내고 있다.
11	이 사람은 지금 무슨 걱정을 하고 있니?	친구들이 놀리는 것	머리묶은게 짝짝이인게 걱정이다.
12	이 사람은 어떤 때 화를 내니?	친구들이 연속으로 놀리는 것	엄마 아빠가 화낼 때
13	이 그림속의 날씨는 어떠니? 무슨 계절이니?	흐린 날씨/ 여름	바람이 쌩쌩 분다/ 가을

House 그린 후의 질문지

질문사항	피검사의 답변
1. 이 집은 도심에 있는 집입니까? 교외에 있는 집입니까?	교외
2. 이 집 가까이에 다른 집이 있습니까?	절대 없어
3. 이 집은 당신에게서 멀리 있는 집입니까? 가까이 있는 집입니까?	아주 멀리
4. 이 집에는 누가 살고 있습니까?	가족들
5. 안에서 무엇을 하고 있습니까?	감기 걸린 동생이 누워 있어요.
6. 이 집을 보면 무슨 생각이 납니까?	자고 싶어요.
7. 이 집을 보면 누가 생각 납니까?	엄마
8. 이 집은 당신의 집입니까?	아니
9. 당신의 방은 어디 입니까?	3층
10. 이 집은 행복합니까?	아니요
11. 이 그림에 첨가해서 더 그리고 싶은 것이 있습니까?	경계선
12. 이 집이 가장 필요로 하는 것이 무엇입니까? 왜 그렇게 생각합니까?	병사들이 쳐들어 오니까요.
13. 이 집의 날씨는 어떘습니까? 계절은 어느 계절입니까?	화창/ 봄

Tree 그린 후의 질문지

질문사항	피검사의 답변
1. 이 나무는 어떤 나무입니까?(불확실할 경우에는 상록수 혹은 낙엽수인지 질문한다)	느티나무
2. 이 나무는 어디에 있습니까?	정원
3. 한 그루만 있습니까? 여러 나무와 함께 있습니까?	여러나무와 함께 있어요.
4. 이 그림의 날씨는 어떠합니까?	매우 화창해요.
5. 바람이 불고 있습니까? 바람이분다면 어떤 바람이 어느 방향으로 불고 있습니까?	아니요
6. 이 나무는 몇 살입니까?	2500살
7. 이 나무는 살아있나요? 말라죽었다면 언제쯤 어떻게 말라 죽었나요?	살아있어요

질문사항	피검사의 답변
8. 이 나무는 강합니까? 약합니까?	강하다
9. 해가 떠 있습니까? 떠 있다면 어느 쪽에 떠 있습니까?	응. 동쪽
10. 이 나무는 누구를 생각나게 합니까?	이별한 사람
11. 이 나무는 남자입니까? 여자입니까?	남자
12. 이 나무는 당신에게 멀리 있습니까? 가까이 있습니까?	가까이 있어요
13. 이 나무에 필요한 것은 무엇입니까?	양분이 필요해요
14. 이 나무는 당신보다 큽니까? 작습니까?	매우 커요
15. (상흔 등이 있으면) 이것은 무엇입니까? 어떻게 해서 생겼습니까?	
16. 이 그림에서 더 첨가해서 그리고 싶은 것이 있습니까?	없다
17. (그림에서 이해하기 곤란한 부분에 대하여) 이것은 무엇이며 왜 그렸습니까?	

가족그림 질문지

질문사항	피검사의 답변
1. 가족들이 무엇을 하고 있습니까?	한 명은 감기에 걸려 누워 있고 두 사람은 밖에서 놀고 있다.
2. 가족들은 지금 어디에 있습니까?	정원
3. 가족들의 기분은 어떠합니까?	좋아요
4. 가장 친한 가족은 누구입니까?	내동생
5. 아빠, 엄마(부부)는 사이가 좋으니? 자주 싸우니?	너무 좋아요

〈사례 3〉 남자

〈사례 3〉 여자

〈사례 3〉 집, 나무, 가족그림

〈사례 3〉 풍경화 기법

사례 4

〈HTP 검사 보고서〉

<table>
<tr><td>이 름 : 김성민 (가명)</td><td>나 이 : 17세</td><td>성 별 : 남</td><td>생년월일 : 1992.03.</td></tr>
<tr><td colspan="3">주 소 :</td><td>집 전 화 :</td></tr>
<tr><td colspan="3">직 업 : 고등학교(1학년)</td><td>직장전화 :</td></tr>
<tr><td>학 교 :</td><td>검사일시 : 2008.05</td><td>검사장소 : 연구실</td><td>검사자 :</td></tr>
<tr><td colspan="4">의 뢰 사 유</td></tr>
<tr><td colspan="4">심리검사결과가 궁금</td></tr>
<tr><td colspan="3">가족배경과 개인력</td><td>FAMILY TREE</td></tr>
<tr><td colspan="3">• 부는 조경사업을 하시고 모는 가정주부로 대체로 행복한 가정이다. 그러나 피검자는 학업스트레스와 가정에서 형과의 사이가 좋지 않다.
• 2남중 둘째</td><td></td></tr>
<tr><td colspan="4">검사시의 행동관찰</td></tr>
<tr><td colspan="4">피검자는 호기심이 많고 흥미로워 했으며 대답을 잘하고 적극적으로 응하였다.</td></tr>
<tr><td colspan="4">요약 및 검사자의 견해</td></tr>
<tr><td colspan="4">외부와의 세계에 관심은 있으나 수동적인 접촉을 하며 하고자 하는 일을 자신의 야망과 열정을 가지고 열심히 몰두하나 성취하고자 하는 것이 되지 않아 상실감과 상처가 있어 보인다. 또한 융통성이 없고 외골수적이며 남자다움에 대한 보상으로 공격적인 성향으로 보이며 타인에게 과시적으로 잘 보이려고 하고 성적에 대한 관심이 있으나 성적 미성숙함으로 엿보인다.</td></tr>
</table>

인물상(남자상)

구분	항목	표현적 특징 및 해석	
전체적 인상		융통성이 없고 외골수적이며 남자다움에 대한 보상으로 공격적인 성향으로 보임	
형식적 분석	1. 소요시간	약 10분	
	2. 피검사자의 태도	진지하고 열심히 그리는 모습	
	3. 순서	얼굴 → 머리카락 → 얼굴 → 팔, 다리	
	4. 크기 및 위치	용지 2/3 보다 약간 크며 정중앙에 위치	
	5. 선의 종류와 필압	스케치	
	6. 방향	정면	
	7. 대칭성	몸에 비해 머리가 크다	
	8. 생략과 왜곡	귀 생략, 눈, 코, 입 강조	
	9. 세부묘사	치아 그림	
	10. 투시화		
내용적 분석	**항목**	**표현의 특징**	**해석**
	1. 인물	정면을 향한 인물	현실을 직면하려는 욕구
	2. 성차의 표현	수염	남자다움에 대한 보상
	3. 팔과 손	팔을 펴고 춤을추고 있는 손	많은 대인관계를 원함
	4. 얼굴	정면의 얼굴로 인상이 강함	대인관계나 자신의 의견에 대하여 과도한 관심
	5. 머리	검게 색칠하고 뾰족	사고, 공상에 불안감이 있으며 스트레스를 호소
	6. 머리카락	진하게 칠함	예민하고 성적인 관심도 있음
	7. 입	강한 필압과 치아가 보임	구순적인 공격충동으로 불안 및 울화를 나타내고, 자기주장과 의지가 강하며 말로써 남을 공격하려는 충동이 강함
	8. 귀	생략	타인의 말을 듣지 않으려는 경향
	9. 목	짧다	융통성이 없음
	10. 코	강한 필압과 콧구멍 강조	남근의 상징과 공격성의 상징으로 성적 열등감, 성적 불능, 성적 미성숙, 동성애 등의 문제를 갖고 있거나 남성적이 되기 위해 공격적으로 행동하는 특성과 관련 있음
	11. 눈썹	스케치 한 정돈된 눈썹	외모에 관심을 가지고 있음
	10. 다리와 발	옆으로 돌린 발	독립적으로 자유롭게 생활하고자 하는 욕구
	11. 어깨	생략	열등감
	12. 의복	주머니	구순적 애정결핍으로 관심과 사랑을 받고 싶은 욕구
	13. 손가락	세심한 손가락	자신의 공격충동을 강박적으로 통제하려는 사람이나 신체생활에 과도한 관심이 있는 경향
	14. 턱	뾰족한 턱	지배욕이 강하고 사회적으로 우위의 지위를 원하며 때로는 공격적 경향이 있음
	15. 가슴		
	16. 자세의 특징	턱수염	지위의 상징 및 힘의 상징
기타 사항		남자상보다는 신중하게 그렸다.	
그린 후의 질문			

인물상(여자상)

전체적 인상		타인에게 과시적으로 잘 보이려고 하고 성적에 대한 관심이 있으나 성적 미성숙함으로 엿보인다.	
항목		표현적 특징 및 해석	
형식적 분석	1. 소요시간	약 3분	
	2. 피검사자의 태도	남성상 보다 성의 없이 빨리 그리고 대충 그리려는 태도	
	3. 순서	남성상과 동일	
	4. 크기 및 위치	용지 3/2 정도 보통이며 정중앙에 있음	
	5. 선의 종류와 필압	얼굴과 눈썹, 코, 입, 머리카락이 필압이 강함	
	6. 방향	인물이 정면으로 노출증	
	7. 대칭성		
	8. 생략과 왜곡		
	9. 세부묘사	치아	
	10. 투시화		
내용적 분석	항목	표현의 특징	해석
	1. 인물	정면을 향한 인물	
	2. 성차의 표현	치마 및 가슴, 머리	긴 머리와 치마를 그리고 가슴을 그리므로 여성을 표현함
	3. 팔과 손	몸에서 약간 떨어짐	
	4. 얼굴	세심한 얼굴 표현	대인관계나 자신의 의견에 대하여 과도한 관심
	5. 머리	약간 큰 머리	공상에서 만족 추구
	6. 머리카락	길고 파마머리	성적인 역할 양가감정
	7. 입	치아가 보이는 입	구순적인 공격충동으로 불안 및 울화로 나타내며, 자기주장과 의지가 강하며 말로써 남을 공격하려는 충동이 강함
	8. 귀	생략	타인의 말을 듣지 않으려는 경향
	9. 목	짧은 목	융통성이 없다
	10. 코	콧구멍 강조	남근의 상징과 공격성의 상징으로 성적 열등감, 성적 불능, 성적 미성숙, 동성애 등의 문제를 갖고 있거나 남성적이 되기 위해 공격적으로 행동하는 특성과 관련 있음
	11. 눈썹	정돈된 눈썹	외모에 관심을 가지고 있음
	10. 다리와 발	벌린 발	독립적으로 자유롭게 생활하고자 하는 욕구
	11. 어깨	생략	열등감
	12. 의복		
	13. 손가락	뾰족한 다섯 손가락	자신의 공격충동을 강박적으로 통제하려는 사람이나 신체생활에 과도한 관심이 있는 경향
	14. 턱	긴턱	지배욕이 강하고 사회적으로 우위의 지위를 원하며 때로는 공격적 경향이 있음
	15. 가슴	선으로 표현	성에 대한 적절한 관심과 구순기적 의존욕구
	16. 자세의 특징		
기타 사항		남자상보다는 신중하게 그렸다.	
그린 후의 질문			

1. 그림의 느낌과 내용

그림의 전체적 느낌	외부와의 세계에 관심은 있으나 수동적인 접촉을 하며 하고자 하는 일을 자신의 야망과 열정을 가지고 열심히 몰두하나 성취하고자 하는 것이 되지 않아 상실감과 상처가 있어 보임.

2. 개별그림 분석

집		유무	표현 특징	상징 및 해석
주 제				
필수요소	지붕	유	지붕을 필압적으로 반복해서 연결한 선	공상적인 경향, 통제성이 있음
	벽	유		
	문	유	옆에 작은 문	외부세계와 접촉이 약간 어려움
	창문	유	4개의 창문으로 고리 강조	환경과의 수동적인 접촉을 나타냄
기타요소	굴뚝과 연기	무		
	방	무		
	울타리	무		
	길	무		
	계단과 보도	무		
	기타 및 행동특성			

나무		유무	표현 특징	상징 및 해석
주제			과실수	자기 현시적, 과시적인 사람, 미성숙
필수요소	줄기	유	굵은 줄기	현실과 공상에서 공격적으로 행동
	가지	유	위로 향한 가지	감정이 고양되기 쉽고 성내기 잘하고 내향성향
	수관	유	큰 수관	자신감과 야망을 가진 열정으로 사물에 몰두하며, 완전한 만족을 구하며 마음의 안정을 상실할 우려가 있음
기타요소	뿌리	무		
	꽃, 열매, 잎	유	사과열매	자기를 현시적, 과시적인 경향
	지면선	유	동산위에 있는 나무	종종 정신적 의존성을 보이고, 높은 것을 성취하려고자 하는 노력
	동물	무		
	옹이구멍	무		
	나무껍질	유	상흔 4개	유아기 시기와 현재에 이르기까지의 치유되지 않은 상처 흔적
	기타 및 행동특성			

DAP 질문지

성명	김성민 (가명)	생년월일	1992년 3월 (만 16세)
검사일자	2008 년 05 월	고등학교 1 남	
아동이 그린 그림을 보여주면서 다음과 같은 질문을 하여 기록하십시오.			
		남자	여자
1	이 사람은 지금 무엇을 하고 있니?	춤추고 있다	남자 관찰
2	이 사람 나이는 몇살이니?	18세	30세
3	이 사람은 누구니?	댄서의 꿈을 가진 아이	노처녀
4	이 사람은 지금 어디에서 뭘하고 있니?	집에서 춤 연습	시내에서 남자 사냥 중
5	이 사람은 지금 무슨 생각을 하고 있니?	미래의 꿈	멋진 남자를 찾아 고백
6	이 사람은 기분이 어떠니?	들떴다	안 좋다
7	이 사람 소원은 무엇이니?	자기 꿈이 이루어지는 것	결혼
8	이 사람은 몸의 제일 나쁜 곳은 어디니?	입술	얼굴
9	이 사람은 제일 좋은 곳은 어디니?	다리	상체 가슴
10	이 사람은 잘 지내고 있니? 잘 못 지내고 있니?	잘 지내고 있다	잘 못지내고 있다
11	이 사람은 지금 무슨 걱정을 하고 있니?	자기 꿈이 이루어질까?에 대한 걱정	이상형인 남자를 못 찾아서 걱정
12	이 사람은 어떤 때 화를 내니?	괴롭힐 때	성질 건드릴 때
13	이 그림속의 날씨는 어떠니? 무슨 계절이니?	여름/ 맑다	가을/쌀쌀함

House 그린 후의 질문지

질문사항	피검사의 답변
1. 이 집은 도심에 있는 집입니까? 교외에 있는 집입니까?	교외
2. 이 집 가까이에 다른 집이 있습니까?	여러개 있음
3. 이 집은 당신에게서 멀리 있는 집입니까? 가까이 있는 집입니까?	멀리 있는 집
4. 이 집에는 누가 살고 있습니까?	노인 부부
5. 안에서 무엇을 하고 있습니까?	오손 도손 이야기하고 있다.
6. 이 집을 보면 무슨 생각이 납니까?	편안함, 포근함
7. 이 집을 보면 누가 생각 납니까?	할머니, 할아버지
8. 이 집은 당신의 집입니까?	아니요
9. 당신의 방은 어디 입니까?	이 집과 멀리 있는 다른 곳
10. 이 집은 행복합니까?	네
11. 이 그림에 첨가해서 더 그리고 싶은 것이 있습니까?	벽에 문하고 지붕
12. 이 집이 가장 필요로 하는 것이 무엇입니까? 왜 그렇게 생각합니까?	없음
13. 이 집의 날씨는 어떴습니까? 계절은 어느 계절입니까?	봄/ 따스하고 바람이 살짝 부는 날씨

Tree 그린 후의 질문지

질문사항	피검사의 답변
1. 이 나무는 어떤 나무입니까?(불확실할 경우에는 상록수 혹은 낙엽수인지 질문한다)	사과나무
2. 이 나무는 어디에 있습니까?	꽃동산 꼭대기
3. 한 그루만 있습니까? 여러 나무와 함께 있습니까?	한 그루
4. 이 그림의 날씨는 어떠합니까?	따스하고 바람이 살짝 부는 날씨
5. 바람이 불고 있습니까? 바람이분다면 어떤 바람이 어느 방향으로 불고 있습니까?	산들바람이 좌우로 붐
6. 이 나무는 몇 살입니까?	10살
7. 이 나무는 살아있나요? 말라죽었다면 언제쯤 어떻게 말라 죽었나요?	살아 있다

질문사항	피검사의 답변
8. 이 나무는 강합니까? 약합니까?	강함
9. 해가 떠 있습니까? 떠 있다면 어느 쪽에 떠 있습니까?	떠 있다. 나무 위에
10. 이 나무는 누구를 생각나게 합니까?	부모님
11. 이 나무는 남자입니까? 여자입니까?	남자
12. 이 나무는 당신에게 멀리 있습니까? 가까이 있습니까?	중간 쯤
13. 이 나무에 필요한 것은 무엇입니까?	사랑
14. 이 나무는 당신보다 큽니까? 작습니까?	크다
15. (상흔 등이 있으면) 이것은 무엇입니까? 어떻게 해서 생겼습니까?	
16. 이 그림에서 더 첨가해서 그리고 싶은 것이 있습니까?	
17. (그림에서 이해하기 곤란한 부분에 대하여) 이것은 무엇이며 왜 그렸습니까?	이것은 내 꿈을 위한 나의 모습

가족그림 질문지

질문사항	피검사의 답변
1. 가족들이 무엇을 하고 있습니까?	단체 사진을 찍고 있음
2. 가족들은 지금 어디에 있습니까?	집안
3. 가족들의 기분은 어떠합니까?	행복함
4. 가장 친한 가족은 누구입니까?	엄마
5. 아빠, 엄마(부부)는 사이가 좋으니? 자주 싸우니?	사이가 좋다

〈사례 4〉 인물화 남자

〈사례 4〉 인물화 여자

〈사례 4〉 집 그림

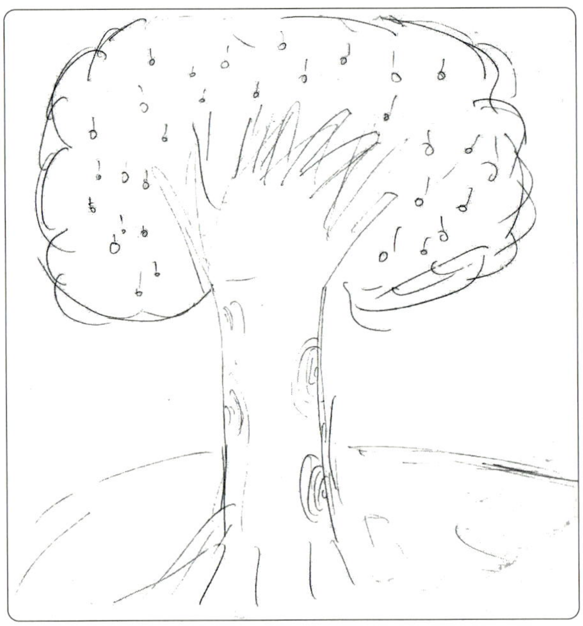

〈사례 4〉 나무 그림

〈사례 4〉 가족 그림

〈사례 4〉 풍경화 기법

찾아보기

ㄹ

ㅁ

ㅂ

ㅅ

ㅇ

ㅈ

ㅊ

ㅋ

그림을 통한 **아동미술치료** 정가 15,000원

인 쇄 2010년 3월 2일 초판 1쇄
발 행 2014년 9월 10일 초판 2쇄
저 자 천은영 · 김경신
발행인 전귀연
발행처 **신광문화사**
경기도 파주시 광인사길 201(문발동, 파주출판도시)
Tel (031)955-4211~6 donghwae@kornet.net
Fax (031)955-4217 www.donghwapub.co.kr
(등록) 1991년 6월 26일/6-130호

ISBN 978-89-7432-340-0

공급처 도서출판 **동화기술**